企业文化
——理论·案例·实训
（第2版）

张岩松 主编
高琳 曲真 副主编

清华大学出版社
北京

内 容 简 介

本书为适应高等学校企业文化课程教学的需要而组织编写，内容包括企业文化概述、企业文化要素、企业文化建设、企业形象与企业文化、企业文化变革、跨文化管理、企业文化比较，每章由学习目标、故事导入、知识储备、能力开发(含案例分析、实践训练、拓展阅读)、思考与讨论构成，突出企业文化的理论、案例和实训。本书在系统介绍的企业文化理论中穿插"小案例""小贴士"等内容，增强可读性和趣味性。全书包括近40个企业文化建设案例和近20个实践训练项目，通过案例教学和实践训练，使学生学做结合，加深对企业文化的理解，提高企业文化的应用能力。

本书可作为高校各专业企业文化主干课程、选修课程的教材和教学参考用书，同时也可作为企业相关管理人员岗位培训的教材和广大企业文化管理工作者的参考读物。

本书封面贴有清华大学出版社防伪标签，无标签者不得销售。
版权所有，侵权必究。举报：010-62782989，beiqinquan@tup.tsinghua.edu.cn。

图书在版编目(CIP)数据

企业文化：理论　案例　实训/张岩松主编. ─2版. ─北京：清华大学出版社，2025.4.
ISBN 978-7-302-68977-5

Ⅰ.F272-05

中国国家版本馆CIP数据核字第2025EV3708号

责任编辑：张龙卿
封面设计：刘代书　陈昊靓
责任校对：刘　静
责任印制：刘　菲

出版发行：清华大学出版社
网　　址：https://www.tup.com.cn，https://www.wqxuetang.com
地　　址：北京清华大学学研大厦A座　　邮　编：100084
社 总 机：010-83470000　　　　　　　邮　购：010-62786544
投稿与读者服务：010-62776969，c-service@tup.tsinghua.edu.cn
质量反馈：010-62772015，zhiliang@tup.tsinghua.edu.cn
课件下载：https://www.tup.com.cn，010-83470410

印 装 者：三河市人民印务有限公司
经　　销：全国新华书店
开　　本：185mm×260mm　　印　张：14.75　　字　数：336千字
版　　次：2017年7月第1版　2025年5月第2版　印　次：2025年5月第1次印刷
定　　价：49.00元

产品编号：107308-01

第2版前言

习近平总书记在党的二十大报告中指出：教育、科技、人才是全面建设社会主义现代化国家的基础性、战略性支撑；必须坚持科技是第一生产力、人才是第一资源、创新是第一动力；深入实施科教兴国战略、人才强国战略、创新驱动发展战略，这三大战略共同服务于创新型国家的建设。新时代要求广大教师承担起教育者的神圣职责，在教学全过程中一定要深入贯彻党的二十大精神，落实党的二十大报告的各项要求，不断强化"素质目标"，对学生进行社会主义核心价值观教育，强化学生顾全大局意识、责任担当意识、团队合作意识和诚信守法意识，切实提高学生的道德水准和职业素养，促进学生的全面发展。

随着经济全球化的发展以及知识经济和信息时代的到来，国内外企业竞争与发展已经不再是资金、技术、人才、策略的竞争，而是企业文化的竞争。有鉴于此，我们编写了本书，为各类高校企业文化相关课程教学提供良好范本。本书第1版自2017年首版以来，受到众多高校的欢迎。此次进行了全面修订，补充了较新的内容，使教材特色更加鲜明，更符合企业文化课程教学的需要。

本书以提高学生整体素质为目的，以增强学生实践能力为本位，兼顾知识教育、素质教育和能力培养，克服了一般企业文化教材重理论、轻实践，重普及、轻实训的不足，是工学结合、任务导向特色教材建设的一次有益尝试和创新。本书在编写时以理论为指导，以训练为主线，融时代性、实用性、趣味性和可操作性于一体，内容深入浅出、翔实具体，为高校师生提供了一部科学实用的企业文化教材和训练手册。

本书由张岩松担任主编，高琳、曲真担任副主编。其中，张岩松编写第1章和第7章，高琳编写第2章、第3章和第6章，曲真编写第4章和第5章。本书提供的课件、教学大纲、教案和练习答案等配套教学资源由高琳编写，全书由高琳统稿。

本书在编写本书过程中，参阅了有关著作、报刊以及网上资料，在此对案例和资料的原作者深表谢意。由于时间、条件、水平等的限制，书中不足之处，恳请读者批评指正。

编　者
2025年2月

目录

第1章 企业文化概述 …… 1
1.1 知识储备 …… 2
1.1.1 文化与企业文化的内涵 …… 2
1.1.2 企业文化的特征与类型 …… 7
1.1.3 企业文化的基本功能 …… 13
1.1.4 企业文化的影响因素 …… 17
1.2 能力开发 …… 20
1.2.1 案例分析 …… 20
1.2.2 实践训练 …… 32
1.2.3 拓展阅读:企业文化理论沿革 …… 34
思考与讨论 …… 34

第2章 企业文化要素 …… 36
2.1 知识储备 …… 37
2.1.1 企业价值观 …… 37
2.1.2 企业精神 …… 45
2.1.3 企业伦理道德 …… 54
2.2 能力开发 …… 58
2.2.1 案例分析 …… 58
2.2.2 实践训练 …… 72
2.2.3 拓展阅读:中美代表性企业文化理念对比 …… 74
思考与讨论 …… 74

第3章 企业文化建设 …… 75
3.1 知识储备 …… 76
3.1.1 企业文化建设的主体 …… 76
3.1.2 企业文化建设的基本原则 …… 78
3.1.3 企业文化建设的步骤 …… 82
3.1.4 企业文化建设的基本方法 …… 88
3.1.5 企业文化的传播 …… 95
3.1.6 企业文化建设的保证体系 …… 105

3.2 能力开发 ... 113
3.2.1 案例分析 ... 113
3.2.2 实践训练 ... 126
3.2.3 拓展阅读：企业文化建设的辩证思考 ... 128
思考与讨论 ... 128

第 4 章 企业形象与企业文化 ... 130
4.1 知识储备 ... 131
4.1.1 形象和企业形象 ... 131
4.1.2 企业形象的特征 ... 132
4.1.3 CIS：企业形象塑造的利器 ... 134
4.1.4 CIS 战略与企业文化的关系 ... 140
4.2 能力开发 ... 142
4.2.1 案例分析 ... 142
4.2.2 实践训练 ... 148
4.2.3 拓展阅读：企业文化手册撰写指导说明及示例 ... 149
思考与讨论 ... 150

第 5 章 企业文化变革 ... 151
5.1 知识储备 ... 151
5.1.1 企业文化变革的原因 ... 152
5.1.2 企业文化变革成功的条件 ... 153
5.1.3 企业文化变革的内容 ... 155
5.1.4 企业文化变革的原则 ... 156
5.1.5 企业文化变革的具体实施 ... 157
5.2 能力开发 ... 160
5.2.1 案例分析 ... 160
5.2.2 实践训练 ... 168
5.2.3 拓展阅读：企业文化创新发展的三大趋势 ... 170
思考与讨论 ... 171

第 6 章 跨文化管理 ... 172
6.1 知识储备 ... 173
6.1.1 跨文化管理的含义和特点 ... 173
6.1.2 跨文化管理的问题 ... 175
6.1.3 跨文化管理的模式 ... 176
6.1.4 跨文化管理的原则 ... 178
6.1.5 跨文化管理的策略 ... 179
6.2 能力开发 ... 182
6.2.1 案例分析 ... 182
6.2.2 实践训练 ... 187

  6.2.3 拓展阅读：对跨文化管理的认识 ·················· 188
 思考与讨论 ·· 189
第7章 企业文化比较 ·· 190
 7.1 知识储备 ·· 191
  7.1.1 日本的企业文化 ·· 191
  7.1.2 美国的企业文化 ·· 195
  7.1.3 欧洲国家的企业文化 ······································ 203
  7.1.4 中国的企业文化 ·· 206
 7.2 能力开发 ·· 212
  7.2.1 案例分析 ·· 212
  7.2.2 实践训练 ·· 221
  7.2.3 拓展阅读：中国企业文化未来发展趋势 ·········· 222
 思考与讨论 ·· 223
参考文献 ·· 224

第1章 企业文化概述

　　刚柔交错,天文也。文明以止,人文也。观乎天文,以察时变;观乎人文,以化成天下。

——《易经》

　　我们最重要的财产就是全体员工,他们就是公司。你可以取代我们的技术、数据、声誉和客户,但你不可能复制出聚在一起的这群人和由他们共同发展起来的企业文化。

——[美]迈克尔·布隆伯格

学习目标

- 掌握文化的内涵。
- 重点掌握企业文化的概念和层次。
- 掌握企业文化的特征和类型。
- 明确企业文化的功能。
- 明确企业文化的影响因素。

 故事导入

猴子和香蕉

　　四只猴子被关进了一个笼子里,由于每只猴子都来自不同的地方,原先互相不认识,所以总是会发生冲突。前两天,四只猴子总是接连不断地打架。

　　两天以后,管理员在笼子的顶上挂了一串香蕉。但是,一只猴子是无法单独拿到这串香蕉的。于是,四只猴子开始相互协作,取下的香蕉大家一起分享。

　　但过了一个星期以后,情况发生了变化。无论哪一只猴子,每当它快要取到香蕉的时候,都会有一支高压水枪向它喷水,稍不留神,猴子就会摔落到地上。由于这种情况从无例外,于是,四只猴子都不敢去取香蕉了。

　　过了些日子,笼子里又来了一只猴子。它看到香蕉的时候,非常想去取。但其他的猴子一起来告诉它,香蕉不能取,并且告诉它它们以前的那些痛苦经历。于是,这只新来的猴子从此就打消了去取香蕉的念头。

　　又过了几天,又来了一只新猴子,这只新来的猴子也很想去取香蕉。但其他的猴子,包括那只从来没有上去取过香蕉的猴子,都来告诉这只新猴子不能去取香蕉。

经过几次轮换,笼子里的猴子越来越多,而第一批被高压水枪喷过的猴子全部都离开了笼子,但笼子里所有的猴子都知道不能去取香蕉。

然而,事实上当第二批进入笼子的猴子不再去取香蕉的时候,管理员已经把高压水枪取走了,只是香蕉每天还挂在那里,但没有一只猴子敢去尝试。

可见,企业文化的塑造需要一个过程,是长期规范一种行为形成的习惯。当习惯形成的时候,后来的员工也许并不理解企业文化的含义或是缘由,但是会自动接受这种企业文化,并且会延续企业文化。

企业文化理论产生于20世纪七八十年代的西方企业界。第二次世界大战以后,社会生产力得到了迅速发展,随着科学技术的不断进步,市场呈现出全球化倾向,竞争日趋激烈,企业员工文化素质、生活水平、参与管理的意识和能力不断提高,并且有不断要求进一步改善的趋势。在这样的背景下,传统的刚性管理日益显现出无法满足管理发展需要的弊端,企业管理出现了许多新的管理理论、方法和思想。其中,企业文化理论正是新的管理理论丛林中的一个热点,并以其开阔的视野、全新的管理思想把企业管理推向一个新的发展阶段。

1.1 知识储备

1.1.1 文化与企业文化的内涵

文化伴随着人类的诞生、成长与发展,从远古社会蹒跚而来,时至今日已经蔚为大观。一则幽默故事说:一群商人在一条船上谈生意,船在中途出了故障,只能跳水逃命。船长命令大副快通知各位先生穿上救生衣,从甲板上跳下去。可是大副怎么劝说也无济于事,大家谁也不愿意跳下去。船长经验丰富,对各民族的不同文化个性了如指掌,于是他转过身来对一名英国商人说:"跳水是一种体育运动。"英国商人听罢,纵身跳入水中,因为英国人一向喜爱体育运动。他对法国商人说:"跳水是一种时髦,你没看见英国人已经跳下去了吗?"法国人爱赶时髦,也随之跳入水中。船长面对德国人,表情非常严肃,"我是船长,现在你必须跳水,这是命令!"德国人一向遵守纪律,服从了船长的命令,也跳入水中。于是,船长走到一向具有逆反心理的意大利商人面前大声地说:"乘坐别的船遇险可以跳水,但今天你乘坐的是我的船,我不允许你跳水!"对于意大利商人来说,你越不让我跳,我非跳不可,于是也纵身跳入水中。现在剩下的是一个美国商人和一个中国商人。只见船长对美国商人说:"我这只船已经办理了人寿保险,跳吧!你不会吃亏的!"美国商人一向非常现实,听罢也跳入水中。最后,船长转向中国商人说:"先生,你家里不是有一位80多岁的老母亲吗?你不逃命对得起她老人家吗?"中国商人听罢也跳入水中。这样,船长依据不同民族人们所具有的鲜明文化特性,让所有的人都按他的意图做了。虽然这仅仅是一个小故事,但从某种意义上说,它揭示的正是一种文化现象。

1. 什么是文化

那么文化究竟是什么呢？中国社会的文化概念最早见于《易经》。《易经》中有："观乎天文，以察时变；观乎人文，以化成天下。"这里的"人文""化成"便是最早出现的文化概念，指典籍和礼仪风俗。西汉时期，刘向在《说苑·指武篇》中说："圣人之治天下也，先文德而后武力。凡武之兴，为不服也；文化不改，然后加诛。"此处的"文化"指武力相对的文治教化。西方社会的"文化"概念从词源上说，主要都来源于拉丁文的cultura，具有居住、留心、耕种、培养、敬神等含义，可见指的是生活方式和礼仪风俗。文化的专门研究源于19世纪西方社会学和文化人类学对原始形态社会的探讨，而文化作为一个重要范畴、一个中心概念，则首次被英国人类学家爱德华·泰勒在其1871年出版的著作《原始文化》中提了出来。根据泰勒的解释，文化或者文明就其民族意义而言，指的是一个复杂的整体，包括知识、信仰、艺术、道德法律、风俗，以及作为社会成员的个人而获得的任何能力与习惯。自泰勒以来的一百多年里，世界各国学者对文化做了多方面的深入研究，提出了许许多多关于文化的定义。历史学派常常把文化看作是社会遗产，或者传统行为方式的总和。心理学派往往把文化视为个体心理在历史屏幕上的总印象，或者是满足个人心理动机所选择的行为模式。结构功能主义强调文化是由各种要素或文化特征构成的稳定体系。发展论者则说文化是社会互动及不同个人交互影响的产物。文化社会学者则把文化界定为人类创造的不同形态的特质所构成的复合体。

文化的定义是多种多样的。我们认为文化是人类（或特定人类群体）在特定环境中因生存和发展的需要而适应改造环境，以及在适应和改造环境时彼此之间相互适应、相互改造的过程中，在自发和自觉的交替中经过创造、尝试、选择、提炼而逐渐共同认可并沉淀为心理习惯，可以通过符号来传播和遗传的共同价值观，以及由这种共同价值观决定并反作用于这种共同价值观的群体行为模式（含生活方式）和物质财富、精神财富等一切人和物。它导致了不同群体行为、思维、价值判断方面的差异。

小案例

企业成功的三大核心要素

企业成功的秘诀其实很简单，就是战略、组织能力和文化这三者的结合。

1. 战略：方向决定未来

战略目标是企业走向成功的指南针，没有战略的企业就像没有灵魂的流浪汉，随时可能迷失方向。在如今竞争激烈的市场环境中，企业家必须思考战略，把控方向，做出那些少数且重要的决策。仅仅追求短期的经营目标，能让企业度过今天，但解决不了明天和后天的问题。

2. 组织能力：企业的生命力

组织能力是企业的核心竞争力。一家公司的竞争力是多维的，包括产品力、销售力、渠道力、品牌力、组织力和技术力。其中，组织能力是企业的生命力。战略牵引业务，业务牵引组织，组织牵引人才。企业家需要亲自构建强大的组织能力，这是一个企业成功的关键。

3. 文化：核心引擎

文化是组织发展的核心引擎。文化需要企业家以身作则地去践行。如果企业家一天到晚都不在公司，企业文化一定会出问题。即便是大企业，尽管有成熟的管理模式，企业家可以遥控指挥公司，但是这样做想维护好企业文化也是不现实的。

总之，企业成功的秘诀就在于战略、组织能力和文化的完美结合，三者缺一不可。希望这些思考能帮助广大企业家在商业道路上走得更远，走得更稳。

2. 企业文化的内涵

企业文化是在一定的社会经济文化大背景下形成的，并与企业同时存在的一种意识形态和物质形态，是企业这种人类经济活动的基本组织之中形成的组织文化。它与文教、科研、军事等组织的文化同属于组织文化的大范畴，但在表现形态上又具有独特的性质。当你走进企业，所感受到的气息与在军营和大学所感受到的气息显然是不同的，这些不同就是各种组织文化的差异性，这也正反映出组织文化的客观存在性。

企业文化是企业的灵魂，企业文化的变革、创新直接影响着企业的核心竞争力。企业文化是指企业全体员工在长期的创业和发展过程中培育形成并共同遵守的最高目标、核心价值观和行为规范等，是企业理念形态文化、行为形态文化、制度形态文化和物质形态文化的有机复合体，是企业在各种活动及其结果中，所努力贯彻并实际体现出来的以文明取胜的群体竞争意识，并且表现为企业的风采和独特的风格模式。

企业文化是企业成员共享的价值观体系和行为规范，是一个企业具有独特性的关键特征，企业文化的内涵大致包括以下几个方面。①创新：企业在多大程度上允许和鼓励员工创新与冒险；②团队导向：企业在多大程度上是以团队而不是以个人来组织企业活动的；③集体学习能力：企业在多大程度上注重整体学习的提升，而不是特别看重个人能力；④进取心：企业员工的进取心和竞争性如何；⑤注意细节：企业在多大程度上期望员工做事缜密、严谨细致、精益求精且注意小节；⑥结果定向：企业管理者在多大程度上集中注意力于结果，而不是强调实现这些结果的手段与过程。

 小贴士

易被忽略的企业文化

 小案例

小米公司的企业文化

小贴士

企业文化的力量

被喻为"经营之神"的松下幸之助在谈到自己对企业的管理时,曾说过这样一段话:"当员工有 100 人时,我必须站在员工前面以身作则,发号施令;当员工有 1 000 人时,我必须站在员工中间,协调各方,相互配合,努力工作;当员工有 10 000 人时,我只有站在员工后面,双手合十,以虔诚之心祈求他们万众一心,众志成城。"

3. 企业文化的四个层次

企业文化是一个完整的系统,由多个层次构成,各层次之间是既相互联系又相互作用的。一般的企业文化由物质文化、行为文化、制度文化和精神文化四个层次构成。

(1) 企业物质文化。企业物质文化是由企业创造的产品和各种物质设施构成的文化。主要包括以下几方面内容。

① 企业产品。企业产品包括企业生产的产品和提供的服务,它是企业生产经营的最终成果,是企业物质文化的首要内容。企业文化范畴所说的产品文化包含三层内容:一是产品的整体形象;二是产品的质量文化;三是产品设计中的文化因素。美国哈佛大学教授罗伯特曾说过:"企业以前是价格竞争,当今是质量竞争,今后是工业设计竞争。"市场竞争的发展已经完全证明了这一点。

小案例

知名企业的品质文化

② 企业容貌。企业容貌包括企业的空间设计、企业建筑风格、企业广告、产品包装等,如青岛啤酒厂房、麦当劳的 M 形标识、可口可乐的红色标识、娃哈哈的"妈妈我要喝"的广告词等。

小案例

青岛海尔中心大楼与苹果总部大楼的文化意义

青岛海尔中心大楼的设计融合了中国传统文化与现代建筑设计理念。其外观采用方形设计,但内部构造呈圆形,这种设计充分体现了管理学上"思方行圆"的理念,即将原则性和灵活性有机结合。建筑细节上,大楼融入了丰富的民族文化元素,如四个大红柱子分别代表春、夏、秋、冬四季,地上 12 层代表全年的 12 个月,12 层上挂出的 24 个大红灯笼代表 24 节气,窗户设计了 365 块玻璃则象征一年有 365 天。此外,大楼外的一池活水围绕着整个建筑,寓意财富的流动与生生不息的精神。海尔中心大楼不仅是海尔集团企业形象的象征,更是青岛市乃至中国的一张亮丽"名片"。青岛海尔中心大楼体现了中国传统文化与现代建筑设计的完美结合。

苹果总部大楼(Apple Park)的文化意义体现在多个层面:大楼的环形设计(类似飞船造型)和曲面玻璃幕墙不仅展现了未来感,更隐喻着苹果对无缝体验的极致追求。苹果总部大楼采用17兆瓦太阳能板实现能源自给,设计的雨水收集系统年节水约1600万升,原地拆出的旧建筑的95%以上的废弃物(如混凝土、金属、玻璃等)被重新加工或用于新建筑,以上设计将可持续发展理念融入实体空间。大楼中央庭院的8000棵果树和开放步道则体现出加州的自然风貌,营造出"科技与自然共存"的生态文化。作为"全球最大的智能系统大楼",其模块化空间布局促进跨团队协作,而独立专注区的设计则平衡了开放与隐私的需求,形成独特的创新生态系统。这里不仅是办公场所,更是乔布斯精神的延续,激励员工追求极致体验。据说该大楼的环形结构暗含"技术与人文交汇"的东方智慧。乔布斯对中国书法艺术的热爱也渗透到大楼的设计中,建筑线条的流动感借鉴了书法中一气呵成的美学。可以说,这座占地175英亩(约为0.71平方千米)的环形建筑既是科技创新的里程碑,也是东方哲学与现代主义美学的交汇点,更成为苹果"改变世界"愿景的实体宣言。

③ 企业环境。企业环境是企业物质文化的一种外在表征,体现了企业物质文化个性特点。我们所说的企业环境一般包括工作环境和生活环境两个部分。优化企业工作环境,为员工提供良好的劳动氛围,这是企业重视人的情绪、人的需求、人的激励等的体现;企业生活环境包括企业员工的居住、休息、娱乐等客观条件和服务设施,也包括企业员工本身及其子女的学习条件。

小案例

知名企业的工作环境

④ 技术、设备。企业的技术、设备是企业进行生产经营活动的物质基础,是企业形成物质文化的保证。企业技术、设备的发展水平决定企业的竞争力。新技术、新设备、新材料、新工艺、新产品的开发和应用,生产过程的机械化、自动化、电气化等都直接关系到企业物质文化发展的水平及其对企业精神文化发展的影响程度。

(2) 企业行为文化。企业行为文化是以人的行为为形态的企业文化的形式,包括两个方面的内容:一是为规范员工行为而制定的"行为规范";二是由于员工的行为所折射出来的"文化"。企业行为文化包括企业家行为、企业精英(模范人物)行为、企业普通员工行为,一般来说,企业员工的行为规范包括仪容仪表、岗位纪律、待人接物、素质修养、言行举止等。成功的企业家都是以创新和做正确的事为首要任务,注重效率与效能的提高,总是将主要精力集中在考虑企业未来的发展上。而一个企业的精英(模范人物)大多是在各自的岗位做出了突出的成绩而被推举的优秀分子,是企业价值观的综合表现。企业精英(模范人物)的行为是全体员工的努力方向,其示范作用对于营造良好的氛围具有重要的作用。通常所说的重塑企业文化,实质上是重塑企业员工的行为。

(3)企业制度文化。企业制度文化是指企业中的各项"正式制度",是企业精神文化的具体化。精神文化必须转化为具有操作性的正式制度与规范,才能被广大员工所接受。如果企业的制度文化与精神文化相冲突,企业就会陷入"知行不一、言不由衷"的病态文化中。企业的行为规范大体上可以分为两大部分,即对内行为规范与对外行为规范。对内行为规范能够使企业的价值观理念得到员工的认同,从而创造一个和谐的有凝聚力的内部经营环境。对外行为规范通过一系列对外的行为,使企业的形象得到社会公众的认同,以创造一个理想的外部经营环境。

小贴士

路西法实验

(4)企业精神文化。企业精神文化在整个企业文化体系中处于核心地位,是制度文化、行为文化和物质文化之根本,是指企业在生产经营过程中,受一定的社会环境氛围、时代精神以及企业发展战略等影响所形成的一种"精神文化"。它包括企业价值观以及与之相关的企业愿景、企业使命、企业经营哲学、企业精神、企业宗旨、企业作风和管理风格。

小案例

百年品牌张裕的理念文化的构建

1892年,爱国华侨张弼士先生,以张姓加上"丰裕兴隆"之"裕"字,在烟台创建了张裕集团的前身——烟台张裕酿酒公司。以今天的眼光来看,张裕从其成立之日起,就蕴含了浓厚的历史和文化的色彩,其带有极强"实业兴邦"意味的企业理念,在当时就确定了百年的经营之道。当今,张裕的企业精神已经演变成了"爱国、敬业、优质、争雄"。不难看出,这种企业理念的动态变化,是基于传承了百年的张裕理念和更具备时宜的时代演变,它既成就了张裕的企业之魂,也成就了张裕酒业的酒魂。正因如此,主流在西方的葡萄酒文化才被张裕擎在手中,当成了输出生活新主张及培育消费文化的利器。这既是张裕对整个中国葡萄酒行业的贡献,也是张裕爱国、敬业、奉献社会的企业理念的具体体现,张裕从中得到了自己想要的东西。正因如此,张裕才不遗余力地传播着自己独特的品牌文化,以建立起自己具有竞争力的品牌形象。

1.1.2 企业文化的特征与类型

1. 企业文化的特征

(1)独特性。一流的企业要有一流的文化,一流的文化是企业发展的根本动力。如同世界上没有两片完全相同的树叶一样,任何企业都有自己的特殊品质,从生产设备到经营品种,从生产工艺到经营规模,从规章制度到企业价值观,都各有各的特点。即使是生产同类产品的企业,也会有不同的文化设施、不同的行为规范和技术工艺流程,所以,每个企业的企业文化都具有其鲜明的个体性、殊异性特色。差别在于它们用不同的方式方法来凝聚企业的合力;差别在于针对各自存在的不同的薄弱环节;差别在于企业处于不同行业、生产不同产品、面对不同服务对象、经济效益处于不同阶段等。劳斯莱斯车的"精益求精",大众车的"豪华气派",丰田车的"经济可靠",沃尔沃车的"耐用"。正是这些差异,成就了企业令其他企业无法企及甚至难以超越的核心竞争力,成就了企业的成功。

成功是不能复制的,企业文化也同样不能复制。企业只有根据自身的特点,因时制宜、因人制宜地培养适合自己需要的企业文化,才能使企业文化全面、系统地发挥作用。世界500强企业之所以具有在全球攻城略地的能力,靠的都是约束和激励机制健全的企业制度的支撑,以及在其之上的独特的企业文化理念。美国英特尔公司的企业文化鼓励尝试风险,该公司的领导人总是鼓励员工去大胆尝试,提倡自主创新。而以直销模式创建IT业奇迹的戴尔计算机公司,则会被自主创新的倡导者斥责为"思想的坟墓"和"文化的废墟"。因为戴尔几乎从不进行产品研发,任何专业的思索与创新就像零部件交由OEM厂商一样,全部外包,可戴尔在业务流程上竟有500多项专利。惠普公司曾经有一项引起人们争议的"量入为出"财务制度:反对任何长期债务。但正因为这一项强力型的制度约束,驱使惠普公司员工学会如何完全从公司内部争取资金,结果培养出一大批在守规矩方面做得令人难以置信的企业经理。惠普的一位副总裁曾经描述说:"这种(量入为出)哲学为公司规定了完美的纪律。如果你想创新,就必须自力更生,这是贯彻公司上下的最有力却最不为人了解的影响。"可见,虽然同是高科技行业,但是在成功的背后,各有差异。出色的企业之所以出色,究其原因,是由于它们都有自己独具特色的优良的企业文化。正如斯蒂芬·P.罗宾斯所说的,"企业文化就如同一个人的个性",它有自己独特的特点,而这些特点又"如同个性一样相对稳定与持久"。

 小案例

唐岩为陌陌的企业文化定调:独立思考,不唯上

(2) 渗透性。企业是人的集合体,企业文化是一种团体文化,是获得大多数员工认同的、共享的文化。西方企业文化专家说,企业文化像空气一样无所不在。从存在形式上来看,价值观、信念、经营哲学等都是隐形的,它存在于员工和经营者的内心,存在于员工的无意识领域;从企业文化的形成方式和影响来说,也同样是潜移默化的、悄无声息的;企业文化无论是形成还是传播,如同春雨一般,是"随风潜入夜,润物细无声"的过程,让员工在经常性的灌输和熏陶中,启智益脑,由朦胧到清晰,由抵制到自觉,由个体到群体,从而形成企业群体共有的思想和意志。

（3）既定性。既定性是指一定的企业文化一旦形成，就具有相对的稳定性和世代相承的连续性，作为一个传统而存在。一个企业有了成熟的企业文化，就犹如"有一个'已编好的程序'去适应将来可能发生的变化"。一个企业在人事、产品、经营方式上，是很容易随着形势变化而变化的，但是，企业的文化却是难以改变的，因为一个企业文化的传统是经过多少人物榜样、多少传奇故事等慢慢积累、提炼出来的。这个成熟的企业文化，对于一个新进公司的人来说是既定的、早已存在了的，好像一个人出生在东方文化圈里（比如中国），东方的儒家文化传统对他而言就是既定的、早已存在了的。

当然，企业文化的既定性也只具有相对的性质，从总体来看，企业文化随着社会生产力的不断发展，在生产关系调整变化过程中不断向前发展，形成动态开放的系统。企业文化需要考虑时势变迁，与时俱进，不断塑造、改变与创新。只有在立足于企业特色的基础上不断吸收社会文化和外来文化的精华，剔除原文化中积淀的消极成分，才能使企业文化不断地升华与提高，保持企业内部的感召力和凝聚力的长久不衰。这对建设符合时代特色的、顺应潮流的企业文化而言是至关重要的。"即使在年久根深的老牌公司里，企业文化也在不断地发展变化着，每一代人都留下了自己特有的痕迹"。但是，这种变化是在保持企业基本信念和价值观相对稳定基础上的变化，而不是企业文化的根本改变。

（4）人文性。"以人为本"是企业文化管理的核心内容。所谓企业文化的人文性，就是从企业文化的角度来看，企业内外一切活动都应是以人为中心的。企业的价值准则、精神道德、经营哲学、行为规范等是依靠企业全体成员的共同努力才建立和完善起来的，只有广大员工认可的企业文化，才是有生命的企业文化。

一个人一生中最宝贵、历时最长的时间与空间都是用于职业生涯的，所以，要力求企业的成长与发展需求与个人的成长与发展需求在企业文化这个层面达到完美的契合。尊重和重视人的因素在企业发展中的作用，这样的企业文化建设才能赢得广大员工的拥护。

（5）强制性。强制性是指企业文化的"软约束"。企业中可以有非正式群体的存在，甚至也可以有非正式群体的文化，但是这种文化以及员工个体的文化都必须在企业文化的框架之下，否则就会受到企业文化的排斥。当员工试图挣脱企业文化的束缚时，企业文化的"软约束"表现得尤为明显。比如在日本企业，虽然没有规定员工要孝敬父母，但是如果员工不孝敬父母，那么在企业很难立足，他不仅会受到企业的疏远，也会遭到他人的冷落。企业文化所形成的企业环境氛围、风俗、习惯等，对不融入这种氛围、风俗、习惯的任何员工或行为的"软约束"，往往会比硬性的强制更有力。

（6）民族性。任何一个企业文化都深深地打上了本民族文化的烙印，都是以本民族传统文化为基础的，离开了本民族文化，企业文化就成了无源之水、无本之木。因此，民族性特征是企业文化的重要特征之一。如美国推崇"创新、个性、冒险"，日本推崇礼教习俗，德国强调"严谨、精益求精"，我国强调"诚实、守信、儒家风范"。也可以这么说，不同国家企业文化的差异实际上就是每个国家不同民族文化的差异。企业文化带有强烈的民族性特征，而这种民族性特征，更多的是通过企业价值观体系来影响企业的经营管理风格、组织结构和传播渠道的，企业文化的民族性决定着企业的价值观选择，影响着企业的管理风格并渗透在企业的伦理道德中。

国情不同，传统文化不同，企业文化也不一样。企业文化建设必须从国情出发，对民族传统文化进行挖掘、筛选、利用,培育有民族特色的价值观和伦理精神,只有这样,才能因地制宜地建设出具有民族特色的企业文化。

 小案例

加多宝:布道凉茶文化

"怕上火,喝正宗凉茶。正宗凉茶,加多宝出品。"众所周知,凉茶是中国首批国家级非物质文化遗产,有着中国传统文化的深厚根基,代表了中华民族几千年来沉淀的养生文化,也是颇具中国特色的饮品。但在一二十年前,中国很多地方的人们对凉茶还很陌生,是加多宝集团在秉承王泽邦家传秘方的基础上,通过市场研究,对凉茶所具有的文化内涵进行挖掘,提出了"预防上火"的独特品类定位,从而奠定了凉茶工业化、产业化、世界化的基础。随后,加多宝有规划、有步骤地进行了大力投入,如长年斥巨资在央视黄金时段投放广告,以拍摄连续剧的形式广泛宣传凉茶;再如借助国际赛事(奥运会与亚运会平台),将中国文化推向世界。

让世界了解具有东方特色的凉茶饮品,弘扬中国的民族文化,加多宝一直走在前面,并用自己的方式诠释着当代中国企业的社会责任与使命。

【思考】 加多宝是怎样体现其企业文化的民族性的?

(7) 实践性。企业文化是企业长期实践的结晶,企业文化源于实践,它是企业在实践过程中形成的思想成果和精神力量,既体现了一个企业的文化素养和文化内涵,又代表着这个企业全体员工的意志和愿望。没有扎实的实践基础,就不会有坚定不移的企业文化;没有丰厚的文化底蕴,也不会有经久不衰的企业发展。企业文化是企业在实践过程中形成的思想成果,并逐渐成为企业的一种精神力量,它不仅反映了全体职工的意志和愿望,也反映了企业的追求和希望。企业文化源于实践,并要在实践中不断丰富和发展。因为企业文化一旦形成,不可能是一劳永逸、一成不变的,企业文化是动态的、发展的,它不仅仅是理论上的归纳、整理,而且是实践中的提炼、总结。严格地说,只有在企业经营管理实践中真正践行的价值理念,才能构成企业文化的一部分,那种渴望的、正在倡导的价值理念还不是真正意义上的企业文化。

(8) 系统性。企业文化具有整体性、全方位性,是从企业群体的精神文化、制度文化、行为文化、物质文化等方面全方位展开的。这些要素在企业内部不是单独发挥作用,而是经过相互作用和联系,融合成为一个有机的整体。"整体大于局部的总和"的原则再次完全适用。企业文化内各要素一旦构成自身强有力的文化,就会发生难以估量的作用。

 小贴士

信息时代企业文化的特点

2. 企业文化的类型

企业文化是一种庞杂而抽象的概念，无所不在，对企业起着至关重要的作用，影响着员工的思想观念，对员工的行为起约束作用，是企业的无形"统治者"。为了研究或测量的需要，常将企业文化予以分类，以使企业文化的抽象程度降低。丁雯在其主编的《企业文化基础》(东北财经大学出版社，2015年版)中做了以下分类。

(1) 按照企业的任务和经营方式的不同分类。迪尔和肯尼迪把企业文化分为四种类型。

① 硬汉型文化。这是所有企业文化类型中极度紧张的一种。这种企业恪守的信条是要么一举成功，要么一无所获。因此，员工们敢于冒险，都想成就大事业，而且对于所采取的行动是否正确能迅速地获得反馈。具有这类文化的企业往往处于投资风险较大的行业。这种文化鼓励内部竞争、创新和冒险，市场竞争性较强，产品更新快。

② 工作和娱乐并重型文化。这种文化适用于竞争性不强、产品比较稳定的组织。这种企业文化奉行拼命地干、痛快地玩的信念。职工很少承担风险，所有一切均可迅速获得反馈。

③ 赌注型文化。这种企业文化适用于风险高、反馈慢的环境，企业所作决策承担的风险很大，但却要在几年之后才能看到成果。其信念是注重未来、崇尚试验，相信好的构想一定要给予机会去尝试、发展。

④ 过程型文化。这类企业文化常存在于风险低、资金回收慢的组织中。由于员工很难衡量他们所作所为的价值，因此人们关心的只是"怎样做"，人人都在追求技术上的完美及工作上的有条不紊。

 小案例

硬汉型文化：华为的"狼性"文化

狼是一种让人畏惧、讨厌的动物，极少有人愿意与狼相提并论。但是华为却自诩为狼，任正非带领着华为"狼群"与市场中的"豹子""狮子"拼杀，将企业的狼性表现得淋漓尽致，屡建奇功。

有人把通信制造业的各类企业分别比作草原上的三种动物：跨国公司就像狮子，跨国公司在中国的合资企业就像豹子，而地道的中国本土企业就像土狼。如果这个比喻贴切的话，那华为就是最杰出的土狼。

华为的企业文化被称为狼性企业文化，其中浸透着一股"狼性"，这在企业界是非常少见的。因为强大可以夺天下，仁爱可以夺人心，所以一般企业都在颂扬自己的强大或仁爱，不会想到向实力中等又眼露凶光的狼学习。人对狼是不公平的，总让狼扮演故事中不光彩的角色，人渐渐从心中排斥狼，从而狼的优点被抹杀了。华为能够透过世人的眼光看到狼的闪光个性已不容易，还把这种个性炉火纯青地运用到企业的经营管理中更让人佩服。大众性的东西较易学习和模仿，但个性化的东西就不是这么轻松。狼性企业文化是企业文化中非常独特的一个典例，华为的狼性核心文化可谓十分富有创意性。

【思考】 为什么华为要建立"狼性"文化？

(2) 按照企业的状态和作风的不同分类。企业文化可分为以下几种类型。

① 活力型。这种文化的特点是重组织、追求革新,有明确的目标,面向外部,上下左右沟通良好,责任心强。

② 停滞型。这种文化的特点是急功近利,无远大目标,带有利己倾向,自我保全、面向内部,行动迟缓、不负责任。

③ 官僚型。这种文化的特点是例行公事,存在大量官样文章。

(3) 按照企业的性质和规模的不同分类。企业文化可分为以下几种类型。

① 温室型。这是传统国有企业所特有的文化。这种文化的特点是对外部环境不感兴趣,缺乏冒险精神,缺乏激励和约束。

② 拾穗者型。这是中小企业所特有的文化。这种文化的特点是战略随环境变动而转移,组织结构缺乏秩序、职能比较分散,价值体系的基础是尊重领导人。

③ 菜园型。这是力图维护在传统市场占统治地位的企业所特有的文化。这种文化的特点是家长式经营,工作人员的激励处于较低水平。

④ 大型种植植物型。这是大企业所特有的文化。这种文化的特点是不断适应环境变化,工作人员的主动性、积极性受到激励。

(4) 按照文化建设战略目标和需求的不同分类。企业文化可分为以下七种类型。

① 企业家群体型。这种文化的特点是着重展现企业家的价值取向、道德情操、睿智和胆识,凸显企业家的想象力和感召力,建立企业家群体文化的优势。

② 全员资质型。这种文化的特点是遵循"以人为本"的原则,着重挖掘员工的资质和潜能,增强企业的凝聚力,提高员工的忠诚度,激发员工工作的积极性、创造性和团队协作精神,激活企业内部驱动力。

小案例

企业文化就是让螺丝钉都感到崇高

③ 服务文化型。这种企业文化通过树立"客户至尊""超越客户期待"的服务观念,规范员工的服务礼仪,丰富服务手段,提升服务质量,完善服务系统,疏通服务渠道,提高企业在社会的亲和力和美誉度。

④ 质量文化型。这种文化以质量为根本。其特点是宣传并贯彻"质量是企业的生命"和"质量是企业的衣食父母"的观念,将文化管理渗入质量管理中,不断提高员工的质量观和全员质量意识,严格遵守国际质量认证等标准,全面提升产品质量。

⑤ 科技开发型。这种文化的特点是凸显"以市场促进科技开发,科技开发引导市场"的观念,培养和提升员工的科技领先的意识,体现企业尊重知识、重视人才的思想,集合人才资源,建立一支科研型和创新型的团队。

⑥ 营销文化型。这种文化的特点是确立"以市场为导向,以顾客为中心"的现代营销理念,树立员工的市场观、竞争观和服务观,提升员工把握市场的技能,优化和完善营销体

系,制定销售方略,不断扩大市场的份额和占有率。

小案例

营销文化型的代表:小米手机的饥饿营销

提到小米的营销不得不说"饥饿营销"战略。饥饿营销的定义是:通过供求两端的量影响终端,在调高价格的基础上提高企业形象。凭借双核处理器和1 999元售价的优势,小米手机备受媒体和手机发烧友的关注。在营造了巨大的舆论声势后,小米手机又效仿苹果的饥饿营销。在公众对小米特别关注,纷纷抢购的时候,小米手机缺货了,米粉只能焦急地等待。继iPhone手机之后,小米有段时间成为较难买到的手机,虽然价格不高,但却因为难以买到,小米成为手机发烧友们的身份标识。

自2011年小米手机发布以来,只在官方网站上限量售卖,抢购、断货时常发生,小米14 Ultra钛金属特别版在2024年3月12日正式开售,售价虽高达8799元,却被抢购一空,供不应求,仅两天时间京东自营店和小米商城就显示该产品已经断货。

【思考】 企业营销文化由什么决定?

⑦ 生产文化型。这种文化的特点是培养和提升员工的效率意识,规范员工行为,实现有效的时间管理,改善现场管理和生产环境,改进工艺,降低成本,提高劳动生产率和产品产量,以期不断满足市场的需求。

1.1.3 企业文化的基本功能

小贴士

企业家们说"企业文化"

华为创始人任正非说:"物质资源终会枯竭,唯有文化才能生生不息。一家高新技术企业不能没有文化,只有文化才能支撑它持续发展。华为的文化就是奋斗文化。"

海尔集团创始人张瑞敏说:"企业发展的灵魂是企业文化,企业文化的核心是价值观,有什么样的价值观,就有什么样的规章制度和行为规范,这又保证了物质文化的不断增长。"

浙江吉利控股集团董事长李书福说:"吉利控股集团一直践行'全球型企业文化'建设,其核心特点是尊重、适应、包容与融合,最终目标是达到合作共赢,实现企业在全球市场的成功。"

方太集团董事长兼总裁茅忠群说:"文化与业务,是一不是二;文化是业务的发心、方式和奋斗精神,业务是文化的呈现和结果。"

企业文化作为一种新的管理方式,不仅强化了传统管理方式的一些功能,而且具有很多传统管理方式不能完全替代的功能。

1. 凝聚功能

企业文化通过企业成员的习惯、知觉、信念、动机、期望等微妙的文化心理来影响企业内部人员的思想,使人们产生对企业目标、准则和观念的认同感,使企业人员乐于参加企业事务,发挥自己的聪明才智,为企业群体的发展贡献自己的力量。企业文化比企业外在的硬性管理方法本能地具有一种内在凝聚力和感召力,使每个员工对企业产生浓厚的归属感、荣誉感和目标服从感。同时,企业群体对企业成员进行鼓励和认可,又会大大加强员工的"主人翁"意识,增强对群体的归属感,使企业形成强大的凝聚力和向心力。企业文化的凝聚功能还反映在企业文化的排外上,外部的排斥和压力的存在,使企业中个体产生对企业群体的依赖,同时促使个体凝聚在群体之中形成"命运共同体",大大增强了企业内部的统一和团结,使企业在竞争中形成一股强大的力量。企业文化的这种凝聚功能尤其在企业的危难之际和创业之时更显示出其巨大的力量。

小案例

海底捞的秘密

四川海底捞餐饮股份有限公司是一家以经营川味火锅为主,融各地火锅特色于一体的普通餐饮连锁公司。独特企业文化所形成的凝聚力让海底捞员工流动率一直保持10%左右,中国餐饮业的员工平均流动率为28.60%,海底捞每个店都能保证有30%左右的老员工"压阵",客户回头率也高达50%以上。它是如何做到的呢?

海底捞集团一贯把员工放在心上,把员工当作家人,在思想上尊重员工,在感情上贴近员工,切实解决好员工最关心、最现实的问题。员工一律住楼房,住房内电视、空调等生活用品应有尽有,没有后顾之忧。这种对员工关爱呵护,把员工当成家人的亲情化管理模式,让每位员工都有主人翁的感觉——人人都是管理者,人人都是经理——海底捞就是员工施展才干、实现理想的合适场所,因此产生了巨大的向心力和凝聚力。他们团结一致,上下同心,主动把服务工作做到最好,既赢得了顾客的信任,也为企业持续赢得丰厚利润打下了坚实的基础。

【思考】 海底捞员工流动率低的原因是什么?

2. 导向功能

企业文化反映了企业整体的共同追求、共同价值观和共同利益,这种强有力的文化能够对企业整体和企业的每名成员的价值取向与行为取向起导向的作用。一家企业的企业文化一旦形成,它就建立起自身系统的价值和规范标准,对企业成员个体思想以及企业整体的价值和行为取向发挥导向作用。这种导向功能对多数人来讲是建立在自觉的基础之上的,他们能够自觉地把自己的一言一行经常对照企业价值观进行检查,纠正偏差,发扬优点,改正缺点,力求使自己的行为符合企业目标的要求。对少数未取得"共识"的人来讲,这种导向功能就带有某种"强制"性质,企业的目标、规章制度、传统、风气等迫使他们按照企业整体价值取向行事。

企业文化的导向功能,主要是通过企业文化的塑造来引导企业成员的行为心理,使人们在潜移默化中接受共同的价值观念,自觉自愿地把企业目标作为自己的追求目标来实现。如美、日企业的价值观中都有着"顾客至上"的意识,都有着强烈的创新意识,这种价值观就引导员工为顾客提供一流的产品和服务,引导员工在工作中不怕风险和失败,勇于打破旧框框,实现产品和技术的革新。中国企业的价值观中也有诸如集体意识、创业意识和勤俭意识等，这些意识对中国企业员工的行为也起到了相应的引导作用。

3. 激励功能

日本人提出"车厢理论"，即强调在一个目标轨道上，每节车厢（个人）都有动力，这样的列车动力强劲，运行速度就快。这种理论比单纯强调"火车头"的作用更科学。一种积极的企业文化就具有这种良好的激励功能，能够使员工士气步入良性循环轨道，并长期处于最佳状态。企业文化的核心是形成共同的价值观念，优秀的企业文化都以人为中心，形成一种人人受重视、受尊重的文化氛围，这样的文化氛围往往能形成一种激励机制，使企业成员在内心深处自觉产生为企业奋斗的献身精神。而企业群体对企业成员所作贡献的奖励，又能进一步激励员工为实现自我价值和企业发展而不断进取。

企业文化给职工多重需要的满足，并能对员工各种不同合理的需要用它的"软约束"进行调节，通过产生企业群体积极向上的思想观念，以及行为准则形成员工强烈的使命感和驱动力，成为帮助员工寻求工作意义，建立行为的社会动机，从而调动积极性的过程。正因为这样，企业文化能够在企业成员行为心理中持久地发挥作用，避免了传统激励方法引起的各种企业行为的短期化和非集体主义性的不良后果，使企业行为趋于合理。

4. 约束功能

作为一个组织，企业为进行正常的生产经营，必须制定必要的规章制度来规范人在生产经营中的行为，进行"硬约束"。企业文化的约束功能除了这一方面外，更强调以一种无形的群体意识、社会舆论、共同的习俗及风尚等精神因素，在组织群体中培养出与制度的"硬约束"相协调的环境氛围，形成文化上的约束力量，对职工行为起到约束作用，这就是软约束。它虽然不是明文规定的硬性要求，但它以潜移默化的方式，形成一种群体道德规范和行为准则（即非正式规则体系）以后，某种违背企业文化的言行一经出现，就会受到群体舆论和感情压力的无形约束，同时使员工产生自控意识，达到内在的自我约束。企业文化把以尊重个人感情为基础的无形的外部控制和以群体目标为己任的内在自我控制有机融合在一起，实现外部约束和自我约束的统一。企业文化的这种无形的"软约束"具有更持久、更强大的效果。

5. 优化功能

优秀的企业文化一旦形成，就会产生一种无形力量，对企业经营管理的方方面面起到优化作用。如当企业目标、决策偏离企业价值观轨道时，它可以自动加以纠正；当企业组织机构不合理或运转失灵时，它可以自动进行调节；当领导者的行为和员工的行为有悖于企业道德规范时，它可以自动加以监督和纠正。实际上，企业文化的优化功能，不仅体现在"过程"后，即对错误结果进行修正，而且也体现在"过程"前和"过程"中，对组织活动和个人行为起到必要的预防、警示和监督作用。

6. 教化功能

人的素质是企业素质的核心，人的素质能否提高，很大程度上取决于他所处的环境和条件。优秀的企业文化体现卓越意识、成效意识和创新意识。具有优秀文化的集体是一所"学校"，为人们积极进取创造良好的学习环境、实践环境和条件，具有提高人员素质的教化功能。

它可以使人树立崇高理想,培养人的高尚道德,锻炼人的意志,净化人的心灵,使人学到为人处世的艺术,学到进行生产经营及管理的知识、经验,提高人的能力,有助于人的全面发展。

 小案例

海尔的"毛刺"事件

一位海尔洗衣机用户被洗衣机塑料进水孔处的一个"毛刺"划伤了小手指而投诉,此事件在海尔集团引起轩然大波,集团内部开始了轰轰烈烈的为期三个月的"毛刺"事件大反思、大讨论。讨论的主题:我们到底哪里有"毛刺"?我们刺伤的到底是用户的手指还是用户的心?讨论通过现场会议、《海尔人》报、电视专题等形式进行。《海尔人》报连续5期分别刊文述评:《我们怕什么——从产品"毛刺"给用户带来烦恼说起(一)》《我们怕什么——从产品"毛刺"给用户带来烦恼说起(二)》《我们怕什么——从产品"毛刺"给用户带来烦恼说起(三)》《我们到底怕什么——写在"我们怕什么"之后》《干部莫做"克里空"——写在"我们怕什么"之后》。其中一篇写道:"物质文化有毛刺,是制度文化出了毛刺;制度文化有毛刺,是观念上有毛刺。"海尔以"毛刺"事件大讨论为契机,在企业研发、生产、质量、销售、服务、培训等各个方面进行了全面、全员、全流程的反思、整改和提升。

【思考】 海尔的"毛刺"事件给了我们什么启示?

7. 辐射功能

企业文化比较集中地体现了企业的基本宗旨、经营哲学和行为准则。企业文化一旦形成较为固定的模式,它不仅在企业内部发挥作用,还通过各种途径对社会产生影响。企业文化的辐射作用主要是通过企业形象的塑造和传播来实现的。企业文化向社会辐射的途径很多。

优秀的企业文化通过企业与外界的每一次接触,包括业务洽谈、经济往来、新闻发布、参加各种社会活动和公共关系活动,甚至通过企业制造的每一件产品、企业员工在社会上的每一次言行,向社会大众展示着本企业成功的管理风格、良好的经营状态和积极的精神风貌,从而为企业塑造良好的整体形象,树立信誉,扩大影响。企业文化是企业一项巨大的无形资产,为企业带来高美誉度和高生产力。

8. 示范功能

评估一个企业的经济实力如何,主要看企业规模、经济效益、资本积累、竞争力和市场占有率等。而企业文化则是企业在其发展过程中逐步形成和培育起来的具有自身特色的企业精神、发展战略、经营思想和管理理念,是企业员工普遍认同的价值观、道德观及其行为规范。如果企业能够形成一种与市场经济相适应的企业精神、发展战略、经营思想和管理理念,形成自己的品牌效应,就能产生强大的示范作用,激发员工的积极性和创造性,从而不断提升企业经济的实力和持续发展的能力。

无论是世界著名的跨国公司,如微软、福特、通用电气、可口可乐,还是国内知名的企业集团,如海尔、华为、康佳等,都具有独特的企业文化和强大的经济实力,形成了优良的品牌效应。而其品牌的价值既是时间的积累,也是企业文化的积累,是企业长期经营与管理积累的价值所在。其不仅在企业文化中具有深远的影响,而且可以成为社会文化的一部分。如可口可乐已成为美国文化的一部分,同仁堂则构成了中华民族文化的一部分。一旦企业文化融入社会文化中,则又会通过社会文化向各个领域、各个层面渗透,其强有力的示范功能就会得到彰显,形成强大的社会效应,使企业文化发挥出更大的作用,实现更大的社会价值。

 小贴士

企业文化是第一竞争力

小案例

南航心约

1.1.4 企业文化的影响因素

对企业文化的上述静态分析,虽然使我们对企业文化的构造从整体上有了一个较为清晰的认识,但还不能为我们提供改造旧企业文化、塑造新企业文化的线索。因此,这里要对企业文化的形成和演变进行动态的系统分析,寻求影响企业文化的主要因素。概括地讲,影响企业文化的因素主要有以下方面。

1. 民族文化因素

现代企业管理的核心是对人的管理。作为企业文化主体的企业全体员工,同时又是作为社会成员而存在的,在他们创办或进入企业之前,已经长期受到社会民族文化的熏陶,并在这种文化氛围中成长。广大员工在进入企业以后,不仅会把自身所受到的民族文化影响带到企业中来,而且由于其作为社会人的性质并未改变,他们将继续承受社会民族文化传统的影响。因此,要把企业管理好,绝不能忽视民族文化对企业文化的影响。建设有本民族特色的企业文化,这不仅是个理论问题,更是企业管理所面临的实际问题。

2. 制度文化因素

企业文化的另一个重要因素是制度文化,包括政治制度和经济制度。我国实行的是以工人阶级领导的、以工农联盟为基础的人民民主专政的社会主义制度,这是社会主义初级阶段的基本政治制度。在经济制度方面,我国正在建立和完善社会主义市场经济体制,这是当前我国的基本经济制度。我国这样的政治制度和经济制度决定了我们区别于其他国家,要建立具有中国特色的企业文化,同时这也为我国的企业文化发展提供了广阔的生存空间和成长空间。深入研究我国当前的政治体制和经济体制,所有企业都必须重视充分发挥社会主义制度的优势,建立具有中国特色的企业文化。

3. 外来文化因素

严格地说,从其他国家、其他民族、其他地区、其他行业、其他企业引进的文化,对于特定企业而言都是外来文化,这些外来文化都会对该企业文化产生一定的影响。随着世界市场的融合和全球经济一体化进程的加快,各国间经济关系日益密切,不同国家之间在文化上的交流和渗透日益频繁。中国实行改革开放以来,从西方发达国家引进了大量的技术和设备,在引进、消化、吸收外国先进技术的同时,也引进了国外的文化,包括先进的管理思想,增强了企业的创新精神、竞争意识、效率观念、质量观念、效益观念、民主观念、环保意识等,成为我国企业文化中的新鲜血液,但同时也受到拜金主义、享乐主义、个人主义、唯利是图等腐朽落后思想的冲击。西方资本主义企业文化中的糟粕对我国企业文化建设有相当大的破坏作用,应当引起警惕。在经受外来文化影响的过程中,必须根据本企业的具体环境条件,有选择地加以吸收、消化、融合外来文化中有利于本企业的文化因素,警惕、拒绝或抵制对本企业不利的文化因素。

4. 企业传统因素

应该说,企业文化的形成过程也就是企业传统的"发育"过程,企业文化的发展过程在很大程度上就是企业传统去粗取精、扬善抑恶的过程。因此,企业传统是形成企业文化的重要因素。中国工业企业自开办以来虽仅有百余年历史,但却给我们创造了宝贵而丰富的企业文化精华,我国企业文化的优良传统主要来自四个方面:第一,在中华人民共和国成立前,艰难成长起来的一些中国民族资本主义企业开创了勤劳节俭、善于经营、实业救国为特色的企业精神。第二,中华人民共和国成立前,在解放区的一些军工企业及工业企业为了夺取抗日战争和解放战争的胜利,也产生和形成了艰苦奋斗、勤俭节约、无私奉献、顽强拼搏的企业精神和传统。第三,中华人民共和国成立以后,在我国一些老企业中反映出许多由于历史传统而形成的文化特色,成为现今我国企业文化特色的重要因素。如爱厂如家、艰苦创业的"孟泰精神",三老四严、拼搏奉献的"铁人精神"等。第四,改革开放以来,在一些新兴的高新技术企业和搞得比较好的工业企业,经过几十年的发展历程,开始孕育、产生和形成不少好的现代文化观念,比如重视技术和人才、重视效益、重视管理以及市场观念、竞争意识、服务意识等,对我国企业文化的影响是巨大的。以上这四部分企业文化的优良传统和经验,对形成、更新和发展我国当前的企业文化,影响和塑造明天的优秀企业文化都是十分重要的。

5. 个人文化因素

个人文化因素指的是企业领导者和员工的思想素质、文化素质和技术素质。由于企业文化是企业全体员工在长期的生产经营活动中培育形成并共同遵守的最高目标、价值标准、基本信念及行为规范,因此企业员工队伍的思想素质、文化素质和技术素质直接影响与制约着企业文化的层次及水平。一个村办企业的企业文化与一家高新技术公司的企业文化差异之大是显而易见的,前者的企业文化更多地集中在安全第一、艰苦奋斗的实干精神上,而后者的主导需要基本上处在自尊和自我实现的层次上,反映出对高层次企业文化的追求。员工中的英雄模范人物是员工群体的杰出代表,也是企业文化人格化的体现,"铁人"王进喜对大庆精神、张秉贵对一团火精神、李双良对太钢精神都发挥了这种作用。向英雄模范人物学习的过程,就是企业文化的培育过程。个人文化因素中,企业领导者的思想素质、政策水平、思想方法、价值观念、经营思想、经营哲学、科学知识、实际经验、工作作风等因素对企业文化的影响也是非常显著的,甚至其人格特征也会有一定的影响。

小案例

"老干妈"的绝招

6. 行业文化因素

不同行业的企业文化特点是不一样的。从大的方面来说,可以分为工业、农业、建筑业和服务业。每个行业还可以进一步细分,比如工业可以分为电子工业、化工工业、机械制造业等。由于各个行业在管理模式和要求上存在很大差异,所以,企业文化也必然有差异。

7. 企业发展阶段因素

企业处于不同的发展阶段,决定了它的不同特点,进而影响到企业文化。企业从导入期、成长期、发展期到成熟期,再到衰退期,便完成了一个循环过程。在这个过程中,企业会积累一些优秀的文化传统,也会不断摒弃一些不良风气,处于导入期的企业往往关注企业生存和市场情况,而对内部规范管理还顾及不到,可能产生一切以"挣钱"为导向的文化氛围,这时的企业家要特别注意对短期行为的及时纠正。中国有句古话叫"以义取利",这是关系企业存亡的大事。进入成长期的企业,随着企业各项工作的顺利开展,企业文化渐渐成形,这时是企业文化建设的关键时期,企业家要抓住这一时机,考虑长远发展,塑造可以永久传承的优秀文化。企业一旦进入成熟期,文化就基本成形了,这时的领导都要特别小心惰性习惯的产生,使企业文化缺乏生命力。在这个阶段,许多企业家采取了变革文化的办法,在原有优秀文化的基础上,剔除糟粕,不断发展,用企业文化这只无形的手,避免企业走上衰退之路。

8. 地域文化因素

地域性差异是客观存在的,无论是国家与国家,还是同一国家的不同地区,都存在很大差异。正是由于不同地域有着不同的地理、历史、政治、经济和人文环境,必然产生文化差异,即使是同处美国的纽约和加利福尼亚也存在很大差异;德国的东西部由于经济和历史原因,价值观有所不同;在法国,不同地方的人们都保留着自己的特点,包括语言、生活习惯和思维方式。文化差异即使在城市和郊区之间，都会有所体现。丰田汽车把自己的总部从大城市移出来，使自己的乡村风格突出，因为它热衷于英国和美国的乡村俱乐部式的风格。世界上最大的轮胎制造商米其林公司，把它的总部设在创始人的家乡，而不是巴黎，因为公司创始人要摒弃"浮于表面和趋于时尚"的巴黎，他们更喜欢以谦逊、简朴和实用著称的郊区爱瓦房地区。正是由于这种地域差异产生的文化差异，使企业家在设厂时不得不考虑地域因素。日本在"进军"美国时，尼桑等大公司纷纷入驻田纳西州，因为它们认为，这里有着强烈的工作道德、和睦相处的氛围，这些对于日本企业来说至关重要。

1.2 能力开发

1.2.1 案例分析

1. 充满活力的海尔文化

1984年以前，海尔集团还是一家濒临倒闭的集体工厂，亏损达174万元。自1985年海尔集团公司与联邦德国利勃海尔公司合作生产出中国第一代四星级电冰箱（青岛—利勃海尔）以来，目前已开发出12个系列、百余种规格的"青岛海尔"牌电冰箱、计算机程控式微波炉、微型计算机电磁炉等高科技、高附加值系列产品，成为年产冰箱60万台、固定资产近3亿元、年销售收入25亿元的全国十佳优秀企业之一，正向"中国松下"目标奋进。海尔集团不仅在经济管理和现代化生产方面，为中国企业的现代化发展开辟了新的前景，而且在企业文化发展方面也开了历史的先河。

在中国经济体制改革和发展的进程中，当别的企业还在忙于靠行政管理与经济手段树立与维护企业形象时，青岛海尔已经在丰富自身的文化涵养。海尔的企业精神是"无私奉献，追求卓越"；确定的管理战略是"高标准、精细化、零缺陷"；确定的质量战略是"质量是企业永恒的主题"；确定的生产战略是"唯一和第一"；确定的销售战略是"售后服务是我们的天职"；确定的市场战略是"生产一代，研究一代，构思一代"，这些构成了严密的海尔文化网络。当你走进海尔公司，首先映入眼帘的正是有着强烈企业特色的巨型徽标"青岛海尔"，镶刻在公司三楼的"无私奉献，追求卓越"八个金色大字闪闪发光。走进接待室，身着礼服的礼仪小姐热情地打开闭路电视，让你通过电视了解青岛海尔集团的全部风貌；在产品陈列室，礼仪小姐以标准的国际公关水准向你一一介绍几十个品种的"青岛—利勃海尔"系列产品；在奖品陈列室，陈列着无数个国家、部、省级奖杯、奖章、锦旗和奖品，不用介绍，你就能体验到青岛海尔的企业文化带来的效益。青岛海尔把公共关系活动确认为企业文化的有机组成部分，充分运用公关职能，有效地开展内部和外部公共关系活动，使青岛海尔的企业精神得到了充分的发挥。

海尔集团位于中国儒家文化的发祥地，道家文化在这里也有深厚的根基，同时这里又是中国较早实行对外开放的沿海地带，这种特殊的文化背景和区位优势造就了海尔集团立足于中国传统而又不故步自封、博采众长而又独具民族特色的文化思维品格。靠着这种思维品格，海尔集团在管理实践中将中国传统文化的精髓与西方现代先进管理思想融会贯通,"兼收并蓄、创新发展、自成一家",创造了富有中国特色、充满活力的海尔文化。

1) 海尔的精神内核

张瑞敏特别崇尚道家文化,又兼备儒家风范,是企业界公认的"儒商"。他认为,"做企业要求本然,而不是丧失耐心"。老子说"上善若水",意即最高的善就像水,心胸要像水纳污流那样开阔,交友要像水清见底那样坦诚,行动要像水归大海那样执着,以达到"天下莫柔弱于水,而攻坚强者莫之能胜"的精神境界。在海尔文化层面上,这种精神境界反映在如下方面。

(1) 坚持"敬业报国,追求卓越"的企业价值目标。"'敬业报国'的核心就是中国传统文化的'忠'字观念,'忠'就是回报,就是要用最好的产品和服务来回报用户、回报国家、回报社会"。海尔集团正是靠着这种追求,赢得了社会公众的普遍赞誉,成为中国境内最受尊敬的企业。同时也"正因其'生而不有,为而不恃',不求索取,其自身也得到了永恒的存在"(引自海尔 CEO 致辞),从而跨越了许多企业"风流总被雨打风吹去""各领风骚三五年"的尴尬境地,成为连续十八年高速增长(年均增长 73.8%)的著名企业集团。海尔就像海,唯有海能以博大的胸怀纳百川而不嫌弃细流,容污浊且能净化为碧水。正因如此,才有滚滚长江、滔滔黄河、涓涓细流,不惜百转千回,争先恐后,投奔而来,汇成碧波浩渺、万世不竭、无与伦比的壮观。

(2) 遵循"真诚到永远"的社会服务宗旨。始终以"海尔人就是要创造感动"作为企业的服务理念,以"为用户创造价值"作为企业的服务目标,广泛推行"一站式"服务。在市场营销中,坚持做到"先卖信誉,后卖产品"。为此,不惜在集团公司最为困难的时候用大锤砸掉 76 台不合格的冰箱,以唤醒职工的质量意识;在售后服务中,时刻牢记"用户永远是对的"的行动准则,并公开承诺:"只要您拨打一个电话,剩下的事由海尔来做",彻底消除顾客的一切后顾之忧;在各类产品的形象用语中,处处传递真诚与亲情,例如,"海尔冰箱,为您着想""海尔计算机,为您创造""海尔洗衣机,专为您设计"等。这些"亲情"化的语言和"诚信"行为,正是铸就中华文化独具欢乐祥和意蕴的内在要素。

(3) 发扬"海纳百川"的精神,广泛吸纳各种人才和现代先进管理理念。海尔集团决策层经常研究杰克·韦尔奇和通用电气公司,探索和挖掘它们的成功经验,同时广泛采纳和应用西方现成的科学管理方法,如双因素管理理论,向国外市场扩张的"本土化战略",激活"休克鱼"的企业兼并机制等。海尔集团还经常请管理咨询机构人员到企业做培训讲座,密切追踪世界先进管理动态。在一些媒体进行质疑的情况下,海尔毫不犹豫地选择了"走出去"战略,张瑞敏宣称"我们靠速度来打造世界名牌",即通过加快向国内和国外市场的扩张速度来缩短与国际跨国公司的差距,进而实现海尔品牌的国际化。目前,海尔集团正在信息时代大力开展业务流程再造活动,力争实现企业新一轮经济快速增长。

2) 海尔的思维模式

到过海尔集团的人都会发现,海尔总部大楼从外面看四四方方,大楼的四周则环绕着两圈"活水",环绕的道路和大楼周围其他的小建筑上有一些对称的雕塑,暗含着道家文化的意味。这种独具匠心的布置,体现了海尔人"思方行圆"的原则。"思方",即思考问题时要体现自己的思维风格,发展自己的思维模式。具体表现如下。

(1) 以中华民族的传统思维智慧为根基。众所周知,中华传统文化极具思辨智慧,对现代管理哲学的发展具有重要的启迪作用。海尔集团较好地继承发展了中华文化的精髓，使之成为思考和处理问题的重要原则。这种原则内化在海尔集团的管理思维中，就是在观察与思考中解决问题，张瑞敏把这比作中医诊疗。他说："就我而言，我愿意称自己为中医，中医就是望、闻、问、切，对于企业来说，不可能都用量化来定。怎么说呢，就是一种感觉。"这也验证了西方学者德鲁克的一句话："对经理人来说，到头来只有一个方式去取得资讯，那就是'御驾亲征'。"

(2) 营造积极向上的人文气氛。人是决定企业兴旺发达的最重要因素。与片面追求先进技术与设备的企业相比，海尔集团更注重营造团结和谐的人文气氛。他们坚持"人人是人才，赛马不如相马"的用人观，强调要充分挖掘和合理使用人才。为此，他们创办了海尔大学，搭建起通畅便捷的职工自我提高的平台；建立了"挑战满足感，经营自我、挑战自我"的人力资源开发机制，要求每一个人都要像经营自己的店铺一样经营自己的岗位。对干部，他们强调要用《干部自我警示录》等进行自我约束；对员工，他们强调要以"宠辱不惊，自强不息""得意不忘形，失意不失态""胜人者有力，自胜者强"等作为个人修养标准。海尔集团这种以"人"为中心的经营理念得到了国内外企业界的广泛赞誉。日本能率协会会长富坂良雄对此的评价是："中国人在经营过程中把人作为经营的主体，这种逆向思维显示出两国在经营理念和企业文化方面的差异。目前日本企业正在对企业经营体制、理念等进行改革探讨，在这关键时刻，海尔为我们提供了先进经验。"

(3) 遵循"知行合一，行胜于言"的思维定式。一方面，海尔集团强调无论干什么事情，都要按照"5W、3H、1S"要求，明确工作的目的、标准、地点、责任和进度(5W)，掌握工作的方法、数量和成本(3H)，确保工作的安全可靠(1S)。特别是对管理人员，海尔集团强调要把"知"放到第一位，因为对于他们来说，"看不出问题就是最大的问题"。另一方面，海尔集团更专注于行动，认为"管理是一种实践，其本质不在于'知'而在于'行'，其验证不在于逻辑而在于成果""天下难事必作于易，天下大事必作于细"。还认为只有"把别人认为非常简单的事持之以恒地坚持下去"，才能创造持续永恒的企业价值。张瑞敏曾说："伟人就是恶人，恶在哪里？恶到把小事抠住不放，非常认真，不做到就不行。"(摘自艾丰《悟道海尔》)海尔的德国"老师"在评述海尔为什么超过它时曾说："海尔能够成功，是因为海尔有梦，梦就是远大的理想。但海尔也非常务实，务实到令人难以想象的程度。"海尔人正是靠着这种"不积跬步无以至千里"的务实精神，从大事着眼，从小事入手，一步一步发展壮大，最终成就了今天的辉煌。

3) 海尔的行为准则

海尔人思考问题非常谨慎，隐含着"永远战战兢兢，永远如履薄冰"的忧患意识，行动起来却雷厉风行，从不放过任何稍纵即逝的机会。

(1) 海尔集团的工作作风。面对瞬息万变的市场，始终做到"迅速反应，马上行动"，这就是海尔集团的工作作风。他们认为"大家都在比速度，但是真正握住用户的手，还必须有'第一速度'。产品开发要有第一速度，销售要有第一速度，纠错不过夜要有第一速度"。2001年，在"全球海尔经理人年会"上，美国海尔贸易公司总裁迈克反映说，有的消费者抱怨普通冰柜太深，取东西不方便，希望能买到一种上层为普通形式、下面为抽屉的冷柜。海尔集团冷柜产品总部得知这一消息后，迅速组织四名科研人员连夜奋战，仅用17个小时就完成了样机,随之又进行了第二代更新。当这些样机披着红绸出现在答谢宴会上时,所有客商都惊讶不已,随之报以长时间的热烈掌声,海尔人就这样靠速度征服了客商。

(2) 坚持做到"以变制变,变中求胜"。海尔集团认为,"市场唯一不变的法则是永远在变",只有不断对市场变化做出灵活反应,才能把握商机,赢得主动。前些年,海尔上海中心总经理解居志看到一则新闻报道,说上海将推出分时电价,用电低谷时的电费是高峰时的一半,同时了解到上海市民有了这样一个愿望,即"家电要是能晚上省电、白天工作就好了!"由此他联想到,海尔已经有了具备这种功能的产品,只是原先没有把它广泛宣传出去。于是,解居志立即组织人员重新制定产品宣传策略,提炼出"分时家电"这一新的宣传点,接着召开信息发布会,很快就把这一记重拳打了出去。同时,他又以最快的速度将这一信息反馈给集团各产品事业部,定制更多的适应这一市场需求的产品。解居志的快速反应不仅抢占了市场先机,也引来了社会舆论界对海尔人竞争精神的惊叹,《解放日报》当天发表评论:"上海这么多企业都没有抓住这一商机,远在青岛的海尔却紧紧抓住了!"

(3) 不断推进企业创新。海尔人认为,"没有创新只靠速度赢得的市场难以为继"。创新在海尔集团的经营宝典中居于核心地位,整个海尔集团就是以观念创新为先导、以战略创新为基础、以组织创新为保障、以技术创新为手段、以市场创新为目标的创新集体,而这些创新的最终目的又是"创造用户价值"。十多年来,海尔集团就是靠着这种自强不息、锐意创新的精神,走出了一条具有自身特色的企业发展之路,逐步成长为家电行业中的"航空母舰"。

思考·讨论·训练

(1) 海尔的企业文化具有什么特点?
(2) 海尔企业文化的中国特色体现在哪些方面?
(3) 企业文化是怎样提升企业竞争力的?

2. 苹果公司的企业文化

请扫描二维码,然后回答案例后"思考·讨论·训练"题。

3. 方太的企业文化建设

宁波方太厨具有限公司(以下简称"方太")创建于1996年,创立以来一直专注于成套化、嵌入式高端厨电领域,是中国高端厨电的领导者。方太自创立时就高度重视企业文化建设,公司董事长兼CEO茅忠群认为:"企业文化就是一家企业及其员工的思维和行为的习惯。一个人的习惯决定这个人的命运,一家企业的习惯决定这家企业的命运。"

方太的使命是"让家的感觉更好"。公司致力于提供高品质的家用产品,倡导有品位的生活方式,让千万家庭更加幸福,同时追求全体方太人物质和精神两方面的幸福,让方太这个"大家庭"更加美好。

方太的愿景是：成为受人尊敬的世界一流企业。其包括四层含义，即高端品牌的典范、卓越管理的典范、优秀雇主的典范和承担责任的典范（又简称"四个典范"）。

方太的核心价值观是"人品、企品、产品三品合一"。方太坚信：作为一家追求卓越的企业，不仅要为顾客提供世界一流的产品和服务，还要积极承担社会责任，做一个优秀的企业公民；同时，方太也要求员工成为德才兼备的有用之才，与企业共同成长，这三者相辅相成，缺一不可。在"三品"中，人品放在首位，具体包括传统美德（仁、义、礼、智、信）、职业道德、方太精神和职业能力四个方面；企品包括卓越管理、优秀雇主、社会责任；产品则包括领先设计、卓越品质、用心服务。

使命、愿景、价值观三大理念铸就了方太的灵魂。方太非常重视企业文化落地，公司采取了很多举措，使方太文化"看得见、摸得着、说得清、记得牢，信得过、用得上"。在长期的企业文化建设实践中，公司总结出了文化落地的五步法，即教育感化、制度固化、奖惩强化、领导垂范和坚持到底。

1) 教育感化

茅忠群认为，教育和培训不同，教育是开发人性的过程，其根本目的是让人发自内心认同，培训则是掌握知识和技能的过程。例如，儒家文化的核心是"仁、义、礼、智、信"，考试时答对了，培训就成功了，但是如果员工内心不接受，那么教育是失败的。在实践中，方太采取了以下做法对员工进行企业文化教育。

（1）制订教育计划。方太区分教育计划和培训计划、教育课时和培训课时；其中，教育课时针对企业文化、价值观类内容，培训课时针对知识技能等专业性内容。2010年，公司规定人均教育类课时不低于30课时。

（2）观看视频。方太精选了电影《了凡四训》和蔡礼旭的《幸福人生》等视频要求员工观看。这些都是宣讲中国优秀传统文化思想的佳作，内容深入浅出、循循善诱，非常有助于员工理解。

（3）读经时刻。每个部门每天早晨上班后都要用15分钟时间集体诵读、讨论中国优秀传统文化经典，书目有《三字经》《弟子规》《百家姓》《千字文》《道德经》以及四书五经等，各部门可以自己选择。时间长了，很多人都熟悉得可以背诵下来。他们不是简单地朗读原文，而是把原文和现实的工作、生活结合起来加以讨论和理解，以更好地践行。很多员工还把这种学习延伸到家里，带着家人一起学。

（4）举办文化活动。方太定期开展"日行一善……'绿丝带'志愿者"、论坛等活动；一年一度举办"方太杯"春节文艺大奖赛；两年一次举办运动会；此外，还成立了篮球协会、足球协会、书画协会、摄影协会等员工兴趣协会并定期开展活动。

（5）沟通渠道。方太借助各种不同形式的媒体宣传企业文化，这些媒体有《方太人》报、方太内网、《企业文化手册》、企业文化论坛、厂区宣传栏和微信等。

（6）环境营造。方太厂区有很多细节，随时随地地折射着公司的文化，如主题为"捍卫"的雕塑，古色古香的孔子堂，图文并茂、样品齐全的展厅，车间的休息区，贯穿厂区的无雨走廊，宽敞明亮、菜品丰富的食堂，24小时服务的医务室，以及面积达4 000 m^2，包括室内篮球馆、职工书屋、网吧、健身房等12个活动场所的职工文化中心等。为促进沟通和创新，公司在2003年进行了一次"拆墙行动"，把各部门之间的墙都拆掉，员工在一个大办公室里办公,研发人员甚至没有固定的座位。

2) 制度固化

茅忠群认为,凡事做到60分必须靠制度,而要做到60分以上就要用道德的方式倡导,而道德底线也要靠制度强制执行。方太所倡导的儒家的"仁、义、礼"之间有密切的内在联系。仁和义是一对,仁就是要有爱心,但在企业中光有这个还不够,还要有义,义就是合理、公平公正。做企业,义和仁同样重要。礼则把大家公认的符合仁义的行为转化为礼法、礼仪行为;礼的实现形式是制度。企业定制度时要符合核心价值观,多为员工着想。

方太的考核内容包括业绩表现和价值观评价两部分,考核结果都分为A、B、C三档,而最终结果大致遵循271分布。价值观评价的标准是企业文化里的"人品"包含的四个方面——传统美德、职业道德、方太精神和职业能力。评价过程由员工和领导者共同完成,首先由每个部门的员工主动推荐个人认为在价值观方面堪称楷模的人选,并列举出代表性事件,然后,由部门主管对下属进行评价。员工如果要评到A级或者C级别,必须得到部门一半以上同事的认可。最终考核结果由业绩表现和价值观评价共同决定,考核总结果为A级的员工,业绩表现必为A级,同时价值观评价必须在B级以上;如果要获得"年度模范员工"称号,则需要业绩表现与价值观评价同时进入A级才达到基本条件;另外,价值观还有一票否决的作用,如果价值观评价结果是C级,则无论业绩如何优秀,也会进入被清退的名单。

在方太的各项制度中,最有特色的是员工关怀与福利制度以及身股制度。方太为员工提供了30多项员工关怀项目和福利项目,除国家规定的五险一金、带薪休假外,还有首房贷款、购车贷款、车辆补贴、租房补贴、免费住宿、免费班车、助困基金、商业意外险、出差意外险、全员体检、长期服务奖、高温关怀、病人关怀、生日关怀、新婚纪念、家属开放日和感谢卡等。公司建立了职工助困基金会,主动关怀贫困残弱职工。对长年工作在营销一线的外地员工,公司开展了一年一次的"回家看看"活动。方太身股制的受益对象是工作满2年的全体员工,到期即自动获得,个人不需掏钱,其实质就是分红权。每人的股数按个人的职业等级而有差别,公司每年会拿出一定比例的利润给员工分红。

此外,在《员工手册》中,方太明确规定了公司商业行为准则和员工商业行为规范,对于违反道德规范的事例严格处理;方太向供应商和渠道商发送反腐公函并要求反馈,在合作协议中增加了诚信廉洁交易条款;公司与采购、品质、营销等岗位员工签订廉洁承诺书;还建立了月度员工违纪统计、内部审计发现问题等监测方法和指标。

3) 奖惩强化

方太认识到,要让员工相信公司的理念、制度是真的,就必须有奖惩。公司设立了很多奖项,并及时而隆重地表彰优秀个人和团队,如季度明星员工、年度优秀员工、总部(分支机构)十大模范员工、功勋人物、优秀班组、优秀团队、优秀项目、优秀党员等;在评选时,方太特别注重员工在公司核心价值观上的行为表现。

方太的员工手册对员工的行为错误分为A、B、C三类,A类是最严重的,要开除;B类是中等的错误;C类是最轻的错误,如迟到、早退等。对C类错误,方太以前的做法就是罚款,一次10元或20元、30元,这也是企业通常的做法。2008年,公司在修订制度时,按照儒家理念的"道之以政,齐之以刑,民免而无耻;道之以德,齐之以礼,有耻且格",认为小错误应该主要靠羞耻感来约束员工的行为,而不是靠罚款让员工恐惧。从2009年开始,方太员工如果犯了C类错误,公司不再罚款,而是由直接主管找员工谈话,目的就是让员工觉得这件事情是不应该的,下次不能这么做。从2009年开始,在员工人数增加的情况下,方太员工C类错误的总量连续3年每年下降50%。

此外,方太还把员工的综合评价结果与奖金、加薪、晋升直接挂钩。例如,对第一次考核不合格的员工,公司会帮助其制订改进计划,并给予6个月的改进期;如果考核仍不合格,该员工就会被淘汰。

4)领导垂范

中国古代特别强调"教"字中为人师表的内涵。方太在对领导者的要求中积极贯彻了这一思想,要求领导者率先垂范、以身作则。

茅忠群既是方太文化的倡导者,也是坚定的践行者。作为上海交通大学的高材生,茅忠群硕士毕业后没有舒舒服服地接被誉为"世界点火枪大王"的父亲茅理翔的班,而是另起炉灶创办了方太。他认为自己在方太的工作是立使命、定战略、建文化。他的办公桌后面的墙上,悬挂着一幅硕大的书法条幅,上书"无为而无不为"。他给方太确立了专注做高端厨具的方向,拒绝了代工、贴牌、并购、多元化等诱惑,十几年来不为所动。他喜爱学习,闲暇时最大的乐趣就是静下心来读书,读四书五经等传统经典。他还曾花几年时间每个月抽出几天,到北京大学、清华大学听国学课,像一个谦恭的学生那样在课堂上认真听、细心记;每次听完课回到企业,他都把企业高层召集在一起,向他们讲述学习的收获。他还时常把自己在学习、实践过程中的所思所想写下来,并把36篇文章结集成《方太儒道》,其中包括他对儒、道、法、兵、佛、中医等联系企业管理的思考,成为深受员工欢迎的学习材料。

茅忠群不抽烟、不喝酒、不打高尔夫球,也不参加宴请。主管方太技术研发的副总裁诸永定是茅忠群的发小,他这样评价茅忠群:"和茅总相处过的人,都说他人好,这个话很直白,但背后的含义却比较丰富。他很执着。我最佩服的是,在企业经营过程中碰到问题,他不会表现得很急躁。举一个例子,某一段时间销售业绩达不到目标,有些开发项目与目标差距比较大,这个时候我就有点急,他却很冷静。"

方太对高层管理者的素质提出了明确要求,以指导领导者的自我修炼。公司建立了中高层领导力模型并定期开展全方位的评估,以提升各级主管尤其是中高层管理者的领导力,其中,价值观是首要因素,旨在培养诚实正直、高瞻远瞩、充满激情和能力高强的领导者。公司要求管理者要带头践行方太文化,而且每半年至少召开一次"三省会"。所谓"三省会",是借用了儒家"三省吾身"的说法,实际上和民主生活会形式相似;方太要求每个人都要谈自己的优缺点,而且规定每个人都要给其他所有人提一条意见,先口头表达,然后用纸条书面提出。此外,方太还建立了问责制度,对所有问题,领导者都要承担失职责任。

除了领导干部外,方太还要求党员和先进模范要起模范带头作用。方太对党建工作非常重视,每逢七一,公司党委都要组织党员干部参观一处革命传统教育基地,考察一家标杆企业,上一堂党课,开展一次专题大讨论,为企业发展献一计,年年坚持,从不间断。方太实施党员人才工程,坚持把党的组织发展工作和培养选拔企业各级领导干部相结合,努力把党员培养成优秀人才,把优秀人才培养成党员,把党员中的优秀人才培养成专业技术和管理骨干。公司每年都发展新党员,并在七一前后组织新党员在大会上集体宣誓。在方太,中层及以上干部、大专及以上学历的管理和技术骨干中党员都占了绝大部分。

5) 坚持到底

方太在企业文化建设上的很多做法都是长期坚持的,例如,自公司成立起,每年举办一次"方太杯"文艺晚会、党日活动;2001年开始,每年进行一次卓越绩效模式自评;2001年开始,每年组织外地员工回公司总部开展"回家看看"活动;2004年开始,每年开展一次员工满意度调查并持续改进。

思考·讨论·训练

(1) 方太的企业文化有哪些特色?

(2) 在方太的企业文化中有哪些载体?

(3) 方太企业文化的载体分别体现了其怎样的核心价值观?

4. 青岛啤酒的企业文化体系

2009年8月15日,青岛啤酒(以下简称"青啤")已经走过了整整106年的风雨历程。如今这位"百岁老人"非但没有表现出衰老与疲惫,反而激情勃发、活力十足,销售量居中国啤酒行业首位,是世界第八大啤酒厂商。到底这家百年老店是如何基业长青的呢?除了出色的产品质量外,百年时间沉淀下来的企业文化才是青啤制胜的关键。在一百多年的发展历程中,青啤企业文化经历了自发、自觉和提升三个阶段,逐渐形成了表层形象文化、中层制度文化以及深层价值理念为核心的完整的企业文化系统(见图1-1)。

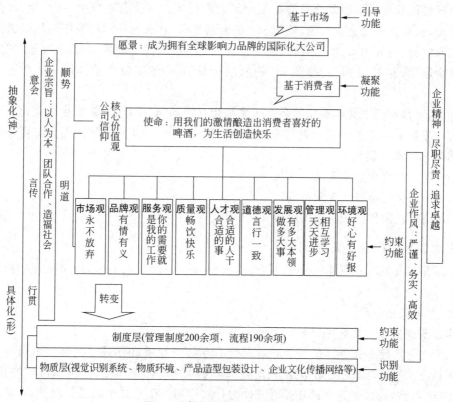

图1-1 青岛啤酒企业文化系统

青啤文化包括精神、制度、物质三个层面。精神层面包括愿景、使命、核心价值观、理念、宗旨、精神等,是文化的核心和灵魂,是企业的"心"。制度层面由精神层面转化而来,目前有200多项制度,190余项流程,还包括公关活动、营销活动等,将文化进行科学的、规范化的培育,表现出公司强大的不依赖任何人的制度执行力,是企业的"手"。物质层面包括公司的视觉识别系统、物质环境、产品造型包装设计、企业文化传播网络等,是精神层面的载体,也是文化最为外在直观的系统,是企业的"脸"。从精神层面到物质层面,由抽象到具体,由神到形,执行中也有意会、言传、行贯的偏重。

愿景"成为拥有全球影响力品牌的国际化大公司"位于文化框架的最上方。青啤文化是愿景领航的文化,基于市场提出,具有引导功能;使命"用我们的激情酿造出消费者喜好的啤酒,为生活创造快乐"紧随其后,阐明了公司存在的理由和价值,基于消费者提出。这两项是顺势而为,因为不管公司是否做好了充分的准备,啤酒市场已经是一个国际化市场,成为国际化的大公司是市场的客观要求;同时,啤酒的好坏由专家鉴定的时代已经过去了,必须满足消费者的喜好才会使企业生存发展,所以使命强调了消费者导向。

核心价值观是青啤所推崇的基本理念和信仰,体现了公司的境界和原则。而核心价值观是基于青啤公司区别于其他组织的独特的文化细胞形成的,既有传承,又有创新,在矛盾中寻求标准,使文化细胞更加健康和有适应性,对员工具有凝聚功能。理念群由核心价值观派生而出,阐明了公司在不同方面的观念立场,有激励功能。这一部分是明道,即阐明青啤生存发展之道。

制度层面和物质层面部分对所有企业行为和员工行为实行系统化、标准化、规范化的统一管理,形成统一的企业形象,便于统一的经营管理,在文化中起约束作用和识别作用。

企业宗旨"以人为本、团队合作、造福社会"和企业精神"尽职尽责、追求卓越"贯穿在文化的各个层面,精神层面、制度层面、物质层面体现了青啤的企业作风——严谨、务实、高效。

如此,青岛啤酒文化体系中的各个子系统相互协调、相得益彰,使得企业文化在企业成长过程中发挥着巨大的作用。青岛啤酒的案例还在2008年正式被国际商学院列入教程。

思考·讨论·训练

(1) 企业如何构建企业文化系统?

(2) 企业文化由哪些要素构成?

(3) 请描述出你所在企业的企业文化系统。

5. 希望集团的企业文化寻源

希望集团是刘氏四兄弟——刘永言、刘永行、陈育新(刘永美)、刘永好创办的,是我国最早的私营企业之一。

1) 企业文化寻源

希望集团的企业文化可以从以下三个方面寻源。

(1) 企业领导人自身。在一个对刘永行的专访视频里,他的那句"在最困难的时候一定要坚持下去"给人留下深刻印象。作为中国成功的企业家,刘永行对"财富"的理解是:"我们创造财富,到底是为自己还是有其他的什么作用?不把这个问题解决的话,就没有了动力。我们现在创造财富,我们拥有财富,已经跟自己的生活没有什么相干了,它实际上是一种社会财富,我们可以用它来创造更多的就业机会,帮助我们的员工,不断提高自己的能力,发挥自己的能力,帮助他们成长起来,让他们产生很强的作用感。这时,你感到你的作用感越来越强,才会感到你的工作有价值。"

刘氏四兄弟创业与同期创业的多数个体户不同:在创业起点上,他们四兄弟都是大学生,都有铁饭碗,不是为了就业,而是为了事业,这无疑是希望企业文化的第一个起源。正因为如此,在他们财富达到亿元的时候,发出了"做大事不做大款"的倡议,提出了争做"世界饲料大王"的目标。对热血青年创业做忠告时,刘永好说:要有激情,要敢于做,要有吃苦的准备;刘永好将"艰苦创业"四个字誉为新希望事业的传家宝,这也是新希望企业文化的一个起源。

希望企业文化的另一个重要起源,就是共同致富的美好追求。刘永好四兄弟当初到农村创业时得到了新津县委的大力支持,并做出了一年带动十户农民共同致富的承诺。一年下来,他们超额完成了自己的承诺,不仅如此,在希望集团和新希望集团的发展中,"共富"一直是他们的不懈追求。新希望集团为光彩事业投资超过2亿元,在贫困地区建设了14家扶贫工厂。白手起家,加上贷款难,刘氏兄弟艰难创业,主要通过自筹资金实现滚动发展,"有多少钱办多少事"。

另外,为了加速企业的发展,抢占时机实现规模经营,刘氏兄弟希望通过对国有企业的兼并来扩大规模。1991年就与四川内江一国营饲料厂达成兼并协议,但由于政策的限制失败了。1993年,刘永好当选全国政协委员并在"两会"上提出"国有加民营、优势互补、共同发展"的思路,即有名的"1+1>2"的理论。在此思路的指引下,七天与五家国有企业签订兼并协议,成就一段"中南七日行"的佳话,从而开始了希望集团的低成本扩张。"1+1>2"的发展模式其实是共赢。共赢理念也是新希望企业文化的起源之一。

(2)推崇和执行的经营管理方式。刘永好领导的新希望集团在世界经济一体化的今天,始终强调,"跟国际的优势企业比我们还是小学生,既然是小学生我们就要练好基本功,小学生的基本功就是'加减乘除'"。新希望所定义的企业推崇的经营管理方式是做好市场经济的"加减乘除"。刘永好对此做出非常详尽而充分的定义,并领导企业具体执行和积极推广。

"加"就是增加诚信和共赢的理念——"我们要取信于我们的客户,取信于我们的员工,取信于政府,只有诚信才能兴业。所谓共赢的理念,就是指大家共同来做企业才会发展。我们会跟我们的合作伙伴、客户、员工,以及我们的社会共赢,只有共赢事情才能做得大,做得好,做得长。'加',也是增加国际的理念和现代管理的理念。新希望从农业产业走来,我们很乡土,因此需要增加国家化的理念。通过培训、学习、合作,来增强我们现代管理的意识,我们提拔和引进更多的管理干部并把他们放在重要的岗位上,这同样是做'加法'。"

"减"就是减去纯家族式管理的一些不足——"纯家族式管理的不足在于外来的管理人才引不进来,引进来了不能充分发挥才能,这就是不足,我们要减去。'减',还是减去老板过多的一些职务。不但减去过多的职务,还要减去对很多具体事务的管理。"

"乘"就是要注意生产经营、品牌经营、资本运作的结合——"当我们把生产经营做好了,我们就有好的产品了;品牌运作做得好,我们可以把产品卖到很好的价格;我们的资本运作做得好,在资本市场就可以求得一个增值,这个增值就是乘法。其中,生产经营是足,是基础;品牌经营是神,是躯干;资本经营是头,是灵魂;头足正立而不能倒立。新希望实现部分资产上市,成立新希望投资公司,以及引进的金融投资人才就是试图多做一些'乘法'。"

"除"就是要除去一些短期化的行为——"新希望在短期行为上有过深刻的教训。我们要做百年老店就得克服这种短期化的行为,把眼光放长远去考虑问题。还要除掉老板和老总一手遮天的习惯。如果老板或者老总一个人说了算,谁的话都不听,在他那里的员工和人才总是留不住,总是会走人。这就是一手遮天的问题,这就得除去。"

（3）社会经济文化发展。2002年年底,在创业20周年之际,新希望对自己的企业宗旨进行了修改。确立了新的企业宗旨:与客户共享成功,与员工共求发展,与社会共同进步。在此之前,新希望一直沿袭希望集团"与祖国一起发展,与人民携手致富,与社会共同进步"的企业宗旨。原宗旨表达的是一片拳拳报国之心,而刘永好认为:"这个宗旨原则上是对的,但是随着中国市场经济的进程,随着买方市场的形成,随着人本管理意识的增强,我们的企业宗旨需要落实到我们的客户和员工。"

2003年3月,刘永好在新希望商学院给学员授课时对新的企业宗旨做了如下解释。

与客户共享成功。新希望经过20年的发展,取得了一些成功。但是这些成功或者说我们所做的这些事要得到利才能够使我们的企业有更好的成长。另外,我们要在这个社会生存,就需要得到政府的满意,得到消费者的满意。我们的客户是哪方面的呢?从税务的关系讲政府是客户,从采购的角度讲供应商是客户,从销售的角度讲我们的经销商、农民朋友是客户,等等。我们要与客户共享成功,要有这样的理念。做什么事都不要做过头了,你把客户的钱赚完了,人家不可能长期还跟你做生意。

与员工共求发展。经营企业,单靠少数几个人是不可能的,靠一个人更不可能。新希望集团现在有15 000名员工,要充分发挥他们的作用,要发挥他们的作用首先要发挥各级管理干部的作用。集团总裁现在主要抓各个板块的负责人,各个板块的负责人再抓公司的老总,老总再抓下面的各个部门,形成梯队形的管理体系,而这个梯队形管理体系要正常运作只能与员工共求发展。这个共求发展体现在什么地方呢?一是要提高企业经营效益,把企业这个舞台做得更大;二是要给员工发挥潜力、增长能力的机会,让员工随着集团的发展而发展。让普通的员工也有可能成为中层干部或者高层干部,从对公司有小贡献到有一定的贡献,甚至到大贡献。不但对公司有贡献,对社会有贡献,对国家有贡献,甚至今后在其他的岗位上或者到其他的公司去了都会有贡献。这就是我们与员工共同发展的理念所在。

与社会共同进步。社会在发展,国家在发展,给我们提供了发展的机会。党的十六大提出2020年国家经济总量要翻两番,这就意味着我们的生活水准还要提高很多,这给我们带来了巨大的机会。我们应该跑过这个大势,就是说国家翻番我们肯定还要超过这个增长的速度。因为全国的企业有发展得好的,有发展得慢的,我们算是发展得好的,应该超过这个才是。这就是与社会共同进步。与社会共同进步要求我们很多地方都要规范,要创新,要有激情,要与社会同步,共同发展。这就是我们企业的宗旨。

2) 在三因素促成下形成的企业文化

上述因素的相互作用产生了企业从上到下同时又是员工共同认可的企业文化。希望集团搞企业文化从来不是疾风骤雨式的,也不是急功近利式的,在某种程度上,它是一个从自发到自觉的过程。新希望的企业文化留下了刘永好以及希望集团刘氏四兄弟创业的鲜明烙印和人格特征。但是当希望集团分化之后，当新希望集团壮大之后，在集团化的管理模式之下，整个职业经理层的文化无疑起着越来越重要的作用了。

像家庭、像军队、像学校，是新希望企业文化的三个层次。一个温暖可靠的家庭、一支善打硬仗的军队、一所培养人才的学校，是希望集团一直塑造的企业形象。在此基础上和新的环境下，刘永好提出新希望的企业文化三段论：要"像家庭、像军队、像学校"。

新希望集团的企业文化具体表现在以下方面。

领袖的自律精神：中国正处于大变革的时期。在这个时期成长起来的商界骄子能够不浮躁，十分难得。鲜花、掌声、声誉，对新希望集团董事长刘永好来说，比谁都不差。但是他清醒地认识到：一个人在困难的时候要挺住，在鲜花、掌声、荣誉包围的时候要保持清醒的头脑，看到自己的不足。虽然是亿万身家，但是不显富，不奢华，吃"老三样"，穿普通衣服，每天花费"不超过100元"，每天工作不少于12小时……正因为如此，刘永好得到了员工的敬重。他的自律是集团员工最好的榜样。

稳健的经营风格：刘氏兄弟自1982年下海创业迄今已有40多年，希望集团和新希望集团始终保持了稳健的发展，大部分年份都能盈利。之所以如此，刘永好认为主要是抓好了主业，夯实了基础。新希望从事的饲料主业不仅是一个大产业，还是政府倡导、社会需要的"万岁产业"，可以做大、做强、做长。新希望在行业中扎根十几年不动摇，形成了竞争力，打下了"百年老店"需要的产业基础。

旺盛的创业激情：中国传统文化里确有"小富即安""知足常乐"的消极因素。而在现代竞争社会里，企业的发展却可以说是无止境的。与世界优秀企业相比，中国的企业还普遍较小，因此要"富而思进"，保持旺盛的创业激情。刘永好认为，激情对一个创业者来说是最为重要的，要生命不息、创业不止。

开放的事业心态：在一个开放的时代必须有开放的事业心态，这样才能够"海纳百川，有容乃大"。新希望在用人上"经营人才，不经营亲情"，并且四条腿走路：内部培养，外部引进，学校招聘，熟人推荐；"土鳖"与"海归"并举，不重学历重能力，"用人不疑，加强监督"。刘永好被认为是一个能用不同风格的人的企业家。希望集团在国内较早地摆脱家族制，为职业经理人在这里找到良好的舞台提供了机会。

持续的学习态度：中国的民营企业家大多是从小地方开始创业、从作坊式开始起步的，视野不开阔是普遍的弱点，因此要通过学习来提高自己的经营管理能力。"不学习，就死亡"，这就是刘永好在谈到建立学习型组织时的一个观点。刘永好把学习视为日常必修课，他总是随身携带着一支笔和一个本子，把学习到的东西都记在上面，并且每年花1/3的时间用在与国内国际优秀人士的交流上。

团队的管理作风：民营企业大都诞生于能人企业。在一般的民营企业里，独裁专断，自以为"老子天下第一"者，比比皆是。但是新希望集团却不落俗套，提倡团队的管理作风，从总部管理机构到各个子公司，都建立了领导小组，重要决策都由领导小组集体讨论做出，并且一直批评和防范"独断专行""一手遮天"的现象。

严谨的务实品质：低调、务实、严谨是新希望集团的内在品质，也是他们做事的风格。体现在经营上，他们认同广告的力量，但绝不搞华而不实的广告炒作和广告轰炸；体现在发展上,他们批判式地论证,不一哄而上,不盲目跟风。

创新的开拓追求:新希望的特点就是不断创新和超越自己。从养殖鹌鹑到转产饲料工业企业,是创新;从推出自有专利产品填补国内空白到成长为国内主要饲料工业企业之一,是创新;从兄弟班子内部调整摆脱家族式管理到资产上市社会化,是创新;从一业为主到多元发展,也是创新;从四川走向全国、从中国走向跨国发展,更是创新。

思考·讨论·训练

(1) 分析影响希望集团企业文化形成的因素有哪些。
(2) 希望集团像家庭、像军队、像学校的企业文化是如何体现的?
(3) 希望集团在文化的传承方面做了哪些工作?在哪些方面有可以改进的空间?

6. 华为的企业文化

请扫描二维码,然后回答案例后"思考·讨论·训练"题。

思考·讨论·训练

(1) 华为的企业文化有何特点?
(2) 华为的企业文化的来源有哪些?

7. 腾讯的企业文化

请扫描二维码,然后回答案例后"思考·讨论·训练"题。

思考·讨论·训练

(1) 腾讯企业文化中最值得推崇的价值有哪些?
(2) 腾讯企业文化的特色是什么?

1.2.2 实践训练

1. 实训项目:企业文化状况调研

1) 内容与要求

(1) 由教师选取一家合作企业,向学生说明其经营范围、员工规模、企业文化建设现状等企业基本情况。
(2) 由3~5名学生组成一个小组,进行实地调查。
(3) 根据企业情况撰写企业文化建设员工活动策划方案,包括活动主题、活动目的、活动形式、活动时间、参加人员、活动组织、准备工作、经费预算等。

2) 成果检验

(1) 方案课堂展示与分析。

(2) 在有条件的情况下可以实施。

(资料来源：丁雯. 企业文化基础[M]. 4版. 大连：东北财经大学出版社，2021.)

2. 实训项目：设计校园文化展板

1) 目的

校园文化作为一种隐性的教育力量，表现出一个学校独特的个性和精神风貌，对全体师生具有凝聚、约束、鼓舞、同化的作用。本次实践活动要求在班里组织 2~3 个由 8~10 人组成的学习小组，以小组为单位分别设计展示本班级特点的校园文化展板，并分组展示和评比，选出大家一致认可的一块校园文化展板，在教学楼展示。

2) 内容与要求

(1) 小组分工明确，全组整体配合默契。主题力求突出，小组展示有特色。

(2) 展板设计力求创新，挖掘校园文化内涵，突出个性，展板内容能反映当代大学生的精神风貌和班级特色。

(3) 展板版面排版、美工符合现代审美观点。

3) 成果评定

(1) 小组展板展示和解说。

(2) 小组间评比，投票选出代表大家一致看法的校园文化展板。

(资料来源：赖文燕，周红兵. 企业文化[M]. 3版. 南京：南京大学出版社，2023.)

3. 培训游戏：文化的力量

1) 训练目的

本项目旨在让学员体会到团队文化的重要性。人人都具有社会性，都渴望归属感。通过建立团队，运用文化的手段，引入激励机制，增强学员的归属感和凝聚力。

2) 训练要求

(1) 以小组为单位组织训练，将小组重新分为 10~12 人的若干小组。

(2) 教室或操场。

(3) 每组 1 面彩旗、1 根旗杆、1 盒彩笔。

(4) 时间约 30 分钟。

3) 操作步骤

(1) 将学员分成 10~12 人一组，每组 1 面彩旗、1 根旗杆、1 盒彩笔。

(2) 每组用 30 分钟建立小组的口号、队名、队歌和标志。

(3) 讨论：你们组为什么以这种形式作为建立团队的第一步？如果不是这种形式，还可以是什么？你们的创作是从哪里得到启发和借鉴的？主题是什么？本训练对你们的启发是什么？

4) 注意事项

(1) 刚开始可能大部分组员都不知如何下手，那是因为大家还没有理解团队的真谛，随着训练的深入，学员们的感觉会越来越好，团队的概念会渐渐深入人心，那样完成任务就

(2) 组内的每个成员都要积极做贡献,参与团队建设。最后,组内要互相进行讲评。

(3) 当出现意见不一致的时候,要注意是怎样解决的,这也是训练的一部分。

5) 点评回顾

文化是团队精神力量的集合,对于这种无形的精神力量,尽管有很多深奥的研究,但作为学员,却未必能够真正领会。通过这项训练,学员可以深刻感受到文化的力量,一支临时建立起来的团队,就因为创作了口号、队名、队歌和标志等文化标识,团队就在潜移默化地凝聚,就开始在和其他组的竞争中体现出战斗力。

作为团队的一员,要热爱团队的文化,只有把团队口号喊响、队歌唱响,牢记团队的誓言,把团队标识当作自己的生命,才会真正地融入团队,焕发出无穷的动力,成为团队真正的一员。

(资料来源:郑云正.心理行为训练实务[M].北京:长征出版社,2008.)

1.2.3 拓展阅读:企业文化理论沿革

请扫描二维码,学习相关内容。

思考与讨论

(1) 阐述企业文化的内涵。

(2) 企业文化与人类文化、民族文化是什么关系?

(3) 在激烈的市场竞争中企业为什么要重视企业文化建设?

(4) 企业文化对企业行为产生怎样的影响?对企业成员的行为有哪些影响?

(5) 什么样的企业文化有利于保证企业长期持续地发展?

(6) 如何营造充满凝聚力、富有生机的企业文化环境?

(7) 你认为影响企业文化的因素中最重要的是什么?

(8) 企业文化理论研究的范围和重点是什么?

(9) 企业文化理论研究在中国主要经历了哪些阶段?当前我国企业文化实践的难点在哪里?

(10) 在你工作过的组织或社团里有着怎样的文化?它对组织实现其目标发挥的作用如何?

(11) 对你所在的大学或学院的文化进行评价。

(12) 假如你现在代表公司参加一个全国的企业文化交流会,大会只给你3分钟的发言时间,你准备就公司文化讲点什么?

(13) 社会变革会给企业文化带来哪些有利影响?

(14) 谈谈当前我国企业文化建设的时代特征。

(15) 我国企业应该如何面对文化制胜时代?

(16) 通过网络查找一下你欣赏的我国企业的企业文化,思考企业成长壮大过程中其文化如何形成和演变。

第 2 章 企业文化要素

文化意味着公司的工作价值观,诸如进取、守成或者灵活——这些价值观构成了公司职工行为等方面的规范。管理人员应身体力行,把这些规范灌输给职工并代代相传。

——[美]威廉·大内

一个组织与其他组织相比较取得何等成就,主要决定于它的基本哲学、精神和内在动力。

——[美]小托马斯·沃森

学习目标

- 掌握企业价值观的内涵、构成。
- 明确企业价值观的取向和培养方法。
- 掌握企业精神的内涵和特征。
- 掌握企业精神培育的原则和方法。
- 掌握企业伦理道德的概念、特征和建设方法。

故事导入

海尔的"砸冰箱"事件

1985 年,一位用户向海尔反映:工厂生产的电冰箱有质量问题。首席执行官张瑞敏发现仓库中不合格的冰箱还有 76 台!研究处理办法时,干部提出意见:作为福利处理给本厂的员工。张瑞敏却做出了有悖"常理"的决定:开一个全体员工的现场会,把 76 台冰箱当众全部砸掉!而且由生产这些冰箱的员工亲自来砸。张瑞敏明白:如果放行这些产品,就谈不上质量意识,不能用任何姑息的做法来告诉大家可以生产这种带缺陷的冰箱,否则今天是 76 台,明天就可能是 760 台、7 600 台……所以必须实行强制,必须有震撼作用。结果就是一柄大锤,随着那阵阵巨响,真正砸醒了海尔人的质量意识。至于那把著名的大锤,海尔人已把它摆在了展览厅里,让每名新员工参观时都能牢牢记住它。海尔提出:"有缺陷的产品,就是废品!"海尔的全面质量管理,提倡"优秀的产品是优秀的员工干出来的",从转变员工的质量观念入手,实现品牌经营。坚持"海尔创世界名牌:第一是质量、第二是质量、第三还是质量"的宗旨,走向世界。张瑞敏通过"砸冰箱"事件使海尔职工树立起了"有缺陷的产品就是废品"的观念,以此为开端狠抓管理制度建设、狠抓产品质量控制,使海尔迈上了飞速发展之路。通过狠抓质量管理,海尔获得了我国电冰箱的首块质量金牌,海尔的品牌得以初步树立。

作为一种企业行为,海尔"砸冰箱"事件不仅改变了海尔员工的质量观念,为企业赢得了美誉,而且引发了中国企业质量竞争的局面,反映出中国企业质量意识的觉醒,对中国企业及全社会质量意识的提高产生了深远的影响。

2.1 知识储备

企业文化是一个完整的体系,由企业价值观、企业精神、企业伦理道德与企业形象4个基本要素组成。这4个基本要素以企业价值观为核心,相互影响,形成一个系统的互动结构。本节介绍前3个要素,企业形象要素将在本书第4章中加以介绍。

2.1.1 企业价值观

小案例

中国惠普公司的"卫生纸"事件

这是1986年发生在中国惠普公司的一件事。

公司在卫生间里放着质量非常好的卫生纸。有一段时间,卫生纸消耗的速度非常快,很显然是有人偷拿回家了。怎么处理这个问题?当时公司里有很多争议和猜测,很多人都以为公司会取消放置高档卫生纸。但是公司管理层没有那样做,而是按照原来的做法继续执行。他们认为,拿走公司的卫生纸是少数人所为,如果因此而改变公司的做法,就违背了"制度不应该惩罚好人"的惠普理念和"相信、尊重个人"的价值观。随后,公司在大会上向大家通报了这件事情,并强调公司假定人性善,不会因此而让大家受连累,会继续免费供应高档卫生纸,但是偷卫生纸的行为关系到一个人的品德问题,公司不会因为卫生纸价值不大就会听之任之,一旦发现是谁干的,只有一个结果——立即开除。

【思考】 惠普的做法体现了其怎样的价值观?

价值观是价值主体在长期的工作和生活中形成的对于价值客体的总的根本性的看法,是一个长期形成的价值观念体系,具有鲜明的评判特征。价值观一旦形成,就成为人们立身处世的抉择依据。价值观的主体可以是一个人、一个国家、一个民族,也可以是一个企业。正如美国学者迪尔和肯尼迪所说:价值观贯穿于人的整个活动过程的始终,也贯穿于管理活动的始终。它决定了人们对待客观现实的态度、评价和取舍事物的标准,选择对象的依据以及推动人们实践和认识活动的动力。价值观的一致性、相容性是管理活动中人们相互理解的基础,是组织成立、管理成功的必要前提。在经常接触的人们之间如果缺乏这种相容和一致,那么他们之间的交往就会产生困难,就无法进行正常的管理。美国管理学家彼得斯和沃特曼在对国际知名的成功企业深入考察后指出:我们调查的所有优秀公司都很清楚它们主张什么,并认真地建立和形成了公司的价值准则。事实上,如果一个公司缺乏明确的价值准则或价值观念不正确,我们很怀疑它是否有可能获得经营上的成功。迪尔和肯尼迪也指出：对拥有共同价值观的那些公司来说，共同价值观决定了公司的基本特征，使其与众不同。更重要的是，这样，价值观不仅在高级管理者的心目中，而且在公司绝大多数人的心目中，成为一种实实在在的东西，它是整个企业文化系统，乃至整个企业经营运作、调节、控制与实施日常操作的文化内核，是企业生存的基础，也是企业追求成功的精神动力。

 小贴士

企业价值观的特点

1. 企业价值观的构成

企业价值观是由多种价值观因子复合而成的，具有丰富的内容，若从纵向系统考察，可分为以下三个层次。

（1）员工个人价值观。个人价值观是员工在工作、生活中形成的价值观念，包括人生的意义、工作目的、个人与社会的关系、自己与他人的关系、个人和企业的关系以及对金钱、职位、荣誉的态度，对自主性的看法等。比如，员工是把工作看作神圣的事业还是谋生的手段；是否把为企业所做的创造、奉献，为企业所尽的责任看作自己人生的意义；是否把企业的成败荣辱视为自己的成败荣辱；能否像关心自己的前途和荣誉一样关心企业的前途和荣誉等。这些观念就形成了员工在工作上不同的价值选择和行为方式。

员工个人价值观的形成，受其年龄、个性特征、需求结构、生活经历、生活方式、学识、能力、人生理想、兴趣爱好、社会风气等多种因素的影响。马斯洛把人的需求归纳为由低级到高级的五个层次：第一个层次是生理需要，包括维持生活所必需的各种物质需要，如衣食、住房等；第二个层次是安全需要，是免除各种危险和威胁的需要，如医疗、养老保障等；第三个层次是感情和归属需要，包括与同事保持良好的关系、得到友爱等；第四个层次是地位和受尊重的需要，包括自尊心、名誉的满足，事业成就的认可等；第五个层次是自我实现的需要，即发挥最大潜能，实现自身价值，成就其所能达到的最大人生目标，这是最高层次的需要。人们通常按照需要的层次等级去追求需要的满足。在现代社会，人们追求低层次需要的满足一般来说不再是难题，他们的主要追求是个性的发展、自我价值的实现，因此企业员工个人价值观的多样化和复杂化不可避免。员工个人价值观是企业整体价值观的基础。如何使员工感到企业是发挥自己才能、自我实现的"自由王国"，从而愿意把个人价值融进企业整体价值当中，实现个人价值和企业整体价值的动态平衡，是当代企业管理面临的一项重要任务。

（2）群体价值观。群体价值观是指正式或非正式的群体所拥有的价值观，它影响到个人行为和组织行为。正式群体是指有计划设计的组织体，它的价值观是管理者思想和信念的反映。非正式群体是指企业员工在共同工作过程中，由于共同爱好、感情、利益等人际关系因素而自然结成的一种"联合体"。在"联合体"内部，各成员配合默契，行动一致，自觉和不自觉地影响着企业的组织行为与风气。

正式群体，尤其是分层化的群体，其本身就是一种体制，具有一定的等级色彩。成员的职务角色、工作内容以及各种职务间包含的互助关系、服从关系、机能关系等都相当明确，群体工作目标和价值取向也十分明确。正式群体最关心组织成员是否忠诚，而易于忽略不同人的个性差异。这样，企业的正式群体价值观就有可能和非正式群体价值观发生一定程度的摩擦或矛盾。

非正式群体的形成主要基于血缘、利益或是情感等因素，其特点是：虽然没有明文规定的章程，但成员有共同的形成基础和联系纽带，具有整体性特征；目的十分明确，善于通过各种方式满足自己的需求；正常情况下，人们习惯性地交往，自然而然地结合在一起，参加与否都是自由的，不存在任何的强制性约束。非正式群体依据一定的主客观条件而产生，条件改变就有可能解体或转型，甚至可以转化为企业的正式群体。企业中的各种非正式群体都有自身的价值取向，这些不同的价值取向与正式群体的价值取向有些是接近的，有些是偏离的，也有些可能是背离的。

有人把正式群体与非正式群体比喻为"一把剪刀的两个部分"，剪刀两部分的夹角平分线构成群体运动的实际方向线。所以，非正式群体价值观一旦形成，必然对企业员工的心理倾向和行为方式产生深刻影响，对企业目标的实现程度产生直接影响。当非正式群体价值观与正式群体价值观一致时，必然促进信息交流渠道的畅通，促进企业整体素质的提高和合力的形成，加速企业目标的实现；当非正式群体价值观与正式群体价值观不一致时，必然抵制企业正式群体的目标和行为，阻碍企业的正常运行。因此，企业的管理者必须正视非正式群体的作用，充分利用其特点，把非正式群体价值观引导到正式群体价值观的轨道上来；同时也要善于处理好企业内部局部与整体的关系，善于把企业内部不同正式群体的目标和价值观融入企业整体目标和价值观中。

(3) **整体价值观**。企业整体价值观具有统领性和综合性的特点。它首先是一种明确的哲学思想，包含远大的价值理想，体现企业长远利益和根本利益。其次，企业整体价值观是对企业生产经营目标、社会政治目标以及员工全面发展目标的一种综合追求，它全面地体现企业发展、社会发展与员工个人发展的一致性。因此，企业整体价值观指导、制约和统率着员工个人价值观和群体价值观。员工和群体只要树立了企业整体价值观，就能坚定人们对整体的信念，使企业目标变为人们的宏大抱负，因而也能构筑成一种文化环境，促使每个员工超越自我，把企业视为追求生命价值的场所，激发出企业惊人的创造力。

企业整体价值观是员工个人价值观和群体价值观的抽象与升华，建立在组织成员对外部环境认识和反应态度的基础之上。企业是现代社会大生产条件下商品生产、流通和服务的承担者，是社会经济活动中的基本单位，它的经营活动既有相对的独立性，又是整个社会经济活动的有机组成部分，与社会环境存在着密不可分的复杂联系。一方面，企业需要从社会获取经营要素，如资本、设备、信息、人力资源及各种服务等；另一方面，企业又要向社会输出产品、服务、信息，向国家纳税等。正是在这种资源与能量相互交换的基础上，企业与社会环境各要素之间形成了相互依存、共存共荣的关系，产生了企业对顾客、供应商、经销商、竞争者、政府机构等相关要素的看法和态度，产生了对企业发展目标、经营目的的看法和态度，这些看法和态度成为价值观形成的基础。

> 小案例

IBM 帮助客户带来价值

2. 企业价值观的取向

在西方企业的发展过程中,企业价值观的内容经历了最大利润价值观、经营管理价值观和企业社会互利价值观三次演变。最大利润价值观是指企业全部管理决策和行动都围绕如何获取最大利润这一标准来进行。经营管理价值观是指企业除了尽可能地为投资者获利以外,还非常注重企业内部人员自身价值的实现。企业社会互利价值观要求在确定企业利润水平时,把员工、企业、社会的利益统筹起来考虑,不能失之偏颇。在当代,企业价值观大体包括以下四种取向。

(1) 经济价值取向。经济价值取向主要表明企业对盈利关系的看法。企业是一个经济实体和经营共同体,因此,其价值观中必定包含十分明确的"盈利"这一经济价值取向和行为准则。但这绝不意味着优秀企业在经济价值取向上是一种单纯的谋利组织,绝不意味着企业的全部经营管理在于谋取利润最大化。倘若一个企业就是一味地、不择手段地赚钱,必然会成为一个不受社会欢迎的"经济动物"。企业必须作为一个社会器官在社会中存续,它基本的、直接的目的只有一个,那就是创造市场,满足顾客需求。管理大师彼得·德鲁克说:"企业的目的在于企业之外。"为了达到这一"企业之外"的目的,它必须执行两项基本功能,即营销和创新,利润只是企业这两项主要功能的补偿和报酬之一,而不是经营结果的全部内容。因此,企业项目投资、产品开发、营销组合等抉择绝不会完全从盈利出发,其原始诱惑力与驱动力也多半不直接来自利润率的高低和利润总量的多寡,它们只是事业抉择的限界条件。

(2) 社会价值取向。社会价值取向主要表明企业及其成员对索取与奉献、自我与社会关系的看法。企业是社会的一个细胞,是国家、社会的一个集团"公民",因此,在经营活动中不能只考虑自身利益,向社会无节制地索取,而应同时着眼于奉献,把增进社会利益、改善社会环境、促进社会发展作为自己的责任。一个健康有效的现代企业价值观往往把社会价值取向提升到这样的高度:一是确认并积极处理企业的生产、经营活动造成的社会影响;二是确认社会问题的存在并积极参与社会问题的解决,把解决社会问题视为企业发展的机会,既满足社会的需要,又为企业发展奠定基础。这样的企业社会价值取向使得企业既肩负起多重社会责任,又获得一个日益改善、日渐完美的社会环境。

> 小案例

卢作孚提出的公司16字宗旨

我国老一代的民族企业家卢作孚于1926年创建了民生轮船公司,最初只有一艘70马力的小客轮和30名员工。在20年时间里,他把民生轮船公司发展成为拥有148艘轮船、当时全国最大的民营轮船公司,这在一定程度上归功于他所秉持的文化理念。他提出了公司的 16 字宗旨——服务社会、便利人群、开发产业、富强国家。他还提出了一个著名口号——"公司问题员工解决,员工问题公司解决",并把这个口号印在员工的床单上、茶杯上,以培养员工与公司同生存、共荣辱的价值观。他阐明民生轮船公司的精神是爱事业、爱国家,要求公司员工应该具有"个人的工作是超报酬的,事业的任务是超经济的"思想。他亲自举办的轮船茶房训练和理化班均富有特色。他的经营以人为轴心,富有独创精神,使他网罗到大批人才,为民生轮船公司的发展打下了坚实的基础。

【思考】 本案例对你有何启示?

(3) 伦理价值取向。企业伦理价值取向主要涉及企业所有者、经营者、员工之间,企业和消费者之间,企业和合作者之间等重大关系的维持与确立。经营企业如同做人。正直、善良、诚实、讲信用,这些美德不但适于个人,也适于企业。成功的、优秀的公司都极为推崇正直与诚信,并把它作为企业文化的一部分。每个公司都坚信,在信息化和知识化的市场经济环境中,没有正直,不能善待他人、亲和顾客,不讲诚信,就无法经营企业。

小案例

强生的信条

(4) 政治价值取向。企业是在一定的政治环境中生存的。经济问题、社会问题、伦理道德问题与政治问题紧密相连,在一定的社会历史条件下还可能转化为政治问题。如劳动关系问题和分配问题处理不好,就可能涉及人权、种族、失业等政治问题,对这一系列问题的看法和解决方式,都会使企业形成明确的政治价值取向。中国企业应具有明确的政治价值取向和政治责任感,在创造社会主义物质文明的过程中,注重社会主义精神文明建设。在管理中坚持以人为本和按劳分配的原则,通过加强民主管理,建立良好的用人机制和激励机制,充分调动劳动者的积极性、主动性和创造性。

3. 企业核心价值观

企业核心价值观是企业在经营过程中坚持不懈,努力使全体员工都必须信奉的信条,它是企业哲学的重要组成部分,是企业在发展中处理内外矛盾的一系列准则,如企业对市场、客户、员工等的看法或态度,是企业表明企业如何生存的主张。企业核心价值观是在企业的价值观体系中处于核心位置的价值观,其对企业的持续发展有重要的指导意义。吉姆·柯林斯和杰里·波勒斯在《基业长青》中总结了企业永续经营的准则——"保存核心,刺激进步",恪守企业的核心价值观是保存核心的关键,核心价值观被视为组织长盛不衰的根本信条。

企业的核心价值观通过影响组织的行为来实现企业的长足发展。沃尔玛基于"顾客就是老板"的核心价值观制定出员工服务顾客的两条行为准则:"第一条,顾客永远是对的。第二条,如果对此有疑义,请参照第一条执行。"这同样也决定了沃尔玛的用人准则,"我们把顾客放在前面……如果你不为顾客服务,或不支持为顾客服务,那么我们不需要你。"除了指导组织中个体成员的行为以外,核心价值观也是组织重要决策行为的判断依据。强生通过《我们的信条》展示出其核心价值观——对顾客、员工、社会以及股东的关爱。因爱而生的基本信条使其在面临"泰诺危机"时表现出极负责任的行为。在核心价值观的指导下,强生非但没有被危机打倒,反而因其在危机中表现出的卓越品质而被口口相传。因此,企业的表现差异在一定程度上也可以归根于此。

优秀的公司通常只有几个核心价值观,一般介于3~6条。事实上,大多数公司的核心价值观都少于6条,因为只有少数价值观才能成为真正的核心价值观,它们是较为根本、深植在公司内部的东西。如果企业列出的核心点的价值观超过6条,则很有可能抓不住其中的关键所在。例如,IBM公司有三条核心价值观:第一,尊重个人;第二,顾客至上;第三,追求卓越。几十年来,企业外部环境发生了巨大的变化,但这三种价值观在IBM始终不变,激励员工创造出质量优异的产品,提供使用户满意的最佳服务。惠普公司的核心价值观是:我们信任和尊重个人;我们追求卓越的成就和贡献;我们在经营活动中坚持诚实与正直;我们靠团队精神达到我们的共同目标;我们鼓励灵活性和创造性。

有效的企业核心价值观应该具有以下特征:①是企业真正信奉的东西;②与企业最高目标(企业愿景)相协调;③与社会主导价值观相适应;④充分反映企业家价值观;⑤与员工的个人价值观相结合。

一家企业的核心价值观具有以下作用:①能够聚合企业的文化力。企业核心价值观是一家企业的灵魂,能够塑造特有的企业文化,为企业提供衡量内聚力的标尺,它在企业树立品牌、创建商誉、建立声望的过程中起着导向作用。②能够增强企业的凝聚力。当企业价值观与个体价值观趋同时,员工会把为企业工作看作为自己的理想奋斗,企业就具有了克服各种困难的强大精神支柱,形成企业与员工的命运共同体,提升企业的凝聚力。③能够形成企业的竞争力。核心价值观是一切理念、制度、技术的基础,理念优先于制度,制度重于技术,技术优势及其所表现出来的竞争能力是企业核心价值观的产物和体现。①

 小贴士

企业核心价值观举例

4. 企业价值观的培养

企业价值观是企业文化中最核心的内容,塑造企业价值观是一项艰巨的系统工程。它要求企业遵循员工及群体心理活动规律,正确处理好企业内部因素与外部环境、企业整体与员工个人、企业与社会以及传统文化与时代精神、现实与未来等一系列关系,逐步精心培育,才能使企业价值观既有坚实的现实基础,又具有一定的超前性。培育企业价值观,可从

---

① 陈春花,乐国林,李洁芳,等. 企业文化[M]. 4版. 北京:机械工业出版社,2022.

以下几个方面入手。

（1）实践总结重提升。要从企业实践中总结、提升企业现有价值观。一般来说,具有一定历史的企业,其价值观总是客观存在的,但由于这种观念形态的东西往往不易被人发现,因此它在企业发展中的地位和作用也就被人忽视了。迪尔和肯尼迪在《企业文化——现代企业的精神支柱》一书中指出,价值观和信念主要得自经验,得自经济环境下各种尝试所积累的结果。企业员工在特定经济环境中进行尝试后知道什么可行,什么不可行,再加以概括和总结,这就是价值观念的理念化过程。任何企业组织无论是处在创业阶段,还是处在发展阶段或成熟阶段,都存在一个确定、恪守或转变价值观的问题,如果企业在实践中已经取得了一些经验,就必须对之加以提炼,使其升华到价值观层次。在确认和进一步培育企业价值观时,要根据企业的性质、规模、类型、员工素质和经营的特殊性来选择适当的价值标准,从而反映出企业的特色。同时,价值观来源于企业实际又高于企业实际,要有超前性,以充分体现企业价值理想和长远目标的要求。

 小案例

崇高理想与实际利益

（2）继承传统多创新。坚持在继承的基础上多加创新是培养现代企业价值观的重要方法。企业价值观是一个动态的体系,要随着客观环境和企业内在因素的变化,不断注入新的内容,切实保证企业价值观在内容上与企业经营管理实践一样充满活力。在西方企业发展过程中,占主导地位的企业价值观随着生产力的发展和科学技术的进步,经历了三个阶段。中国占主导地位的企业价值观同样在其历史的演变中经历了国家利益至上价值观,国家、企业、个人三者利益兼顾价值观等不同阶段,打上了不同时代的烙印。从企业价值观的演变历程中可以看出,新的价值观的形成是对传统价值观的扬弃,是对传统价值观的继承与发展,是不断注入时代精神的创新。企业只有坚持经常审视自身的价值观,在继承的基础上不断创新,才能时刻保持企业价值观的勃勃生机。

（3）特色语言巧描述。即用富有特色的语言来表述和界定企业价值观。富有企业特色的价值观是企业成员对自己企业价值观的高度理性概括,如 P&G 的"做正确的事",IBM 的"IBM 就是服务",海尔的"真诚到永远",诺基亚的"科技以人为本",杜邦的"创造美好生活"。一方面,有特色的价值观体现了企业人的自信,是企业自信力达到成熟阶段的标志。这种价值观不仅在高级管理人员的心目中,而且在企业绝大多数人的心目中,都成为一种实实在在的东西,真正起着凝聚、支配人行为的作用。另一方面,有特色的价值观可以使员工产生一种个性感,一种与众不同的自豪感,激励起企业成员的创造潜能和竞争取胜的信心。企业价值观的表述要求:既要具有特色,用与众不同的词语表示,避免雷同,又不能过于空洞和简练。

（4）全体员工皆认同。企业价值观体系的形成要得到员工的普遍认同。提出价值观并非难事,难度较大的是如何把组织倡导的价值观变为企业员工的共同信念,得到企业所有员工的认同。如果价值观仅仅是停留在口头上,没有融入员工的行动中,就失去了存在的意义。企业倡导的价值观,只有转化为普通员工的信念,才会成为企业实际的价值观,否则,它不仅对企业没有利益,还会扭曲、损伤企业的形象。企业价值观从确立到转化为全体成员的信念,是一个价值观内化的过程,也就是让员工接受并能够去自觉实施价值观。企业价值观的内化过程中,领导者处于主导地位,领导者持续不断地灌输,以身作则,率先垂范,并应树立楷模,通过制度逐步推进。

小案例

阿里巴巴的价值观考核

(5) 活动载体多传播。对于企业文化活动,前期宣传很重要,后期宣传更重要。前期宣传的目的是让人关注活动,后期宣传的目的则是让人了解活动,不仅让没有参加活动的人了解活动的内容和效果,也让参加过活动的人了解更多细节。宣传的一种重要形式是编写和活动有关的故事。如海尔的"砸冰箱"事件就是一个典型的例子。虽然"砸冰箱"这件事已经过去几十年了,但以此为内容的故事却流传至今,在公司内外不知影响了多少人。这种演变是活动发挥作用的重要形式。创造故事才是活动真正的力量来源。活动的组织者除亲力亲为外,也可以发动员工把活动中有意思、有意义的故事写下来,这些故事将使活动的效果成倍放大。

活动开展后还要及时总结、改进和提高。在每次活动结束后,组织者都要从组织工作、活动效果等方面做出总结,以便吸取经验教训,把下一次的活动组织得更好。由于活动大部分都是周期性的,所以尤其需要总结。所有总结的内容都要记录下来,并形成新的流程、脚本、范本。

此外,企业领导者对关键事件和危机事件如何反应,美国管理学者沙因指出:"当一个组织面临危机时,领导者和其他人处理危机的方式会形成一些新的规范、价值观和工作程序,揭示出一些隐含的重要假设。危机在文化创建和传播中是非常重要的。"这些关键事件、危机事件很有可能成为企业文化、企业声誉乃至企业命运的转折点。在打造企业价值观的过程中,企业要善于利用关键事件、危机事件,发挥这些事件的巨大传播价值,成功树立企业的价值观。

小案例

企业价值观传播的典型事件

2.1.2 企业精神

1. 企业精神的内涵

企业精神是一个企业基于自身特定的性质、任务、宗旨、时代要求和发展方向,为谋求生存与发展,在长期生产经营实践基础上,经精心培育而逐步形成的、并为整个员工群体认同的正向心理定式、价值取向和主导意识。企业精神是时代意识与企业个性相结合的一种群体精神追求,是企业员工群体健康人格、向上心态的外化,是员工群体对企业的信任感、自豪感和荣誉感的集中表现形态。每个企业都有各具特色的企业精神,它往往以简洁而富有哲理的语言形式加以概括,例如,同仁堂的"同修仁德,济世养生"、海尔的"敬业报国,追求卓越"、歌华的"创业无涯,创造无限,敢为天下先"、日本三S公司的"善的循环"、美国德尔塔航空公司的"亲如一家"等。

企业精神作为企业文化的组成部分,从形成角度来看,它是企业文化发展到一定阶段的产物,是企业文化特质,即较富个性、较先进的内容的反映。企业文化与企业精神的关系,不是简单包含和被包含的关系。用一个形象比喻,两者好比土壤与鲜花,企业文化是土壤,企业精神是鲜花,只有在肥沃的企业文化土壤上,才能栽培和繁育出绚丽多彩的企业精神之花,否则,再好的企业精神表达形式,没有肥沃的土壤为之提供营养和水分,也只能是昙花一现,或如瓶中插花,迟早要凋谢。

企业精神决定于企业价值观,是对企业价值观的个性张扬,能够把抽象的企业价值观诠释、演绎为一种具体的信念,对增强企业向心力和凝聚力,将企业各方面的力量集中到企业的经营目标上来起到重要的引导作用和激励作用。企业文化管理方式的最终目标就是试图寻找一种先进的、具有代表性的共同理想,将全体员工团结在统一的旗帜下,最大限度地发挥人的主观能动性。企业精神的培育是实现企业文化管理方式的重要途径。企业精神渗透于企业生产经营活动的各个方面和各个环节,它能给人理想与信心,给人鼓励与荣誉,也给人约束。企业精神的实践过程即是一种员工共同意识的信念化过程,其信念化的结果,会大大提高员工主动承担责任和修正个人行为的自觉性,从而主动地关注企业的前途,维护企业的声誉,自觉为企业贡献自己的力量。

 小贴士

企业精神与企业价值观的联系与区别

2. 企业精神的产生

任何企业精神的存在,都是企业生存和发展的客观要求。因此,任何企业的企业精神,都是从企业每个员工的行为、从企业产品制造过程、从企业经营管理的每一个具体环节中，培养、产生和体现出来的。

首先，企业精神是在企业中每个员工的具体行为中产生和体现出来的。每一个企业都有自己的经营思想和治厂方针。这就需要在生产经营和企业管理活动中，培育和产生企业精神。企业精神在规范、引导和推动员工个人行为等方面发挥的作用，可以从以下几个方面体现出来：①企业精神体现了企业自己的理想；②企业精神体现了企业鲜明的统一的价值观念；③企业精神规定了企业自己的职业道德内涵，成为规范和影响员工行为的准则。

其次，企业的产品制造是最基本的活动，是产生企业精神的沃土。产品生产从形式上来看是生产组织和技术问题，其实，企业生产的每一个产品都非常明显地体现着企业精神，产品品种、质量、标准和特点，无不打上企业精神的烙印。由此可见，产品究竟是"死"的还是"活"的，关键不在于产品本身，而要看生产产品的员工在生产过程中是否有一种积极进取的创业精神。只有人具有活力，产品才有活力。一方面，企业的产品制造鲜明地体现了一个企业的精神；另一方面，企业精神又是在产品制造过程中逐步培养起来的。

最后，企业精神寓于企业管理中。企业精神还体现在企业经营管理的各个方面，几乎在管理的每一个具体环节上，都可以感觉到企业精神的存在。长期以来，有的企业管理者只擅长抓单项管理，就技术抓技术，就安全抓安全，就思想抓思想，"各走各的道，各唱各的调，各吹各的号"，往往事倍功半。在现代企业中，企业的每一项管理，都是全面管理，单一的管理是不存在的。企业中各项管理工作，既有其相对的独立性，又有其广泛的联系性，是企业管理整体的一个组成部分。所以，不要把企业精神单纯地看作和企业的技术、生产、经营没有联系的空洞词句和口号。只有在企业的每一项活动中都着力培养企业精神，让企业精神本身这种广泛性、全面性得到充分体现，我们的企业管理才能从根本上得到成功，整个企业的生产、技术、行政、经营以及各方面的工作才能顺利地、有效地进行。

3. 企业精神的基本特征

从企业精神的塑造和实践过程中可以发现，企业精神具有以下基本特征。

(1) 客观性。企业生产力状况是企业精神产生的基础，企业的生产力水平及其由此带来的员工、企业家素质与追求对企业精神的内容有着根本的影响。在生产力低下、企业经营管理水平十分落后的情况下，企业不会产生与高度发达的市场经济相适应的企业精神。企业精神的倡导可以适当超前，但不能脱离现实，成为"泡沫精神"。企业精神是企业现实生产力状况、现存生产经营方式和员工生活方式的反映，这是它最根本的特征。只有正确反映现实的企业精神，才能起到指导企业实践活动的作用。离开了这一点，企业精神就不具有生命力，也发挥不了它的应有作用。

(2) 群体性。企业精神是全体员工共同拥有、普遍掌握的理念。只有当一种精神成为企业内部成员的群体意识时，才是真正意义上的企业精神。当然，企业精神在产生的萌芽时期可能只表现在少数文化楷模身上。只是企业领导者倡导的一种"口号"。如果这种"萌芽"不能生长，说明没有很好的企业文化土壤，企业精神不能形成；如果这种"萌芽"顺利生长，说明有良好的企业文化土壤，经过领导者精心倡导、培育和全体员工的体验与发展，企业精神就会发育，并逐渐走向成熟。此时的企业精神一定是群体意识和共同理想的反映，企业的绩效不是来自"企业精神"的独特表述,而是取决于这种"企业精神"在企业内部的普及和渗透程度,取决于是否具有群体性。

(3) 动态性。企业精神是对员工中存在的现代生产意识、竞争意识、文明意识、道德意识以及理想、目标、思想面貌的提炼和概括。无论是从它所反映的内容还是从表达的形式来看,都具有相对稳定性,但稳定并不是固定。企业精神是需要随着时代的变迁、企业内外环境的变化而不断发展的。首先,企业精神是时代精神的体现,是企业个性和时代精神相结合的产物。因此,企业精神的提炼应当能够让人从中把握时代的脉搏,感受到时代赋予企业的使命。从20世纪五六十年代的艰苦奋斗,到八九十年代的竞争创优,再到今天的顾客第一、理性竞争、智慧经营、共享共赢,不同时代造就的企业精神都会打上不同时代的烙印,体现不同时代的主旋律。其次,随着技术进步、市场变化,企业目标不断调整,经营观念不断更新,资产的优化重组以及经营体制和管理方式不断演进,都要求企业做出与之相适应的反应,不断充实、丰富或升华企业精神的内涵,这就反映出企业精神的动态性。

(4) 卓越性。企业精神是企业最先进的意识和向上风貌的反映,其中必然内生有创造、创新、竞争、进取、求精和追求卓越意识的基因。况且,企业家在企业精神的培育中具有主导作用。企业家在培育企业精神的实践中,自然要把自身敢于创新和冒险的主导意识注入其中并加以强化,具有卓越性的企业精神是企业活力和财富的源泉。管理者的卓越意识体现在他的战略决策、市场开发、科学管理和有效激励上,员工的卓越意识体现在他对操作的改进、自我管理和自我控制上。任何企业经营的成功与事业的进步,无不是其积极创新、追求卓越的结果,因而从企业发展的角度来看,追求卓越是当代企业精神的基本属性,塑造着现代企业精神。

4. 企业精神的内容

目前,世界各国先进的企业都非常重视企业精神的培育。如澳大利亚69%、美国77%、德国79%、日本几乎100%的企业都有比较明确的企业精神或类似用语的表述。从其内容来看,主张参与、协作、奉献,已成为现代企业精神的主导意志,值得企业在提炼自身企业精神时作为参考。

(1) 参与精神。强调参与,是企业兼顾满足员工各种需求和企业效率、效益要求的基本理念。员工通过参与企业,发挥聪明才智,得到比较高的经济报酬,改善了人际关系,实现了自我价值。而企业则由于员工的参与,改进了工作,降低了成本,提高了效率。根据日本公司和美国公司的统计,实施参与精神和参与管理可以大大提高经济效益,一般提高幅度在50%以上,有的可以达到一倍甚至几倍,增加的效益一般有1/3作为奖励返给员工,2/3作为企业增加的资产投入再生产。培育参与精神,使员工以文化主体的身份参与管理,企业要特别注意引导,要把企业当前的工作重点、市场形势和努力的主要方向传达给员工,使员工的参与具有明确的方向性。

在美国的许多公司中,参与作为一种企业精神,要求每个员工每年要写一份自我发展计划,简明扼要地阐述自己在一年中要达到什么目标,有什么需要,希望得到什么帮助,并对上一年的计划进行总结。自我发展计划,一方面是员工实行自我管理的依据;另一方面给每个员工的上级提出了要求:如何帮助下属实现自己的计划,它既可以作为上级人员制订自我计划的基础，又可以成为对上级人员考核的依据。每位员工应随时提出合理化建议并定期填写对公司意见的雇员调查表，这个调查表可以使那些没有参与管理积极性的人也参加进来，他们对公司工作的评价会成为管理部门主动了解意见和建议的基础。雇员调查表的内容比较广泛，涉及公司业务的各个方面。企业每年进行一次员工评议，包括总经理在内，都要受到他的上级和下属、与他有关的平行部门（企业内外）的评议。

(2) 协作精神。协作是大生产的基本要求，也是企业谋求创造整体放大效应的要求。协作不仅能放大整体价值，也能更好地实现个体价值。因此，协作是现代企业精神中的基本要素。

促进协作精神的方法是多种多样的，可以通过确定明确的分工、制定清晰的岗位职责以及协作制度等，还可以利用工作后的聚餐、郊游等形式来增进同事之间的私人感情和协作精神，使同事的联系之外加上朋友的关系。日本的企业界，很多经理几乎每天晚上都要和年轻的职员一起聚餐、聊天，直到深夜，这种聚餐已成为日本各公司的普遍做法。在美国，过去有工作后社交的习惯，但一般不涉及同事关系，近年来，这种社交活动逐渐向同事关系扩展。协作精神还可以通过非正式组织、团队（或以班组，或以部门、临时任务组织，或以兴趣小组为基础）形式来促进企业员工的协作精神。团队在许多现代企业中已成为促进企业员工协作精神的有效手段和组织形式。美国管理学家哈默指出，团队是一个伟大的创造，是现代企业管理的基础，是重新构建公司的一个基本出发点，具有强大的生命力。

(3) 奉献精神。奉献精神是与企业的社会责任相联系的。它体现在企业运营中关心整个社会的进步与发展、为社会多做贡献的境界。企业只有坚持公众利益至上，才能得到公众的好评，使自己获得更大的、长远的利益。这就要求企业积极参加社会公益事业，支持文化、教育、社会福利、公共服务设施等事业。通过这些活动，在社会公众中树立企业注重社会责任的形象，提高企业的美誉度，强化企业的道德责任感。

例如，在美国，处于最激烈的市场竞争中的企业深知人才的重要，他们希望有更多的人才涌现，因为那里面就有他们公司的未来。因此，教育成为企业资助最多的领域。芝加哥商学院院长哈马达说，许多公司，无论大小都积极赞助像芝加哥商学院这样的学校，他们的出发点是为了振兴社区和经济，并不是出于一时的利润动机。1995年，芝加哥商学院获得了一项诺贝尔经济学奖，这是他们第四次获奖，是与公司的大力捐助分不开的。资助教育事业不仅对大学科研是重要的，对中小学校的教育同样也是重要的，特别是对那些贫困的孩子，给了他们以金钱买不到的精神力量，使他们一生受用。讲奉献精神，不光体现企业对社会的责任感，在企业内部，也体现员工对企业的责任感。尽管在等价交换原则和劳动契约制度面前，不能硬性推行无私和无偿奉献，但企业倡导奉献精神，员工践行奉献精神，每个人都十分清楚，这不仅于企业有益，于个人也有益，倡导奉献精神能够使企业找到企业价值最大化和个人价值最大化的平衡点。

当然，现代企业精神的内容远远不止这几个方面，如创新精神、竞争精神、开拓精神、进取精神等都是现代企业精神的突出表现。这些精神从源泉上来讲，多是市场经济条件下企业内生的精神，是企业精神的本质属性。在中国不发达的市场经济条件下，这种内生的精神也应同现代企业所需要的参与精神、协作精神和奉献精神一样加以倡导。

企业精神举例

5. 企业精神培育的原则

企业精神的培育是有意识、有目的地进行的,并非自然形成的。培育企业精神,必须遵循以下几个方面的原则。

(1) 目标融合原则。人们都有"肯定自我价值"的需要,如果不献身于某个崇高的目标,就不会得到自我价值。但是,员工的自我价值是在实现企业目标的过程中得到实现的,若是企业目标无法实现,那么,员工个人的自我价值也就无法实现。在培育和塑造企业精神的过程中,只有将个人价值目标和企业目标融合起来,才会在企业的发展方向上形成合力。世界上许多优秀公司成功的经验表明,对于经营成功具有根本意义的,是一个价值观念问题,必须有一种基本的信念,以维系、动员、激励企业的全体员工,去充分调动人的积极性。这正是企业精神所必需的群体价值观念,这种群体价值观念能将员工个人价值目标与企业目标有效地融为一体。

(2) 企业优势原则。世界上所有经营成功的企业无一例外都具有自己的企业精神,而每一个企业的企业精神又都有着各自的特色,这是企业优势的特色,没有特色的企业精神或者说体现不出企业优势的企业精神也就无法称其为企业精神。这种所谓的特色正是由于在企业精神的培育过程中,遵循了"企业优势"这一原则的结果。如日本松下公司的"松下七精神"的形成正是体现了松下公司的经营管理特色,因而也就成为松下公司成功的象征,甚至成为日本成功的象征。当前,我国企业改革正向纵深推进。随着新的企业制度的建立,企业精神也相应地会得到建立和发展。但是,应注意的是在企业精神的培育和塑造过程中,不能一味地模仿国内和国外成功的经验,要根据本企业的特点、优势去发展和建立具有本企业特色的企业精神,真正建立起一个具有民族特色、时代特色、企业特色的社会主义企业精神。

(3) 亲密原则。这是培育企业精神过程中所应遵循的重要原则。企业是由人组成的群体,在这个群体中,人们相互间必然要结成一定的关系,也就是所谓的人际关系。企业内部的人际关系融洽,员工就会有一种置身于自己家中的安全感、舒适感和归属感,员工个人就会与企业融为一体,以企业为家、以企业为荣也才能从空想变成现实。于是,企业的发展目标也就成为员工的个人目标,两者在前进的方向上才能形成合力。在这方面,日本的一些企业有其独到之处。日本一些企业家认为,每一个人都有经济、社会、心理和精神上的需要,在他们看来,照顾一个人的整个生活是公司的责任,这个责任不应当推给其他机构(如政府、家庭或宗教组织)。他们认为,个人的需要能在企业内得到满足,才能努力工作。从这样一种观点出发,日本的一些公司不仅十分重视经营管理,而且十分重视员工的业余生活。日本的某些优秀公司,不仅以高效率的生产和高质量的产品而著称,而且以注重"家庭情感"而著称。

可见,企业的成败,固然有赖于管理水平的高低,同时也有赖于情感维系作用的强弱。每一个员工,不仅希望自己的工作有意义,希望自己在事业上有奔头,而且希望工作本身就是一种有人情味的生活,或至少是这种生活的重要组成部分。在一种融洽的家庭式气氛中,工作上必然会碰到的焦虑、压力才能以种种方式得到缓解,获得成就的喜悦也会有人分享。这种情感需求的满足,必然形成强大的工作动力和职业精神。

(4)共识原则。企业作为一个经济组织,无疑需要加强管理,然而大部分的企业领导者对于管理的概念、领导的概念仅仅理解为"指挥",或者虽然意识到管理或领导方面十分重要的是组织与协调,但在行动的时候却习惯于"指挥"和发号施令,这样的领导方式往往是不成功的。特别是在现代社会组织领导一个企业,与指挥军队打仗有着天壤之别。只有在战斗中的危急气氛中,指挥行为才能成功。企业的经营能否成功,主要应看企业是否能够聚集创造性,企业领导是否能够激励企业的员工和管理人员一道,为企业的发展进行创造性的思考和创造性的工作。由于社会生产力的不断发展,科学技术水平的不断提高,人们通过各种途径都可以获得继续学习、继续教育的机会,因而企业员工的文化素质和文化构成都将得到不断的提高和改善。所以,员工不愿意心甘情愿地、被动地接受别人的"指挥",不愿意放弃自己的独立思考,而是积极主动地参与企业管理已成为员工的自觉愿望和行动。因此,为适应这种变化了的情况,企业领导必须从"指挥"变成"共识",也就是说,要善于把领导者的思想、观点和员工的思想、观点融合起来,达成促成企业发展的"共识"。这一原则,在企业精神培育和塑造过程中也是相当重要的。

6. 培育企业精神的方法

企业精神不是自然形成的。既然如此,那么,培育企业精神就有一个方法的问题。归纳起来,这些方法大致有以下几种。

(1)舆论宣传法。加强舆论宣传是培育企业精神的一个重要方法。企业精神虽然本身具有深入人心的渗透力,但其培育和塑造离不开舆论宣传。这是因为,现代社会是"知识爆炸""信息爆炸"的时代,信息量的剧增正在改变着人们的生产方式和生活方式,也孕育着人类社会新的文明,即工业文明。特别是今日的中国社会正处于急剧变革的大潮中,信息的及时传播与沟通对于生产的发展和社会的变革是十分重要的。在企业的生产经营活动中,关于企业精神方面的信息是否能够及时迅速地进行沟通和传播,则直接依赖于企业内部的传播媒介,即舆论宣传工作开展得如何。通过舆论宣传可以造成为培育和塑造企业精神服务的舆论环境,使企业精神通过舆论的作用达到深入人心的效果。例如,以铁人王进喜为代表的大庆精神,如果不通过大量的舆论宣传工作,那么是无法达到家喻户晓、人人皆知的效果的。做好企业精神的舆论宣传工作,可以通过办厂报、广播站、闭路电视、板报、墙报、文艺演出、报告会、演讲会等多种形式进行。但无论采取哪种形式,都要力戒假大空,要具有真实性、可信性。

(2) 领导垂范法。企业精神的培育和塑造总是与模范人物的榜样作用和企业领导的垂范作用紧密相连的,而后者的作用更大,更具实际意义。企业精神培育和塑造的目的在于为企业员工提供一个群体价值观和共同接受并认同的信念与理想。然而,企业的领导人若不受群体价值观和共同信念、理想的制约,对此无认同感,那么企业精神的培育和塑造就失去了存在的意义,企业也就不会具有向心力、凝聚力,在激烈的市场竞争中当然也就无法战胜竞争对手,求得企业的生存和发展。因此,企业领导必须带头按照企业精神的要求去做,凡是要求员工群体做到的,领导者必须首先带头做到,即使不要求员工做,而对于企业发展有利的事情,领导者也要做。这样,领导的率先垂范作用就会在促进企业精神的培育和塑造过程中得以充分表现出来。

小案例

褚时健：橙行天下

褚时健,生于1928年,云南玉溪人,红塔集团原董事长,用18年时间将红塔集团打造成为亚洲最大的烟草企业,1999年因贪污罪入狱,2002年保外就医后,以75岁高龄承包荒山种植橙子。10年后,他打造的褚橙风靡全国。

如果写中国现代经济史,褚时健是一个无法回避的人物。1979年,51岁的褚时健接手濒临破产的玉溪卷烟厂,经过一系列大胆改革,玉溪卷烟厂扭亏为盈。18年后,他掌控的红塔集团累计为国家上缴900多亿元税收,品牌价值300多亿元,红塔山成为亚洲第一、世界知名的烟草品牌。褚时健也成为全国十大改革风云人物,并被授予全国"五一劳动奖章"和"全国劳动模范"称号。然而,因贪污174万美元,1999年,年过古稀的褚时健被判无期徒刑。当时,正值国企改革,各方人士为褚时健奔呼：18年的工资只有60多万元,他只是在错误的时间拿了本该属于他的报酬。一个佐证的例子是,褚时健的继任者一上任,就拿到百万元的年薪。

有人惋惜,一代"烟王"竟此落幕。然而,传奇才刚刚开始。

2002年,已减刑至17年的褚时健获准保外就医,并承包了老家新平县的2 000多亩荒山,他打算种植冰糖橙。橙树,从种植到挂果,一般要五六年时间,褚时健当时已75岁高龄,一切当然并不顺利。褚时健却很乐观："不怕没人买,就怕没人尝。"褚时健对自己种植的橙子的品质极为自信,因为他几乎翻烂了种植橙子的书籍,潜心研究、试验如何用农家肥调配合适的酸甜度。

"我的目标是超过新奇士。"在外人看来遥不可及的梦想,数年之后竟然真的照进了现实。2009年,"褚时健种的冰糖橙"的横幅出现在昆明街头巷尾的水果店门口,此后,这种冰糖橙便被人称为"褚橙";2012年,通过电商模式,褚橙正式进军北京,进而蜚声全国。

(3) 典型启迪法。企业精神包含着企业中先进人物的模范精神,榜样的力量是无穷的。先进模范人物的作用对于企业的广大员工常常具有鼓励、鞭策的作用,而广大员工也正是在先进人物的精神感召下努力向上,为企业的发展贡献他们的力量的。企业精神的培育和塑造可以通过先进人物的模范事迹和榜样作用给广大员工以启迪,从而使广大员工学有榜样,干有奔头。

小案例

持续 19 年的"全聚德之最"

(4) 目标激励法。企业精神的培育和塑造要利用行为科学的研究成果,利用目标激励法来进行。所谓目标激励法,就是采用种种措施去激发人的动机,使人有一股内在的动力,朝向群体价值目标前进,以利于实现企业的目标。企业员工的表现有好、中、差之分,通过目标激励法,就是要不断地使表现好的员工,继续保持积极行为,使表现为中的和差的员工,逐步地变成主动积极为企业做贡献的人,促使更多的人能够自觉自愿地去为实现企业目标而奋斗。目标激励法在调动员工积极性以实现企业目标、培育和塑造企业精神方面有重要作用。首先,通过目标激励法,可以把有才能的、企业所需要的人吸引进来,为企业发展而工作,从而增强企业的向心力和凝聚力。其次,通过目标激励法可以使企业员工最大限度地发挥他们的聪明才智,变消极为积极,从而保持工作的有效性和高效率,以利于企业群体价值观的形成。最后,通过目标激励法还可以进一步激发员工的创造性和革新精神,大大提高企业的经营效果,从而培育企业员工的创新精神和竞争意识。

(5) 感情投资法。感情投资法在企业精神的培育和塑造过程中尤为重要。因为企业的员工不仅是"经济人",更重要的还是"社会人"。员工除了关心个人收入以外,更注重工作上的成就感、归属感和工作中犹如家庭一样的亲切、愉快、舒畅的氛围。企业的经营管理人员要自觉地和广大员工融为一体,形成一个民主、平等、和谐的生产经营环境。还要采取多种措施帮助员工解决生活中的困难,改善员工的工作环境和工作条件,关心员工的物质利益和精神生活,尽量满足员工的合理要求。感情投资法可以增加企业精神的渗透力,使企业精神能很快地深入人心,成为企业员工的精神支柱。感情投资法对于企业精神的培育和塑造,对于企业目标的实现都是十分重要的。

(6) 形象教育法。形象教育法是在企业精神的培育和塑造过程中最直观、最生动的一种方法。所谓形象教育法,就是通过厂容、厂貌、厂徽、厂旗、厂歌甚至厂服,通过口号、标语等来体现企业的战略目标,同时也通过企业的拳头产品和先进技术不断丰富企业形象,以激励员工的自豪感、责任感的一种方法。整洁的厂容、壮美的厂貌可以激发员工的自豪感;明亮而富有特征的厂徽、鲜艳的厂旗可以激发员工的责任感;嘹亮的厂歌可以鼓舞员工的士气;醒目的标语口号可以感召员工奋发努力;走向全国甚至世界的拳头产品可以增强员工的创新意识和竞争意识;先进的生产技术可以使员工为社会生产更多、更好的产品。所以,形象教育法是培育和塑造企业精神的重要方法。

小案例

苏州固锝公司的好话一句分享

小贴士

企业文化口号摘录

企业文化口号摘录如表2-1所示。

表2-1 企业文化口号摘录

主题	口号
团队	鹰一样的个人,雁一样的团队。 上下沟通达共识,左右协调求进步。 对自己所喜欢的人,要看到他的短处;对自己所厌恶的人,要看到他的长处
客户	从最不满意的客户身上可以学得最多。 得客户者得天下。 只有不完美的产品,没有挑剔的客户
创新	诚信立足,创新致远。 如果所有的人都站在一边,那一定不是好事。 昨天的辉煌和经验可能是明天成功的障碍
精细	把简单的事情做好就是完美,把困难的事情做好就是杰出。 一个疏忽百人忙,人人细心更顺畅。 如果对小错假装没有看见,那你就犯了大错。 一丝之差,优劣分家
卓越	每天进一步,踏上成功路。 成功者找方法,失败者找借口
执行	行动是成功的开始,等待是失败的源头。 坐着没有机会,走着有一个机会,跑着有两个机会
危机意识	有时当思无时苦,好天要积雨天粮。 看不出问题,就是最大的问题。 人能爬到至高的顶点,却不能长久居住在那里
质量	质量是水,企业是舟;水能载舟,也能覆舟。 今天的质量,明天的市场
竞争	骄傲的后面是毁灭,狂妄的后面是堕落。 为了放射自己的光,无须吹灭别人的灯
学习	学得辛苦,做得舒服;学得舒服,做得辛苦
奋斗	闲人无乐趣,忙人无是非
廉洁	人不能把金钱带入坟墓,金钱却可以把人带入坟墓
敬业	爱岗就是爱家庭,敬业就是敬自己

2.1.3 企业伦理道德

企业伦理道德是企业文化的重要内容之一,是一种特殊的意识形态和行为规范,贯穿于企业经营活动的始终和管理活动的各个层面,对企业文化的其他因素以及整个企业运行质量都有深刻影响。

1. 企业伦理道德的概念

厘清企业伦理道德的概念,应首先看什么是伦理、道德。在印欧语系中,伦理、道德两词分别源于希腊语和拉丁语,其原来含义都是"风尚""习俗"的意思。在中国,古代哲学以"道"表示事物运动变化的规律或规则,而把"道"对自己有所得的东西称为"德"。而"伦理"一词中的"伦"是指人们之间的关系,"理"则是道德或规则。可见,伦理比道德前进了一步,是指人与人之间关系的道德和规则。当代人们常常把伦理和道德合并使用。所谓伦理道德,是指人类社会依据对自然、社会和个人的认识,以是非、善恶为标准,调整人们社会关系的行为规范和准则。企业是一个小社会,企业内部存在着股东、管理者、普通员工相互之间的错综复杂的关系,企业对外与社会公众也有多方面复杂的社会关系。正确处理和协调好这些关系,促进企业的健康发展,就必须有相应的伦理道德。企业的伦理道德就是指调整企业与员工、管理者与普通员工、员工与员工、企业与社会公众之间的关系的行为规范的总和。

2. 企业伦理道德的范围

企业伦理道德的主要范围包括以下几个方面[1]。

(1) 企业与员工间的劳资伦理道德。这包括劳资双方如何互信、劳资双方如何拥有和谐关系、伦理道德领导与管理等。这可以体现在关心员工上,由于公司对员工的关怀,使员工感到生活、工作具有稳定性,感受到公司的温暖,感觉到个人事业有前途,进而从根本上增强了公司的凝聚力、向心力。关心员工还需要关心员工的进步,员工最想得到的就是在犯错时有人立即给他指出来,能让自己的工作得到改善,不断地进步,让自己在不久的将来能有所收获。

(2) 企业与客户间的客户伦理道德。客户伦理道德的核心精神,即满足客户的需求才是企业生存的基础。满足客户需求是企业经营的目标,也是企业存在的重要价值。客户伦理道德主要是服务伦理道德,指企业要为客户利益着想。为客户利益着想包括站在客户立场上研究和设计产品、重视客户意见、诚信待客、提供优质的售后服务等,比如了解产品的技术规格,确保没有进行夸大表述;避免过分夸大产品的安全性;没有价格歧视等。

(3) 企业与同业间的竞争伦理道德。这包括不削价竞争(恶性竞争)、散播不实谣言(发黑函、恶意中伤)、窃取商业机密等。

(4) 企业与股东间的股东伦理道德。企业最根本的责任是追求利润,因此企业必须积极经营、谋求更多的利润,借以创造更多的股东权益;严格地划分企业的经营权和所有权,让专业经理人充分发挥,确保企业营运自由。

---

[1] 丁雯,陶金,吴嘉维. 企业文化基础[M]. 大连:东北财经大学出版社,2015.

(5) 企业与社会间的社会伦理道德。企业与社会息息相关,企业无法脱离社会而独立运作。企业与社会间的社会伦理道德包括：取之于社会,用之于社会；重视社会公益,提升企业形象；谋求企业发展与环境保护之间的平衡等。

(6) 企业与政府间的政商伦理道德。政府的政策需要企业界的配合与支持,金融是国家经济发展的重要产业之一,因而金融政策更是政府施政的重点,企业必须遵守政府相关的法规,更要响应并配合政府的金融政策。

3. 企业伦理道德的特征

(1) 企业伦理道德与社会伦理道德既有一致性,也有独特性。所谓一致性,是指企业伦理道德反映了社会伦理道德的基本精神和要求,是社会伦理道德的具体体现。但企业伦理道德产生于企业特定的经营活动过程,是企业处理各种经济关系时遵从的特定道德规范和道德要求,因此,又有自己鲜明的独特性。高尚的企业伦理道德是先于社会伦理道德而产生的,是社会伦理道德中的积极因子,显示着社会伦理道德的发展方向。

(2) 企业伦理道德与企业规章制度紧密相连,又具有独立性。企业伦理道德与企业规章制度都是企业中调节人们行为的力量。企业规章制度的内容体现着企业伦理道德的基本要求；企业伦理道德渗透在企业规章制度中,通过有关的"章程""条例""制度""守则""准则""规范""规程""流程"等形式发挥作用。企业伦理道德与企业规章制度具有统一性。必须看到,任何企业,规章制度再严密,对员工行为的约束也有鞭长莫及之处,伦理道德在此时起到补充作用,从而使企业规章制度与企业伦理道德相互结合,产生更大的约束力。企业伦理道德与企业规章制度存在着职能上的区别,前者要求企业员工"应该怎样做",但不是靠强制来实现的,后者要求企业员工"必须这样做",它是一种对禁止性后果的确认,是靠强制力量实现的。企业不能对员工所有的行为均采用强制手段,需要强制的只是员工与企业生产经营正常秩序相联系的行为。而对于倡导的行为,一般要通过倡导某种先进的道德风尚来实现,这就是道德的独立性。

(3) 企业伦理道德具有稳定性。企业伦理道德是同企业事业定位、员工的职业生活以及职业要求相适应的。由于企业的事业定位及经营特点、员工职业性质和工作岗位保持相对稳定性,因而在企业经营实践中,会形成比较稳定的职业心理、职业习惯和职业道德评价。这种心理、习惯和评价,就会铸成企业员工稳定的道德品质,从而决定了企业伦理道德的稳定性。企业伦理道德与社会伦理道德的一致性,也使其与员工所受的家庭和社会教育相一致,这也强化了企业伦理道德的稳定性特征。

4. 企业伦理道德建设

企业伦理道德建设是一个长期过程,需要企业与精神文明建设及思想政治工作创新相结合,做好长期规划,做出积极努力。从实践角度来看,企业应做好以下几点。

(1) 确立正确道德规范。要发掘企业的优良传统和道德习俗,确立正确的道德规范。企业的优良传统和道德习俗是企业经营及各种交往活动中经常重复出现的、带有一定道德取向的习惯性行为,具有稳定性和大众性。企业进行伦理道德建设,必须善于发掘和吸取传统道德观念和习俗中的精华,注入符合时代要求和本企业实际情况的新内容,建立完善的伦理道德体系和标准,要使员工明确：哪些是对的,哪些是错的；哪些应该做,哪些不应该做。经过长期不懈地灌输、说服、示范、疏导,最终使这些抽象的伦理道德观念,转化为员工可操作的道德规则、规范和标准。

 小贴士

淘宝诚信声明函

尊敬的_____:

淘宝非常荣幸有机会与贵公司进行合作!贵公司在业内良好的声誉是淘宝一直以来非常尊重的。淘宝是一家视诚信为企业生命的公司,并采纳了一套全面的商业行为准则,我们真诚希望淘宝所有供应商也拥有与我们同样的理念。

在合作开始之前,我们希望让贵公司知晓淘宝商业行为准则下一些有关供应商的原则:

第一,淘宝不允许任何公司(或个人)以任何形式给予淘宝员工以回扣或好处,如有发现,淘宝将永不再与这家公司(或个人)进行合作。

第二,淘宝员工不得向任何公司(或个人)索要回扣或好处,如果发生这样的情况,请贵方第一时间通知淘宝廉政部负责人(联系方式见后),并且我们承诺,同等情况下淘宝将优先考虑与贵方合作。

第三,如果淘宝员工就我们双方间的合作有任何不当利益关系,请贵方及时向我们披露。

第四,本公司员工代表本公司与贵方商谈商业条款,但本公司与贵方间的权利义务仅以双方盖章确认的书面文件为准,本公司员工未经本公司盖章确认做出的任何书面或口头承诺均对本公司不具有法律效力。

关于以上情况,淘宝将保留追究相关人员法律责任的权利。同样我们有理由深信,透明与公正的采购过程也是贵公司希望看到的。感谢贵公司的理解与支持!

(2) 与员工教育相结合。伦理道德建设同员工教育相结合,良好道德的形成不是孤立的,它同员工的政治素质、文化素质紧密相连。员工具备一定的政治素质和科学文化知识,不仅是提高思想水平和业务技术水平及能力的前提,也是企业伦理道德建设的基础。因此,企业在伦理道德建设过程中必须坚持对员工进行理想信念教育、基础文化教育、科学技术教育、企业文化教育等,使员工能够自觉地意识到自己是企业伦理道德建设的主体,自觉地对自己的行为负责,逐步做到不管是否具有外界的监督,自己都能不断战胜自身的非道德因素,不断提高自身的道德境界和道德层次。

(3) 坚持管理创新。企业伦理道德建设要与管理创新相结合。企业伦理道德建设的基本目的之一,就是规范员工的行为,使员工在良好的道德环境中积极工作,发挥主动性和创造精神,为此,企业的管理者应充分利用社会学、行为学、心理学等知识,不断进行管理理念与方法创新,在强化硬性管理的同时,注重发挥软性管理的作用,如改善管理者与员工的关系,尊重员工的意见与建议,扩大民主管理的范围,使员工有更多的机会参与管理与决策等。只有员工有了主体意识和主人翁责任感,才会表现出良好的敬业精神和道德风貌。

(4) 强化规章制度建设。企业伦理道德建设要与规章制度建设相结合。企业伦理道德建设是一种心理建设,主要诉诸舆论与良心。从建设方法上来看,一方面要通过对员工进行反复、系统的伦理道德教育,强化员工道德意识,使之形成道德自律,养成道德习惯。另一方面,当某种先进道德被多数人认同后,也需要适时通过规章制度的形式固化下来,使其体现企业伦理道德的要求,成为硬性约束,起到严格规范员工行为的作用。

(5)个人示范和集体影响相结合。个人示范和集体影响是企业伦理道德建设中相辅相成、缺一不可的两个方面。个人示范有两种:一种是企业管理者在经营管理过程中身先士卒,以身作则,以自己模范的道德行为成为员工的表率;另一种是先进人物的典型示范作用,也就是通过挖掘、培养、宣传典型人物,以典型的力量来引导员工自觉遵从企业的道德规范。重视集体影响,主要是利用各种集体活动、礼仪,形成良好的道德风尚,使员工置身其中,通过整体氛围的熏陶和相互影响,促进大家提高道德水平。

 小贴士

企业文化的艺术化表达

1. 企业广告:长安汽车的广告用语

　　君驾长安,长驰久安;君驾长安,一路平安。

　　小巧玲珑长安车,四通八达长安路。

　　古有长安丝绸路,今有重庆长安车。

　　长安汽车,百姓汽车。

　　长安服务,满足用户;长安服务,用户至上。

　　高科技!高品质!高档次!长安之星出手不凡。

　　长安之星——百姓家庭生活的知音。

　　百姓的长安,世界的长安。

2. 苏宁集团的企业之歌

为你骄傲

作词/作曲:高建华

　　征途上我行进的脚步匆匆,人生是没有终点的马拉松,

　　追寻梦想,何惧风雨兼程,执着未来,拼搏铸就成功。

　　相聚中我们珍藏这份感动,彼此的付出从不需要理由,

　　万众一心,笑傲百舸争流,四海一家,真诚相守永久。

　　苏宁你给了我成长的天空,让激情展翅自由飞翔;

　　苏宁你成就我事业的巅峰,平凡的人生因你而不同。

　　苏宁,我为你自豪,苏宁,我为你骄傲。

　　灿烂辉煌我们一起创造。

3. 企业誓词:海底捞的宣誓词

我宣誓:我愿意努力地工作,因为我盼望明天会更好;我愿意尊重每一位同事,因为我也需要大家的关心;我愿意诚实,因为我要问心无愧;我愿意接受意见,因为我太需要成功;我坚信付出终有回报。

2.2 能力开发

2.2.1 案例分析

1. 惠普的价值观

请扫描二维码,然后回答案例后"思考·讨论·训练"题。

思考·讨论·训练

(1) 为什么说惠普公司所取得的令人瞩目的经营业绩与其企业文化是分不开的?

(2) 公司在进行适应性变革的过程中始终坚持其核心价值观,这对其他企业进行文化建设有什么借鉴意义?

2. 让员工的人生充满幸福与快乐

胖东来是我国中部地区三线地级市的一家大型零售集团,其零售额占据当地城市零售总额的比重超过六成,而且使世界巨头沃尔玛、家乐福都难以立足。而且,胖东来还因为人性化的管理、服务而被业界誉为零售业的"海底捞",并曾被中国连锁协会的领导赞誉为"中国最好的店"。

胖东来能够获得如此巨大的成功,一切源于其真诚"善待"员工,让员工充分分享幸福与快乐,从而达到凝聚员工、激励员工的目的,促使员工以极大的工作热情、极高的工作效率为企业创造出高业绩,并塑造了一个充满"公平、自由、快乐、博爱"的爱的家园。正如胖东来董事长所言:"老板经商不仅仅是为了挣钱,顾客购物不仅仅是为了消费,员工上班不仅仅是为了挣钱养家。无论做什么,我们的终极目的就是让自己的人生快乐,而作为企业家来讲,最重要的就是能够让员工、顾客感受到这样的快乐。"

而胖东来又是如何"善待"员工、激励员工的呢?

1) 高于同行水平的薪酬待遇

胖东来在几年前,最基层的正式员工每月收入就已经达到5 000元左右,加上公司股份,每月还有分红,这个待遇在三线城市相当于公务员的平均工资水平。至于中高层干部,胖东来给予的待遇更是令人羡慕,课长、处长、店长年收入能达到10万元、30万元、100万元,区域经理的年收入更高。

2) 高水准而又人性化的福利

加班加点是零售业普遍存在的现象,但是与很多零售业的"压榨之风"形成鲜明对比的是,胖东来员工每周只能工作40小时,6点下班后必须离开公司,违反一次罚款5 000元,而且要求员工下班后手机必须关闭,若接通一次罚款200元,每年强制休假20天。尤其是在2012年4月,胖东来宣布即日起每周二闭店休息一天,春节从除夕到初四也闭店休息,这打破了中国零售业"白天永不歇业""节日即黄金时间"的铁律。算下来,胖东来目前全年闭店达2个月,而从2014年起,胖东来还计划让员工工休4周的年假,这意味着胖东来今后全年要闭店3个月,企业损失自己的利益来给予员工高水准的放假福利,实在令人难以理解。

与此同时,胖东来提倡员工关爱自己的家人,要求员工每周必须跟父母吃一次饭,每月必须带着家人出去旅游一次。

3) 成本昂贵的舒适环境

在当地寸土寸金的城市中心商圈位置,胖东来投入近6 000m² 使用面积为员工建设健身、娱乐、洗浴中心等休闲设施,各类设施设备均是按照高标准、高规格来配备的,时尚的iPad、高级音响等设备一应俱全,员工可以在没有客人时坐下休息,听听音乐,舒缓心情。

4) 公平、公正的发展机制

竞聘制是胖东来选人用人的基本制度。竞聘的范围面向全体员工,包括营业员、清洁工、仓库管理员等基层员工,且竞聘制度公开、公平、公正,这让员工获得了足够的公平感。这种公平感不是停留在口号上的公平,也不仅仅是薪酬待遇方面的公平,而是权利和机会的公平,这也让员工充满了奋进的希望。

5) 人人能成为专家的"学校"

在员工眼中,胖东来就像一所学校,不懂可以培训,只要肯学,就可以变成行业专家。正如胖东来的一位人力资源负责人所言:"来胖东来能成为行业专家,这是我们给员工讲得最多的。如果你是一名保洁员,胖东来就可以让你熟悉所有材质的地板、墙壁及各种器具的清洁方法,把你培养成全球最优秀的保洁员。"

6) 定制化的职业生涯规划

员工进入胖东来之后一般有三条职业发展通道,即管理型、专业型、技术型,相对应的就是店长、资深员工、资深技术员。这个规则清晰地告诉员工"条条大路通罗马",无论处于哪个职位级别,都有成功的机会;无论在哪个领域,都能够成为专家。而且,公司还为每名员工准备了规则手册,涵盖员工的人生规划、工作标准和生活标准,其中在人生规划中甚至细致到为员工规划住房。这些完善、定制化的人生规划让员工目标更加明确、成长之路更加清晰,对未来充满激情与希望。

7) 自下而上的"参与式"激励机制

胖东来的激励机制不是公司自上而下制定的,而是由员工主动参与、自发提出并不断完善的。这种自下而上的"参与式"激励机制,一方面充分给予员工"参与式"管理的机会;另一方面,也充分体现了公司提倡的"公平、自由、快乐、博爱"的核心价值观。

思考·讨论·训练

(1) 胖东来是从哪些方面体现其核心价值观的?

(2) 胖东来的企业文化建设取得了什么成效?

3. "德胜"的企业文化

德胜(苏州)洋楼有限公司(以下简称"德胜")成立于1992年,是美国联邦德胜公司的全资子公司。德胜从事美制现代木(钢)结构住宅的研究、开发设计及建造,是美国住宅协会海外会员、江苏省高新技术企业。德胜在定制别墅市场具有强大竞争力,占有70%以上的市场份额。公司的核心价值观是"诚实、勤劳、有爱心、不走捷径";"质量是道德、质量是修养、质量是对客户的尊重"也是公司的核心理念。

1) 领导人

德胜的创始人聂圣哲又名聂造,他1965年生于徽州休宁;1985年毕业于四川大学化学系,1986—1989年赴美留学,但未获得博士学位;1989—1994年在美国泰森公司任常务副总裁兼亚洲部总裁。其间,他还在好莱坞工作两年,参加过几部电影的现场拍摄及剪辑;业余从事文艺创作及导演工作。此外,聂圣哲曾在《科学学报》《化学学报》《人民文学》《诗刊》等杂志上发表论文、短篇小说、剧本、诗歌、评论数百篇(首),并先后导演多部电视片、电影、电视剧。例如,他编剧并导演的舞台剧《公司》在北京首演八场引起巨大反响;与阎建钢联合导演的电视电影《为奴隶的母亲》曾获国际艾美奖最佳女主角奖;参与策划的大型纪录片《徽商》播出后反响强烈,获得很高的收视率。除担任公司总监外,聂圣哲还有很多职务:长江平民教育基金会主席、四川大学苏州研究院执行院长、教授、博士生导师,哈尔滨工业大学、同济大学等校的兼职教授,《中华艺术论丛》编委会主任等。

作为一个对东西方文化有着深刻理性认识和切身体验的企业家,聂圣哲对德胜乃至中国企业的管理有很多自己的思考,以下仅列举他的部分言论。

- 一个没有自豪感的人是做不好工作的,一个没有荣耀感的人是不自信的,一个没有尊严的人是不可能有信仰的!
- 德胜永远要做高尚的公司,德胜永远要做充满良知的公司,德胜永远要做捍卫正义的公司。假如只有与邪恶为伍才能生存,德胜哪怕选择关闭也绝不屈服!
- 我们民族的文化中,一直都有一种蔑视劳动的糟粕,是奉行不劳而获的。我希望大家从不劳而获的思维方式中走出来,变成一个劳动的敬畏者。
- 我们中国人的企业如果不搞程序化运作,只有死路一条。
- 我对任何一个员工都是充分的尊重,不仅给予其人格和情感的尊重,还有人文上的关怀。
- 金钱到了一定程度,如果没有修养的配套,没有信仰的配套,最后就会起负面作用。
- 一个不遵守制度的人是一个不可靠的人!一个不遵循制度的民族是一个不可靠的民族!

聂圣哲不仅有很多独特的理念,他还把这些理念变成了制度。公司现行的制度最初都是他一个字一个字写出来的,而且主要的内容至今也没有变。在很多事情上,聂圣哲不仅想到、说到,而且做到。公司网站上有篇名为"愚公"的作者写的"聂总洗马桶"的帖子:"作为在德胜的老员工,我亲身经历了两次这样的事,那种场景真的很震撼人心。两次都是聂总亲自手把手地带新员工洗马桶。他蹲着他那胖乎乎的身体,让大家都站在他边上,用笔记本做好记录,要记下他说的每一句话,要记住他所做的每一个环节、每一个动作。聂总一边认真细心地洗着马桶,一边耐心地向大家讲着每一个细节:哪些地方是最脏的且很容易是被忽略的;威猛洁厕液应怎样用,用多少最为合适;遇到顽固污渍要用什么洗涤剂;用哪些洗涤剂会对马桶的釉造成伤害……洗完马桶,他又教导大家,'其实,不要小看洗马桶,要将一个马桶洗干净可真不是件简单的事,这要大家付出认真、勤劳和爱心。现在这个马桶洗干净了,这里面的水和自来水一样干净。'说着,他就用双手掬起一捧马桶里的水,送入口中漱口。随后,聂总还叫人拿了两个同样的瓶分别装了自来水和那个马桶里的水送去检测,结果证明,聂总的判断是对的。"

一名叫王晓文的员工还写到了他终生难忘的一件事:"2006年9月的一天,圣哲先生委托公司总裁程涛买了几套时尚的衣服和一双皮鞋,以备我相亲之用。那天下午,圣哲先生让我在出口部的办公室里进行了试穿。当时,我虽然深感羞涩,但是我的内心是无比喜悦的。接着,圣哲先生又委托程涛先生带我到巴黎春天理发店找手艺高超的阿邱师傅理了发。时过几日,出现了新的一幕,圣哲先生委托朋友给我介绍了对象,是苏州人,并安排我与对方见了面。现在回想起这个情景,我终于明白,他是在用自己导演的才华和博爱的天赋帮助我改造形象、寻找爱情。尽管这个缘分没有成长起来,但这种被同事关爱的滋味和这段感人肺腑的历史却永远刻在了我的记忆里。"

2) 管理者

德胜对管理者有一条特殊的标准,管理人员首先必须是出类拔萃的员工,然后才是管理者。每位管理人员的工牌上都有一句话:"我首先是一名出色的员工。"公司对管理人员还有不少特殊的要求。例如,管理人员对采用正确手段指出自己的缺点、错误及提出批评的员工采取不理智的态度、泄私愤或打击报复时,每次罚款100~1 000元,并给予免职、解聘处理,情节严重者予以开除;管理人员不能在没有商量的前提下,以吩咐或命令的口吻来要求下属改变日常安排或停下手头工作来帮助或协同自己完成某一项工作;所有管理人员永远不能脱离一线,每月要在一线顶岗至少一天。这一天,管理者必须关闭手机,作为一个普通员工满负荷地参加劳动,如接待客人、打扫房间、做木工、水电工、油漆工、砖瓦工等,具体工作由程序中心负责安排。

3) 特殊制度

德胜有一套独具特色的规章制度,除其特有的同事关系法则、质量督察人员制度、工地训导制度、复训制度、合同签订前的听证会程序、欢度节日程序、礼品拍卖程序等之外,对很多公司都有的员工基本职场规范、奖惩条例、财务报销制度、采购制度、售后服务制度、车辆使用及管理制度等,德胜也有很多独树一帜的规定,以下摘录部分条款。

(1) 员工基本日常守则。其包括:①禁止员工议论公司的制度、处理问题的方法和其他一切与公司有关的事情。员工对公司有意见和建议,可通过书面、短信、微信等适当方式向公司反映,也可以要求公司召开专门会议倾听其陈述,以便公司做出判断。②员工必须做到笔记本不离身。上级安排的任务、客户的要求、同事的委托,均须记录,并在规定的时间内落实或答复。自己解决或解答不了的问题应立即向有关人员反映,不得拖延。杜绝问题石沉大海、有始无终。③公司永远不实行打卡制。员工应自觉做到不迟到、不早退。员工可以随心所欲地调休,但上班时间必须满负荷地工作。④工作之外的时间由员工自由支配。但从事高空作业、驾驶交通工具及起重机械或第二天须比正常上班时间提早工作的员工(如厨师须在凌晨4点起床),如前一天晚上9点以后方能休息的,无论因公因私,均须提出申请,经批准后方可推迟上班时间,否则,按未经请假擅离岗位处理。如连续三天因夜晚不能保证正常睡眠时间而导致第二天工作精神欠佳者,公司将责令其立即停止工作,等体力及精神恢复正常后方可恢复工作。如屡次发生以上情况,公司将对该员工进行复训或做出相应的处罚。⑤员工不得接受客户的礼品和宴请。具体规定为:不得接受20支香烟以上、100克酒以上的礼品及20元以上的工作餐。⑥员工必须讲究卫生。勤洗澡(争取每天一次)、刷牙(每天至少一次)、理发(每月至少一次)。

(2) 奖惩条例。其包括:①工作中任劳任怨,却遭他人无故排挤、打击,但为了公司的利益,而不计较个人得失的,奖励200元。②公司不允许员工带病坚持工作,带病坚持工作是对自己身体不珍惜的行为。如带病工作,一经查出,每次罚款50~100元。轻微疾病如非流行性感冒等不在此列。③汇报工作时报喜不报忧,对同事及上级进行偏离实际的恭维及溜须拍马的,每次罚款50~200元,受处罚全年超过3次的,解聘。④对公司及公司员工(包括管理者)的缺点及错误不能正面提出而在私下进行议论的,解聘,重犯者开除。⑤员工在工作时无意中犯了错误而能主动向主管人员承认的,象征性地处罚1元;对企图隐瞒错误的从重处罚。⑥被开除者除非董事会决议,任何个人(包括董事长及总经理)不得批准其重新在公司工作。

(3) 同事关系法则。其包括:①同事生病或受伤时,必须停止工作或休息,立即向上级反映并给予相应的帮助,因为你生病或受伤时也需要同事这么做。②任何场合都不能与同事或闲人议论其他同事或公司的事情,更不可指责或讥讽同事,因为这样只能给同事带来不快,又损坏公司形象。对自己也无益处。③不可与同事或他人在任何时候(春节前后三天除外)打麻将、打牌及打电子游戏,无论是赌钱还是娱乐性质的。一经发现,公司将作自动辞职处理。因为嗜赌者会失去大量时间。④不得从同事的表情及眼色或无意的话语中猜测同事的内心想法。因为猜测会使同事之间的关系变得复杂与紧张。实践证明,猜测一般都是错误的,其错误率高达99%以上。⑤身上不要有异味。每天刷牙一次以上,身上应备口香糖,随时保持口腔的卫生与清洁。勤洗澡换衣,若你身上有异味,会使同事感到难以忍受并不能愉快地工作。⑥同等条件下,应优先提拔与上级无血缘关系的员工。实践证明,只有这样才对所有的员工(包括与上级有血缘关系的员工)公平。

(4) 财务报销规则。其包括:①可列入报销的因私费用。员工每年代表公司招待家庭成员一次。每人不超过60元,每次不超过10人。家庭成员指配偶、子女、夫妻双方的父母及其他直系亲属。如果未招待家人而用空头发票来报销,则视为欺诈行为。员工每年代表公司向正在上学的子女(从小学到大学本科毕业止)赠送一件礼品,如学习用品、服装或鞋帽,价格不超过200元。在公司连续工作1年以上的员工可以享受以上待遇。②可列入报销的补助费用。家庭遇到不可预见的困难,可向公司申请困难补助的费用(需经批准);因自愿辞去公司的职务赴新的工作单位时的差旅费用;从家庭所在地返回公司或工地的差旅费用;家庭婚丧嫁娶,在办完公司规定的手续后适当补助的费用。③个人信用计算机辅助系统。"个人信用计算机辅助系统"是一套专门分析员工报销行为的系统。它可以从员工的报销单据中分析出单据的真实性及费用发生的必要性,也可通过归纳法分析出员工的报销习惯,从而从大量的数据分析中对异常情况进行预警。同时,员工的守信与不守信的行为都会记录在系统里。公司可从系统给出的数据了解每一位员工的信用参数。员工在进入公司后,其对应的信用信息也就进入了该系统。④严肃提示——报销前的声明。任何人在报销前都必须认真聆听财务人员宣读《严肃提示——报销前的声明》。其内容如下：您现在所报销的凭据必须真实及符合《财务报销规则》，否则都将成为您欺诈、违规甚至是违法的证据，必将受到严厉的惩罚并付出相应的代价，这个污点将伴随您一生。如果因记忆模糊自己不能确认报销凭据的真实性，请再一次认真回忆并确认凭据无误，然后开始报销，这是极其严肃的问题。

德胜规章制度的主要特点，一个是具体可操作；另一个是不仅讲清为什么，而且说明为什么。这两个特点使员工更可能自觉自愿地遵照执行。

为确保员工了解、理解公司制度，德胜给每位员工发一本《德胜公司员工读本（手册）》，其内容除公司规章制度外，还有聂圣哲的讲话摘录、故事等。此外，公司还制定了制度学习规定，要求每月1日和15日召开制度学习会，按章节顺序、循环学习《德胜公司员工读本（手册）》，每次学习时间30分钟左右；会议采取接龙形式，员工每人一句轮流朗读，同时尽可能谈自己的学习体会；制度学习会严格考勤，当天因特殊原因不能参加会议的人员，必须向公司总督察官请假。

为保证制度的执行、防止管理者滥用职权，公司还专门制定了《权力制约制度》，明确提出"一个公司的管理者包括最高决策者的权力如果没有相应的制约，而只靠道德或觉悟制约，最终必将导致公司的破产"。公司专门设立了督察岗位，负责制度督察和质量督察。《权力制约制度》明确提出："在督察人员的心目中，员工永远没有等级之分，只有遵守与不遵守制度之别。"《奖惩条例》中还规定："制度督察官和质量督察长在履行督察职责时具有崇高的权力，任何不服从或与之对抗的行为都将被视为严重违反公司制度，违反者每次罚款50～500元，立即解聘；情节恶劣者立即开除。"

德胜赋予质量督察至高无上的地位。《权力制约制度》里规定："质量督察长在履行质量督察职能时，如因发现工程质量隐患、材料伪劣及工艺粗糙等问题，在上级违背'质量问题不可商量'宗旨的前提下，坚持原则，拒不执行上级错误的指令，遭到解聘或开除时：第一，质量督察长应立即将质量隐患通报客户；第二，质量督察长应立即将质量隐患通报国家有关权威部门；第三，质量督察长应立即向媒体披露质量隐患及自己所遭受的不平等待遇；第四，公司应给被开除的质量督察长一次性发足5年的工资。质量督察长只有完成前三条后，才能得到第四条规定的条件。"

4）人力资源管理

在人力资源管理的选、用、育、留四个方面，德胜的基本思想是选人第一、育人第二、用人第三、去留由个人决定。德胜始终不认为员工是企业的主人。德胜认为，企业主和员工之间永远是一种雇用和被雇用的关系，是一种健康文明的劳资关系，否则，企业就应该放弃对职工的解聘权。

德胜在选人上非常谨慎。公司不从人力资源市场上选人，而是通过在职员工和公司的友好可靠人士介绍。公司对介绍人有一个要求：要让介绍对象阅读《德胜公司员工读本（手册）》，只有其认同德胜的理念，接受德胜的制度，才能进入下一步。对那些有意向和意愿的人，公司会根据其专业、个人特长、个人经历等，决定是否让其来公司参观；参观的目的也是帮助其判定是否愿意接受公司的价值观，是否愿意来公司工作。德胜选人不看文凭，不看长相，也不看性别。公司选人的条件，一个是看品行是否符合德胜价值观，另一个是看应聘人的工作态度、工作过程、工作方法和工作效率等是否合乎要求。

德胜员工的主体之———木工,大部分都来自德胜鲁班木工学校,这是一所两年制的全日制中等职业学校;学校的校训就是德胜的核心价值观,学校的《学生制度手册》也和《德胜员工守则》多有相似之处。学校招生非常严格,教师对所有申请学生要进行家访,父母不务正业、家教不好的学生都会被淘汰。在校期间,学生会接受高标准的训练,每人毕业时都要能完成八仙桌、太师椅这样的作品。毕业时,学生会被授予匠士学位,穿着学位服由同济大学的教授、博导亲自授学位,出席典礼的嘉宾经常还有美国、加拿大驻上海总领馆的官员,省、市、县政府的官员,隆重程度不亚于大学里的毕业典礼。

接受公司价值观并准备进入公司的人员在成为公司员工前,还要经过两个环节:阅读《德胜公司新员工再教育规则》,确定认同该规则的所有条款并发表声明,参加培训。培训期间从事的工作是清洁、帮厨及园林护理等,新员工和老员工一起工作,每个新员工都会得到老员工作为教练的专门指导。在此过程中,受训者还会接触到很多的公司价值观和理念的培训。培训合格的转为试用员工;首次培训不合格的,公司为个人提供一次复训机会,复训期为3个月;如果复训仍不合格,应聘者就不能被录用。员工培训合格后暂时留在公司管家中心工作,直至安排新的工作。为确保公司价值观、规章制度和文化理念得到始终如一的贯彻执行、确保专业技术人员业务素质的恒定,德胜会对员工定期或不定期地进行复训。专业技术人员每年要复训一次。新工地开工时、新设备(工具)或新的工作程序或管理制度投入使用时、员工从事一项新工作时、管理者想帮助员工在事业上取得发展时、工作效率降低时、工作中不断出现差错时、部门之间经常出现摩擦时、工作目标和现状有较大差距时、工作缺乏激情时公司也都要进行复训。公司对如何制定复训计划、如何增强复训效果、如何考核都有具体的规定。

德胜为员工流动提供了很大的选择空间。如果员工觉得德胜的工作环境和要求不符合自己的需求,可以辞职或者请长假;公司允许员工请1~3年的长假出去闯荡,并为其保留职位。但员工长假结束后想回公司,必须先向公司提交书面申请,公司根据其是否完全认同公司的价值观、是否仍能胜任公司的工作及请长假后是否对公司造成伤害等表现,决定其可否回公司工作,并决定是否需要复训。

德胜给员工提供优厚的待遇。在德胜,普通木工1年的收入能达到10万元左右,员工不用担心拖发工资;公司给没有住房的员工提供免费宿舍;员工一日三餐在公司食堂就餐只需5元钱;自动贩售机里的饮料1元1罐;报销一半学车费用,领到驾照之后可以向公司借车使用,费用是20元/天;给所有员工购买商业医疗保险和商业养老保险;宿舍24小时有热水供应(条件好的还有空调);产假比国家规定长两个月;员工家有急事可以立即向公司借钱,借款额度高达十几万元;只要工作满5年,每个员工都可以免费出国考察一次。

5) 活动

德胜举办的活动不算多,但每项活动都很有特色,也有很强的仪式性。

(1) 五一国际劳动节。五一国际劳动节是全世界劳动人民团结战斗的节日。每年的4月30日下午,德胜的员工都停止工作,聚集在一起。每个人将自己提前选购或制作的礼物赠送给另一名自己想感谢的员工,然后一起唱歌,玩游戏,朗读写给公司的感恩信件或者自己撰写的感恩文章;晚上再一起聚餐。公司规定:每个人选择的慰问对象不能是慰问自己的人,礼物的价值是60~80元人民币,员工可以持正式发票报销礼品费用。

(2) 元旦晚宴。每年元旦前一天,德胜都会把全国各地的员工聚集到苏州,在一家五星级酒店举行新年晚宴,款待所有员工。2002年公司在苏州吴宫喜来登大酒店第一次举办这个活动时,喜来登的工作人员还担心部分员工会大声喧哗,但事实却出乎意料,德胜员工都衣着整齐,彬彬有礼,显示出很高的素质。

(3) 拍卖会。德胜经常召开拍卖会,时间是在每次的制度学习会之后,拍卖的物品是客户、供应商及朋友赠送给公司或员工的礼品,也包括公司需要处理的一些物品,可能是丝绸围巾、高山生态茶、迷你音响、浴巾,甚至还有特色小菜等。公司全体员工以及实习生、见习生、公司的客人都可以参加竞买。每件礼品的起拍价是其市场价的1/20~1/2。拍卖所得的全部款项都捐给长江平民教育基金会。公司举办这一活动的主要目的是反腐,同时,也能让员工有尊严地得到实惠,并奉献和传递爱心,从而培养员工的社会责任感。

(4) 晨会。德胜员工每天早晨都要召开晨会,内容包括合唱公司歌曲,报告前一日工作中的问题和当日工作计划及特殊事项等。

6) 其他

(1) 战略。德胜始终固守本分,绝不贪大求全,随便扩展业务,多年来,德胜对客户的报价一直是5650元/平方米。聂圣哲做德胜的目标是做瑞士名表那样的企业,只要做强、做精,不想做大。他认为:"公司保持10%~15%的利润率就可以了,没必要赚太多,活得快乐最重要。"

(2) 组织。2004年,公司成立了程序中心。该中心的目的是把工作中的复杂问题简单化,即把貌似复杂的事情分解为简单细则,然后再十分认真地对待它。程序中心给公司的各个运营环节、各项工作都制定了明确的操作细则,包括建筑工地的施工程序、物业管理的服务程序、值班程序、召开会议的程序、餐厅服务程序和采购程序等。

(3) 产品和服务。德胜公司的施工质量达到了苛求的地步。例如,公司所建造的楼房中,所有拧好的螺丝钉里的螺纹必须呈现出一个端正的"十"字,而绝不能是"×";所有插座上的"一"字螺丝,凹纹也都必须整齐地一字排列,不能有歪斜。工地有督查员随时巡查,发现问题马上整改。公司承诺客户,别墅出现的所有问题,24小时内必须给予解决。为了做到这一点,不仅公司仓库备有大量备件,如洁具、橱柜等;而且严格遵循"就近原则",所有工程项目必须在公司五大基地(上海、北京、南京、杭州、成都)的500千米范围之内,以确保响应及时。

(4) 故事和公司歌。《德胜公司员工读本(手册)》里的主要内容之一是从期刊、著作中精选的70多篇短文,其中有散文、杂文、专访、歌词等,但最多的是故事,这些故事的主题都是和德胜的价值观有关的。德胜的歌《我们由衷地感谢》是聂圣哲亲自作词的:"我们感谢上苍,上苍给我仁爱。我们感谢父母,父母给我命脉。我们感谢公司,公司给我职业。我们感谢同事,同事给我关怀。我们感谢自己,做人勤劳清白。你好,亲爱的祖国和我的家人!你好,美丽的新世界!"每天的晨会、每月两次的制度学习会等活动上,员工都要集体唱歌。

(5) 媒体。德胜的沟通媒体除了《德胜公司员工读本(手册)》外,最重要的就是公司网站和已经重印29次、发行量达到50万册的《德胜员工守则》了。德胜的网站上不仅有其他公司网站常见的新闻、论坛、公司介绍等,还有员工休假公告、生日祝福、礼品收受情况简报、德胜公告、任命书,而且这些内容是向社会公开的。其中,"德胜公告"就是根据《奖惩条例》而做出了对员工的奖惩决定,其中,很多问题都是一些在很多人看来无关紧要的小事,如拾到60元上交、没戴工牌、忘带笔记本、拨打私人电话不登记等。

思考·讨论·训练

(1) 德胜的企业文化有哪些特点?

(2) 德胜的企业伦理建设有哪些具体做法?

(3) 德胜的企业文化载体与其核心价值观是怎样匹配的?

4. 沃尔玛的企业精神和文化表达

请扫描二维码,然后回答案例后"思考·讨论·训练"题。

思考·讨论·训练

(1) 沃尔玛的企业精神究竟是什么?

(2) 假如你是一个商店经理,你如何赢得顾客?沃尔玛的经营理念和幽默的文化表达对你有什么启示?

(3) 请走进一家沃尔玛店,体会其独特的企业文化。

5. 首都机场集团的企业文化理念体系

企业文化是企业的灵魂,是企业科学发展的内在动力源泉。首都机场集团始终高度重视企业文化建设工作。随着事业的发展和环境的变化,集团于2009年启动了企业文化创新工作,通过广泛调研、评估诊断、设计创新和修订完善,于2010年工作会发布了以"天地之道 大国之门"为文化主旨的企业文化新体系,开启了首都机场集团企业文化建设的新篇章。

1) 首都机场集团文化创新的背景

首都机场集团于2002年12月28日组建成立。经过不断发展,集团目前全资控股和托管了北京首都机场、天津滨海机场、南昌昌北机场、武汉天河机场、重庆江北机场、贵阳龙洞堡机场、长春龙嘉机场、呼和浩特白塔机场、哈尔滨太平机场等近40家机场,另参股沈阳、大连机场,并参股管理哥伦比亚6家机场,资产规模1 270亿元,员工51 000余人。目前,集团在机场管理、机场服务保障、机场建设等方面已初步构建起一体化的发展平台,并在金融证券、临空地产、物流、酒店等领域也有较大发展。

近年来,首都机场集团基础设施迅速升级,经营效益显著提高,国际影响力日益提升,同时集团积累了丰富的文化新元素,制订了新战略规划,亟待在企业文化方面进行创新。多重的内外部因素,为首都机场集团企业文化的创新提供了历史契机。

2）首都机场集团企业文化体系架构

首都机场集团企业文化创新成果于2010年年初正式发布。经过设计创新的首都机场集团企业文化，形成了"一主多元"的企业文化体系架构，具体包含以下两层含义。

其一，形成了"一主多元"的企业文化体系架构。以文化主旨"天地之道　大国之门"为统领，建立了结构完备、系统严谨的理念文化，提炼出新的愿景、使命、核心价值观和企业精神；形成了鲜明的行为文化，制定出简明扼要、导向清晰的员工共同行为准则和管理人员行为准则；丰富了视听文化内涵，重新诠释了企业标识，谱写了企业之歌。文化主旨作为理念文化、行为文化、视听文化的灵魂一以贯之。

其二，确立了"一主多元"的大集团企业文化建设模式。以集团文化为统领，统一文化主旨和标识，在强调整体协同、形象统一的基础上，允许成员单位结合行业特点、地域文化和历史传承，在集团文化的指引下设计彰显个性的子文化体系，兼顾了母文化的整体性和子文化的多样性，形成百花齐放、"形"散"神"聚的企业文化建设格局。

3）文化主旨：天地之道　大国之门

首都机场集团作为天地间广阔事业的开拓者，上承"天时"，弘扬行健自强之意志；下载"地利"，秉承厚德载物之精神。在汲取优秀传统文化、结合企业经营管理实际的基础上，创新提炼出集团企业文化主旨——"天地之道　大国之门"。"天地之道　大国之门"是集团广大员工智慧的结晶，是集团企业文化创新成果的代表，是集团发展的思想基础和文化灵魂。

（1）天地之道。《周易·泰卦》："天地交泰，后以财（裁）成天地之道，辅相天地之宜，以左右民。"天地阴阳交通往来，促进万物生长发育，永葆蓬勃生机，这是宇宙自然所遵循的普遍规律。"天地交而万物通，上下交而其志同"，企业文化正是沟通天地、上下，使"同欲者胜"的重要工具。

"天地之道"的"道"，核心是规律，是认识论。规律是指事物运动发展过程中的固有的、本质的、必然的、稳定的联系。善于把握规律，是企业和员工应有的科学态度与追求真理的精神。首都机场集团是以北京首都国际机场为龙头的机场管理集团，机场业是集团的主体。连接天地的跑道是机场最突出的特征，集团要把握企业发展普遍规律和机场业自身的特殊规律，铺设连接天空和大地的跑道，开创广阔的事业。《周易·恒卦》："天地之道，恒久而不已也。""恒"是恒久，指事物存在的一种稳定平衡正常的秩序。恒与动、常与变是一种辩证统一的关系，在创新中趋于稳定平衡，达到恒久不已的持续发展。集团志存高远，脚踏实地，专心、专注、专业，坚持机场作为公共基础设施的定位，致力于发挥机场在国民经济社会发展中的战略作用，努力提升顾客对机场工作的满意度，打造让员工拥有喜悦和未来的广阔平台，追求基业长青，实现企业的"恒久不已"。

（2）大国之门。伟大的中国不仅具有五千年光辉灿烂的文化底蕴，同时随着经济的快速崛起，吸引了越来越多的世界目光。经济持续发展，综合国力不断增强，国家地位日益提升……在世界局势的发展变化中，中国已成为举足轻重、不可或缺的大国。

随着中国综合国力的增强和在世界格局中地位的崛起，中国也开始逐步由民航大国向民航强国转变。民航是一个国家与世界连接的重要渠道。机场，作为民航发展的先导和基础，是一个国家或地区的门户。首都机场集团作为中国民航机场事业的开拓者、引领者，作为国家的门户和连接世界的窗口，担负着推动民航事业、驱动经济发展、传播社会文明、展示大国形象的光荣使命。因此,首都机场集团麾下每一个机场、每一个岗位都应努力提升安全服务水平,着力打造安全之门、便捷之门、舒心之门、开放之门,展示伟大中国全面复兴的形象。

4) 核心理念

(1) 愿景:具有国际竞争力的机场集团。愿景是首都机场集团全体员工共同追求的具有挑战性的远大目标和发展蓝图,回答了"我们会成为什么"。构筑企业愿景,既能够调动员工的积极性、创造性和群体智慧,激励大家为实现这一共同目标而努力奋斗,同时也是创建学习型企业的基本途径之一。首都机场集团结合发展战略和战略目标,确立了"具有国际竞争力的机场集团"的愿景。

"机场集团"明确了首都机场集团的企业特性,突出了集团以机场管理、机场服务保障和机场建设为主业的战略导向,力求通过机场集群建设和产业链管理发挥得天独厚的规模效应与资源优势。

"具有国际竞争力"既是建设民航强国的应有之义,也是实现民航强国目标的核心要素之一。首都机场集团作为中国机场业的引领者,应致力于培育卓越的国际竞争力,着眼国家经济战略,放眼全球化发展,打造行业标杆,塑造品牌形象,为社会进步持续贡献力量。着眼集团发展,结合集团实际,"具有国际竞争力的机场集团"应当体现在以下七个方面。第一,成为国际机场业安全和服务的典范与标杆;第二,具有良好的社会效益和经济效益;第三,能够形成规模效应和集群效应的良性循环;第四,具有可输出的先进标准体系和管理模式;第五,具有经验丰富并能解决复杂问题的专家型管理团队;第六,形成了独特的文化和具有影响力的品牌;第七,具有持续引领行业发展的创新能力。

(2) 使命:倡行中国服务,展示国门形象。使命体现了首都机场集团对社会、国家、合作伙伴以及员工等利益相关者所担负的责任,体现集团作为一个社会经济组织存在的价值和意义,回答了"我们要做什么"。机场是一个国家或地区的门户,展示的是一个地区乃至国家、民族的形象。首都机场集团要做"中国服务"的首倡者,要做具有世界领先水平、富有民族文化底蕴的"中国服务"的践行者。

"中国服务"是具有中国传统文化特征、体现现代世界先进服务理念的服务。全面透视改革开放 30 多年来中国企业和中国经济的发展历程,"中国制造"见证了这一辉煌历史。随着改革发展的深化,中国社会正由工业化向现代化迈进,如何推动"中国制造"向"中国创造"转变?联系中国正处于制造业向服务业发展的阶段,联系首都机场集团所在的服务行业的特点,集团领导通过主流媒体创造性地提出了"中国服务"这一颇具挑战性的理念。"中国服务"是"中国创造"在服务业的体现,是中国现代产业转型和发展的必然产物。首都机场集团力争在品牌形象的树立、服务标准的引领、服务创新的推动、全球范围的影响等方面达到世界领先水平,成为"中国服务"的重要形象代表。

首都机场集团不断深化对"倡行中国服务"内涵的认识:"倡行中国服务"需要我们具备安全、高效、优质的保障能力;需要我们给顾客创造简单、顺畅、便捷的服务流程;需要我们给顾客带来舒适、愉悦、超值的服务体验;需要我们成为新科技与环保手段应用的典范;需要我们践行向世界展示中国文化魅力的使命;需要我们打造一支感恩、友善、诚信的专业团队;需要我们建设让所有员工感到幸福和归属的家园;需要我们践行超越组织边界管理的服务文化;需要我们创新与众不同的特色化服务。

我们相信,已经创造出"中国制造"品牌的中国企业,也有能力在不久的将来,让"中国服务"走向世界,让"中国服务"举世瞩目。

(3) 核心价值观:诚效知行,和谐共赢。核心价值观是集团和员工基本的价值取向与价值评判标准,是集团持续发展的基石,回答了"我们是非取舍的标准是什么"。

在集团的发展历程中,"诚效知行,和谐共赢"的价值元素发挥了重要作用,并且在员工中认同度高,广为传诵、记忆深刻。同时,前瞻集团未来发展,这些理念仍然有助于企业的发展。在尊重员工共识和选择的基础上,首都机场集团继承了原来企业文化中"诚效知行,和谐共赢"的价值元素,根据时代发展的要求,提出了"诚效知行,和谐共赢"的核心价值观。

"诚效知行,和谐共赢"是"天地之道 大国之门"文化主旨在价值取向和评判标准方面的具体体现。同时,与以往"诚效知行,和谐共赢"的表述形式相比,不仅在形式上有所变化,还进一步突出了"诚""和"在核心价值观中的地位,"诚""和"是核心之核心。

"诚"是"诚效知行"的核心。《中庸》:"天地之道,可一言而尽也。其为物不贰,则其生物不测。""为物不贰"即"诚"。《孟子》:"诚者,天之道也;诚之者,人之道也。""诚"是"天地之道"的价值体现。我们以"诚"为立身之本,以"诚"为立业之基。经营讲诚信,视诚信胜于生命,以诚信打造百年老店;服务讲真诚,视客户为亲人,创造优质服务;事业讲忠诚,爱岗敬业,发挥潜能,奉献才智,实现个人发展与企业发展的有机统一;对员工要坦诚,集团通过建立管理层与员工沟通渠道,上下意志相通,心灵相通,同心同德,共同创造美好事业,这一切都建立在"诚"的基础之上。

《周易·泰卦》:"天地交泰,后以财(裁)成天地之道,辅相天地之宜。""泰"是平安、美好,寓意企业发展欣欣向荣;《周易·恒卦》:"天地之道,恒久而不已也。""恒"是恒久、永恒,寓意企业发展基业长青。"泰"和"恒"反映在企业中,就是"效"的表现。"效"是"天地之道"的效用。从这个意义上来说,"诚""效"都源于"天地之道",彼此同根。作为企业,我们运营求效率,经营求效益,管理求效果。"诚效"在企业经营管理实践中,强调要以义取利,见利思义,追求合于"义"的利,以效助诚,义利共生。

"知"是认识,"行"是实践。"知行"是"天地之道 大国之门"内在认识论、方法论的体现。王阳明提倡"知行合一,格物致知",一方面要穷究事物的原理法则而总结为理性知识,找寻规律,觅"道";另一方面,不仅要懂得道理,还要不断进行实际运用,循"道"。首都机场集团的企业文化主张知行合一,建立学习型组织,改善心智模式,提高执行能力,使思想和行为合乎企业管理的规律、机场运营的规律、社会发展的规律。

"和"是"和谐共赢"的核心。"和"是中国传统文化的基本精神之一,也是中华民族不懈追求的理想境界。因此,"和"应当是"大国之门"形象的集中体现。"和"为形象之魂,"和"为发展之翼。"和而不同"为"谐"。五音各有高低,只有各个组成部分之间谐调地相互联系在一起,谐合于音律,才能奏出美妙和谐的乐章。我们是跨行业的企业集团,各成员单位均有各自的定位和职责,以及不同的专业化分工,为了共同的愿景、使命,彼此协作配合,就能共同创造集团美好和谐的未来。

"和谐"需要我们和善修身,和睦共事,和衷共济,配合得当,协调得宜,营造稳定和谐的企业内外环境。"共赢"是中国传统价值文化和现代对外开放相融合的产物,是发展自己、成就他人的智慧,是相关者价值取向的统一,因此,"共赢"是"和谐"的基础。我们要奉献国家、社会,要与客户、合作伙伴、员工以及各种利益相关者建立利益共同体和命运共同体,共创共享,共同发展。

(4) 企业精神:勇担重任,敢于创新,协同奋进。企业精神是首都机场集团全体员工在生存发展过程中所形成的群体意志、思想境界和理想追求,回答了"我们做事要具有什么样的精神状态"。"勇担重任,敢于创新,协同奋进"的企业精神是集团全体员工长时间奋斗、实践过程中的精神浓缩,是推动首都机场集团持续、健康、科学发展的动力。

① 勇担重任。"勇担重任"取自首都机场"团结协作、勇担重任、甘于奉献、使命必达"的T3工作精神,源自"战争时期怕死不当共产党员,和平时期怕苦不干扩建工程"的新扩建精神,吸收了重庆机场企业文化"责任和奉献"的精神内涵,是首都机场集团广大员工牢记为国争光的责任,克服困难取得胜利的决心和勇气;是全集团各成员单位和广大员工责任精神的结晶。集团所肩负的责任要求,需要每一名员工对从事的每一项工作、每一个环节负责;勇于担当急难险重任务,推进民航强国战略;勇于肩负国家和社会赋予我们的政治、经济、社会责任。

② 敢于创新。创新是集团承担重任、发展事业的必然选择。面对新形势、新任务,集团唯有以改革创新的精神,应对挑战,不断开创集团发展的新局面。集团和各成员单位的发展实践从不同层面反映了创新的精神,集团宗旨中的"创造、创新、创业"的"三创"精神深入人心,是创新精神的体现和结晶。新的历史时期,集团全体员工仍然要敢为人先、敢闯新路、敢于创新,积极探索;用创造满足客户需求,用创新谋求集团发展,用创业实现人生价值。

③ 协同奋进。"协同"是集团发展的客观需要。机场是各成员单位展示形象、服务旅客、实现价值的舞台;集团是广大员工成长发展、共荣共进的平台。所有成员单位和员工都应当深刻体会"同在国门下,同是一家人"的深刻内涵,铸造集团化、跨边界的协同精神。自强是员工成长、发展的动力源泉;奋进是企业发展过程中员工必备的精神状态。集团员工唯有同心同德,团结协作,自强不息,奋发有为,融个人目标于企业目标中,才能最终实现企业与个人的共同发展。

5) 行为准则

(1) 员工共同行为准则:爱岗敬业,好学上进,友爱互助,遵纪守法。首都机场集团始终坚持以人为本,历来重视员工(特别是一线员工)在企业文化建设和发展中的价值。共同行为准则是企业核心价值观和企业精神的显化,既是集团期望员工在工作中代表企业履责行权时所应遵循的基本指导,又是员工提升个人修养的方法和途径。

员工共同行为准则是集团理念文化的动态表达,是把集团倡导的价值理念转化为企业员工自觉行动的文字表述。"诚效知行,和谐共赢"的核心价值观和"勇担重任,敢于创新,协同奋进"的企业精神作为每一个员工的行动指南融入准则中,与理念文化形成了一个完整的系统,有机互补、相互支撑。如"爱岗敬业"体现了"使命"与"责任";"好学上进"展现了"奋进"精神和"知行"的价值标准;"友爱互助"强调了"诚""和"的核心价值观;"遵纪守法"是"行"的起点。同时,员工共同行为准则又化用了原文化体系中行为准则的表述方式,从不同维度阐释了员工对工作、对同事、对自己的不同态度,并以更为精练的语言予以表述,朗朗上口,易懂易记。

（2）管理人员行为准则：率先垂范，务实创新，团结协作，公正廉洁。管理人员行为准则是在员工共同行为准则的基础之上对管理人员更高的要求，是核心价值标准和管理人员"德、能、勤、绩、廉"标准的形象化要求。管理人员行为准则是集团理念文化体现在管理人员行动上的动态表达，设计内容对应基本的员工共同行为准则，又进行了深化与升华，充分体现了首都机场集团对于管理人员的综合素质要求。

6）集团标识

标识由首都机场集团公司的"首"字艺术化而构成。下半部英文字母CAH是Capital Airports Holding Company的英文缩写，如图2-1所示。"首"表明集团总部位于首都、首善之地，标志集团在中国机场业的引领地位。上半部形象化为凌空起飞的飞机，寓腾飞、发展之意；下半部为跑道，寓甘为阶梯、服务客户之意。飞机和跑道的组合形象化地体现了集团机场业的主业定位。标识由蓝色和金色组成，寓意广阔蓝天和金色大地。通过延伸的跑道使大地与蓝天相接，寓意我们遵循"天地之道"，致力于机场发展，要做"中国服务"的首倡者和践行者，展示"大国之门"的形象。

图2-1 首都机场集团公司标识

7）文化传播用语

（1）对外树立形象，传播用语。这体现在两个方面：①天地之道 大国之门。"A cause to link sky and earth, A gateway to great China."可译为："连接天空和大地的事业，伟大中国的门户。"将集团文化主旨作为传播用语，恢宏大气，个性鲜明，彰显了集团机场行业特色，展示了大国之门的气魄形象，蕴含着深厚的民族文化底蕴。②倡导践行中国服务。"Proposing and promoting China service."可译为："中国服务的倡导者和实践者。"将使命的前半部分用于传播用语，反映了集团首倡中国服务的角色定位，践行中国服务的角色意识，体现了对国家、行业、社会的多重责任。成员单位可在其后加上与自身实际相符的后缀，如首都机场股份公司传播用语："倡行中国服务，打造国际枢纽。"

（2）对内凝聚人心，宣传用语。这包括三个方面：①同在国门下同是一家人。用"国门"把不同地域、不同业态、不同层级的广大员工统一起来，寓示集团的员工队伍是为展示国门形象的使命而凝聚在一起的团队，具有共同的理想和追求，以情感凝聚人心，以使命催人奋进。②真诚的机缘之门、开放的心灵之门、卓越的事业之门。"真诚的机缘之门、开放的心灵之门、卓越的事业之门"深入地阐释了我们"展示国门形象"的途径和方法，真诚的机缘之门倡导以"诚"结缘，开放的心灵之门强调"智慧（知）、创新、融合（和）"，卓越的事业之门注重"责任与使命"。三句话从不同的角度，阐释了集团核心价值体系的根本要义，既凝练丰富，又明白晓畅，便于文化理念的推广传播。③用创造满足客户需求，用创新谋求集团发展，用创业实现人生价值。原企业文化宗旨"三创"理念的沿用，既是对优秀元素的继承，又将"敢于创新"的企业精神一以贯之，也符合客户、集团、员工三位一体"和谐共赢"的价值取向，是引领广大员工践行核心价值体系、追求美好愿景的方法和途径。

创新的首都机场集团企业文化，在中华民族深厚文化底蕴的背景下，探寻出一条符合科学、健康、可持续发展的"天地之道",开启了一扇展现雄浑壮志与使命责任的"大国之门"。我们相信,这套全新的企业文化体系,必将在首都机场集团新的发展阶段发挥其独有的引领力、凝聚力和文化魅力,必将激励数万名员工把首都机场集团这艘中国机场业的巨型航母驶向更加辉煌的明天!

思考·讨论·训练

(1) 首都机场集团的企业文化理念体系的形成有哪些特点?

(2) 结合本案例谈谈企业文化理念在企业文化中的地位和作用。

(3) 在让企业文化核心理念深入人心方面首都机场集团做了哪些努力?

6. 美敦力实名的由来

请扫描二维码,然后回答案例后"思考·讨论·训练"题。

思考·讨论·训练

(1) 为何在美敦力公司内部对其使命有如此高的认同感?

(2) 美敦力的历任企业家在保持和继承美敦力使命的过程中起到了哪些作用?

2.2.2 实践训练

1. 实训项目:企业文化案例收集与分析

1) 内容与要求

(1) 学生每 3 人为一个小组。

(2) 利用各种方法收集企业文化方面的案例。

(3) 案例中要包含企业精神文化、制度文化、行为文化、物质文化四个要素。

2) 成果检验

(1) 撰写案例并分析。

(2) 进行课堂展示。

(资料来源:丁雯.企业文化基础[M].4版.大连:东北财经大学出版社,2021.)

2. 实训项目:调查当地某知名企业精神文化状况

1) 目的

学生分组设计一份问卷,对当地某知名企业的企业文化建设情况进行调查,重点调查其企业精神文化状况。

2) 内容与要求

(1) 调查企业核心理念体系状况(包括愿景、使命、价值观及管理理念)。

(2) 调查员工对核心理念的认知及期望。

(3) 调查企业员工个人价值观与组织价值观的匹配情况。

3) 成果评定

(1) 设计调查问卷。

(2) 撰写调查报告。

(3) 调查结果小组展示。

(资料来源：赖文燕,周红兵.企业文化[M].3版.南京：南京大学出版社,2023.)

3. 培训游戏：佳人何处寻

1) 游戏规则

(1) 男女双方人数相同。

(2) 游戏前,培训师先在纸上写着诸如"罗密欧"与"朱丽叶"、"梁山伯"与"祝英台"等佳偶的名字。

(3) 将这些已写好男性名字的纸贴在男性的背后,女性名字的纸贴在女性背后。同时,不可让所有参与者看到彼此背后所贴的名字。

(4) 一切就绪后,所有参与者,个个竭尽所能,说出他人背后的名字,然后推想自己背后的名字。倘若读出了所有参与者背后的名字,就不难推想出自己背后的名字了。

(5) 推想出自己背后的名字后,要赶快与自己搭档的对象凑成一组,互相挽胳膊。

(6) 游戏结束后,没有成对的人,就算输。

2) 游戏编排目的

因为不需要任何烦琐的准备工作,人人都可愉快胜任,轻松尽兴,所以本游戏一直深受人们的喜爱。每位参与者在最短的时间内,说出对方背后贴着的名字,进而推想自己背后的名字。

本游戏的重点在于寻觅的过程,所以人人都应相处得宜,相互配合,以期找出彼此的最佳搭档。

(1) 增进学员间的感情。

(2) 增强团队精神。

3) 相关讨论

(1) 有谁知道第一个动作是谁最先发起的吗？

(2) 当某人先开始后,你的反应如何？

(3) 这个游戏是如何模拟你的团队在现实生活中的做法的？

4) 游戏主要障碍和解决

(1) 这个游戏很有趣,既可以激发学员的学习热情,又可以活跃气氛。对于学员来说,他们从这个游戏里应该学到：一方面,作为团队的成员,他们有义务维护团队的规则并与队员密切配合；另一方面,当团队的秩序出现混乱的时候,需要有成员及时出来叫停,这是需要勇气和智慧的。

(2) 一个好办法就是选出一个领导,他的作用就是监督团队活动,发现违规操作时能及时叫停。

参与人数：合计 10 人最为恰当。

时间：30分钟。

场地：不限。

道具：纸、笔、透明胶带。

（资料来源：经理人培训项目组.培训游戏全案·拓展：钻石版[M].2版.北京：机械工业出版社，2014.）

2.2.3 拓展阅读：中美代表性企业文化理念对比

请扫描二维码，学习相关内容。

思考与讨论

（1）解释企业价值观、企业精神和企业伦理道德的概念。

（2）针对一个国内或国外的著名企业，了解其企业价值观、企业精神和企业伦理道德的主要内容。

（3）企业价值观包含哪些取向？联系实际重点说明如何正确处理好"义"与"利"的关系。

（4）企业价值观在企业文化中的地位如何？成功的价值观体系包含哪些内容？

（5）结合成功企业的实践谈谈如何培育现代企业价值观。

（6）你所在的学校（或单位）的价值观是什么？它影响着人们行为的哪些方面？

（7）结合实际谈谈如何塑造现代企业精神。

（8）企业家精神、企业英雄人物、员工风貌与企业精神的关系如何？何谓决定性因素？

（9）假设你是一名企业家，你会培育什么样的企业精神？通过什么方式来培育企业精神？企业的性质、目标可以自己设定。

（10）结合实际谈谈如何培育企业伦理道德。

（11）如果你负责为即将成立的一家高科技企业设计企业文化，你认为它的企业价值观、企业精神和企业伦理道德应该具有哪些特点？

（12）假如你被任命为一家长期亏损企业的总经理，你将如何面对该企业原有的企业价值观、企业精神和企业伦理道德？

（13）谈谈你对我国目前企业伦理道德状况的看法。

（14）结合实际谈谈如何建设新型的企业伦理道德。

（15）你认为中国企业和企业家最需要什么精神来应对中国现在的经济形势和发展状况？

第3章　企业文化建设

企业文化是什么？企业文化就是每个员工的行为，尤其是道德文化行为。

——德力西集团有限公司总裁胡成中

企业文化是企业所有人过去的行为的积淀，是我们的行为积淀出了这个文化。要提升企业文化，唯一的办法就是提升我们的行为。

——康佳集团董事局主席兼总裁侯松容

学习目标

- 明确企业文化建设的主体。
- 明确企业文化建设的原则。
- 重点掌握企业文化建设的步骤。
- 掌握企业文化建设的方法。
- 明确企业文化传播的内涵、要素、种类和时机。
- 掌握企业文化传播的规律。
- 明确企业文化建设的保证体系。

故事导入

松下写给员工的信

松下幸之助有一个习惯，就是爱给员工写信，述说所见所感。

有一天，松下正在美国出差，按照他的习惯，无论到哪个国家都要在日本餐馆就餐。因为他一看到穿和服的服务员，听到日本音乐，就感觉是一种享受。这次他也毫无例外地到日本餐馆就餐。当他端起饭碗吃第一口饭的时候，大吃一惊，出了一身冷汗。因为他居然吃到了在日本没吃到过的好米饭。松下想：日本是吃米、产米的国家，美国是吃面包的国家，居然美国产的米比日本的还要好！松下说："此时我立刻想到电视机，也许美国电视机现在已经超过我们，而我们还不知道，这是多么可怕的事情啊！"松下在信末尾告诫全体员工说："员工们，我们可要警惕啊！"

以上只是松下每月给员工一封信中的一个内容，这种信通常是随工资袋一起发到员工手里的。员工们都习惯了，拿到工资袋不是先数钱，而是先看松下说了些什么。员工往往还把每月的这封信拿回家，念给家人听。在生动感人之处，员工的家人都不禁掉下泪来。

松下几十年如一日地每月给员工写封信，专写这一个月自己周围的事和自己的感想。

这也是《松下全集》的内容。松下就是用这种方式与员工沟通的。员工对记者说:"我们一年,也只和松下见一两次面,但总觉得,他就在我们中间。"

松下就是通过这种方式倡导和传播松下公司的企业文化的。

3.1 知识储备

企业文化建设是一项工作程序复杂、操作技术要求高的大系统工程,它不仅要求有一批具有很强策划能力的设计者,还要求有社会制度保证、文化制度的影响和广大员工的积极参与和普遍认同,这些必要前提条件的存在,昭示了建设优秀企业文化所面临的困难和艰巨。企业文化就像空气一样存在于企业中,作为一种氛围,企业文化看似无形,却渗透到企业生产、经营和管理的每一个细节当中,它不是管理方法,而是形成管理方法的理念;不是行为活动,而是产生行为活动的原因;不是人际关系,而是人际关系反映的处世哲学;不是工作状态,而是这种状态所蕴含的对工作的感情;不是服务态度,而是服务态度中体现的精神境界。企业文化虽然流溢于一切企业活动之外,却又渗透于企业一切活动之中,员工的一切行为都可以在这里找到标准和方向。因此,建设企业文化,发掘原有的企业文化优秀因子,加入适合企业发展的新的文化因子,重视对企业文化的积累、选择、传播、创新与整合,才能形成有助于企业发展的优秀的企业文化。

3.1.1 企业文化建设的主体

被《商业周刊》称为"当代不朽的管理思想大师"的美国著名管理学家、现代管理学理论奠基人彼得·德鲁克认为,日本人经营的秘诀在于把现代企业变成一个家族;而中国人经营的秘诀应该说是,将家族变成现代企业。因此,中国在进行现代化建设的过程中,应结合本土企业实际,进行企业文化建设,从而形成有中国自身特色的企业文化,最终推动我国企业的长远发展。

1. 企业员工

企业员工是企业文化建设的基本主体,也是企业文化建设的基本力量。企业文化建设的过程,实际上是企业广大员工在管理实践中不断创造、不断实践的过程。

从企业文化的概念我们可以知道,广义的企业文化一方面可以指企业在经营过程中所创造的具有自身特色的物质财富和精神财富的总和;另一方面也指企业物质文化、行为文化、制度文化、精神文化的总和。狭义的企业文化是指以企业价值观为核心的企业意识形态,正因如此,我们说企业员工是推动企业生产力发展的最活跃的因素,也是企业文化建设的基本力量。

为什么说企业文化建设的过程,本质上说是企业员工在生产经营活动中不断创新、不断实践的过程呢?众所周知,虽说企业文化离不开企业家的积极创造、倡导和精心培养,企业家的创造、倡导的培育也加速了文化的新陈代谢,即扬弃旧文化、创造新文化的过程。但是,企业文化也源于员工在生产经营实践中产生的群体意识。这是因为企业员工身处生产经营第一线,在用自身勤劳的双手创造物质文明的同时,也创造着精神文明。所以,企业文化既体现着企业家的智慧,也体现着员工的智慧。在企业生产经营管理过程中,企业员工在新技术、新产品开发过程中,接触到大量信息,迸发出很多先进思想的火花。这样,其技术与产品的开发过程也往往就成了文化的变革过程。在生产作业与管理过程中,员工们认识到现代企业生产要注意人与人之间的合作。企业在生产经营过程中,员工创新思想、员工团结协作精神、宽容精神等文化思想理念也就由此而产生。对于不同企业,员工从事的工作也不同,从事商业企业的员工,在营销活动过程中,要与供应商、经销商、竞争者及顾客交往,就要树立强烈的市场意识、竞争意识和风险意识,树立正确的服务、诚信理念,并认清企业与企业之间的相互依存关系,认清竞争与合作、企业经济效益与社会效益之间的关系。

企业员工不仅是企业文化的创造者之一,同时是企业文化的实践者。企业文化不仅是蕴藏在人们头脑中的一种意识、一种观念、一种思维方式,而且从实践角度来看,企业文化是一种行为方式、一种办事观念、一种思想、一种思维、一种精神风貌。企业文化如果只停留在精神层面,不能通过员工行为表现出来,也就没有任何价值。在企业文化由精神向行为以及物质转化过程中,企业员工是主要的实践者。全体员工只有在工作和生活中积极实践企业所倡导的优势文化,以一种正确的行为规范、一种优良的工作作风和传统习惯、一种积极向上的精神风貌来爱岗敬业,才能生产出好的产品,推出优质的服务,创造出最佳的经济效益。

在这种企业文化建设过程中,企业文化建设过程就是在企业家的引导下,企业员工相互认同、自觉实践的过程。企业员工实践的好坏,直接表现着企业文化建设是否有成果,最终形成企业的价值观,它反映着企业员工的人生观、世界观和劳动观。当然这些观念是一些企业员工在好制度下,通过物质、精神文化、心理、成就感等方面的需求而逐步实践形成的。

2. 企业精英

企业精英是企业文化建设的骨干主体,也是企业文化建设的榜样力量。企业精英人物是在现代企业民主管理过程中产生的,这里所谓精英是一批在企业伦理道德上和企业经营管理理念上的卓越人物,他们是与企业一般员工相对应的一个群体,如我国企业中的劳动模范、"三八红旗手"、先进生产者、"五一劳动奖章"获得者、"五四"青年奖章获得者等。

从个体来看,企业精英人物可以有以下标准:①卓越地体现了企业精神的某个方面,与企业的理想追求相一致。这可以称为"理想性"。②在其卓越地体现企业精神的那个方面,取得了比一般职工更多的实绩。这可称为"先进性"。③其所作所为离常人并不遥远,显示出普通人经过努力也能够完成不寻常的工作。这可称为"可学性"。但是,对个体精英,不能求全责备,既不能要求个体精英能够全面体现企业精神的各个方面,要求他们在所有方面都先进,也不能指望企业全体职工从一个企业精英人物身上能学到一切。

从群体来说,企业精英人物群体必须:①完整的企业精神化身,这是其全面性。②群体中不仅有体现企业精神的模范,而且有培育企业精神的先进领导,还有企业精神的卓越设计者。这就是其层次性。③企业精英辈出,群星璀璨,却几乎找不出两个完全相同的、可以相互替代的人。这是其内部具有的多样性。

企业精英一方面是企业文化建设的领头人,是进一步发展企业的最大希望,另一方面是企业建设成就的最高体现。同时这些企业创造的文化也潜移默化地改变着人们的观念,改变着世界。

 小案例

苹果文化，一个神话

每个科技公司都有自己的形象。提到谷歌，人们必定想到数据；提到苹果，人们想到的是设计。乔布斯声言："我根本不在乎市场，我所关心的是怎样制造出世界上最好的个人计算机。""这辈子没法做太多的事情，所以每一件事、每一件产品都要做得精彩绝伦。"这便是融入了苹果产品的苹果文化。苹果的外形、感觉、身份和基本概念就是出自乔布斯。乔布斯对外形、感觉的痴迷让他的每样产品都卓尔不群。设计是他个人的信条和心理需要。乔布斯的职业生涯就是围绕着品位和粗俗化斗争，围绕着个性和标准化斗争。

3. 企业家

企业家是企业文化建设的核心主体，也是企业文化建设的基本力量。在我国企业家通常指企业的董事长及执行董事、经理或厂长，他们是企业的主要领导人物，一般是企业法人代表。他们是企业文化的倡导者、塑造者、传播者、培育者和发扬者，企业家以自己的哲学理念、价值观、理想、素质、作风等融合而成的个性，精心塑造企业精神。第二次世界大战后，日本经济快速发展，一个重要原因是日本企业形成像松下幸之助那样一些企业家。IBM创始人老沃森亲自为公司确立了"尊重每一个人""为顾客提供尽可能好的服务""追求卓越"三大信条。企业家拥有对企业员工的感召力和影响力。企业家的权威对企业精神的贯彻具有强大的推动作用。企业家还是企业精神的表率，是企业精神的具体化身。

事实上，许多成功公司的领导者倡导的价值观、制定的行为标准，常常激励着全体员工，使公司具有鲜明的文化特色，而且成为对外界的一种精神象征，如美国电话电报公司的西奥多·韦尔强调服务，以满足顾客的需要；犹太人企业文化里"信守合同""以善为本"的经营理念。公司领导人创造的企业文化、组织文化可以导致完全不同的管理模式。

 小贴士

浙江企业家文化

3.1.2 企业文化建设的基本原则

企业文化建设应遵循以下五个基本原则。

1. 目标原则

在管理学中，目标是指人们通过自身的各种活动，在一定时期内所要达到的预期结果（即工作内容＋达到程度）。目标管理是一种重要的管理思想和方法。人们从事任何管理活动,都应该有设想、有目标。没有设想和目标的管理是盲目的管理,盲目的管理导致事倍功半,造成巨大的资源浪费,或者完全走到事物的反面,给组织带来在短时期内不可挽回的损失。企业文化建设作为企业管理活动的高层次追求更不可缺少目标。

在企业文化建设中,坚持目标原则的目的在于:一是有效地引导企业员工的认识与行为。告诉人们工作应如何做、做成什么样才是企业文化所要求的,避免因强调个人价值、个人目标和眼前利益而忽视企业整体价值、整体目标和长期利益的倾向。二是激励人们的工作热情和创新精神。目标本身就具有激励性,更何况企业文化目标直接反映着企业全员的理想信念和价值追求,向人们展示着企业美好的发展前景和良好的文化状态,因此对员工会产生巨大的激励作用。三是为考核与评价企业成员的工作业绩和文化行为提供依据,使考核与评价过程成为总结经验、杜绝"第二次失误"、推进工作良性循环和文化进步的过程。

在企业文化建设中坚持目标原则。首先,这意味着要科学合理地制定企业文化的发展目标,即明确企业的基本信念和基本哲学。这些基本信念和基本哲学目标不同于企业经营目标,不像经营目标那样具体和可量化、可操作,它只是一种理念性的目标,这种目标一旦确定下来,一般不会轻易改变,它决定着经营管理目标的方向和实施的成效。其次,意味着要采取有效的办法实现既定文化目标。一般来讲,一个企业的创始人或执掌企业帅印时间较长的企业家,往往是企业基本信念和基本哲学的最初倡导者。开始企业成员对此并未产生共识,只有经过企业创始人和企业家的长期灌输、精心培育,并使员工及时得到认同和实践这些目标的反馈,才能使他们的目标行为不断被强化,进而为实现目标而献身于事业中。

2. 共识原则

所谓"共识",是指共同的价值判断。创造共识是企业文化建设的本质。人是文化的创造者,每个人都有独立的思想和价值判断,都有自己的行为方式,如果在一个企业中任由每个人按自己的意志和方式行事,企业就可能成为一盘散沙,不能形成整体合力。企业文化不是企业中哪个人的文化,而是全体成员的文化,因此,只有从多样化的群体及个人价值观中抽象出一些基本信念,然后再由企业在全体成员中强化这种信念,进而达成共识,才能使企业产生凝聚力。可以说,优秀的企业文化本身即是"共识"的结果,因此,建设企业文化必须不折不扣地贯彻这一原则。此外,在现代企业中,员工受教育程度越来越高,脑力劳动者在全体劳动者中所占的比例越来越大,人们的主动精神和参与意识也越来越强。只有把握员工的这种心理需求特点,创造更多员工参与管理的机会和条件,才能激发人们把实现自我价值与奉献企业结合起来,促使全员共同信念的形成。

贯彻共识原则首先要充分发挥文化网络的作用。企业文化的形成过程,就是企业成员对企业所倡导的价值标准不断认同、内化和自觉实践的过程。而要加速这一过程,就需要发展文化网络。在迪尔和肯尼迪《企业文化——现代企业的精神支柱》一书中,"文化网络"被认为是企业文化的组成要素之一,它是企业内部主要的却是非正式的沟通手段,是公司价值和英雄式神话的"载体"。通过正式的或非正式的、表层的或深层的、大范围的或小范围的等各种网络系统,相互传递企业所倡导的这种价值标准和反映这种价值标准的各种趣闻、故事以及习俗、习惯等,做到信息共享,以利于全员共识的达成。其次,要逐渐摒弃权力主义的管理文化,建立参与型的管理文化。权力主义的管理文化过分强调行政权威的作用,动辄用命令、计划、制度等手段对人们的行为实行硬性约束,在决策与管理中,往往用长官意志代替一切,这样做肯定不利于共识文化的生长。因此,打破权力至上的观念,实行必要的分权体制和授权机制,是充分体现群体意识,促使共识文化形成的重要途径。

 小案例

冒犯上帝的城市

《圣经·旧约·创世记》记录了这么一个故事:大洪水劫后,天下人都讲一样的语言,都有一样的口音。诺亚的子孙越来越多,遍布地面,于是向东迁移。在古巴比伦附近,他们遇见一片平原,定居下来。他们想要建造一座城和一座塔(塔顶通天)。由于大家语言相通,同心协力,建成的巴比伦城繁华而美丽,正在建中的高塔直插云霄,似乎要与天公一比高低。上帝知道后想阻止诺亚的子孙在巴比伦建起通天塔,上帝没有发出雷霆之怒,没有令山崩地裂,只不过是让脚手架上忙忙碌碌的工匠们突然"各说各话",让人人心中都充满了能独自完成全过程的"野心",以致他们不再默契配合。于是未完工的巴比伦塔就成了人类感受自身局限的最初记忆。

【思考】 该故事给了我们什么启示?

3. 和谐原则

所谓和谐原则,即坚持企业管理人员和一线员工之间和谐相处,实现关系的一体化。在企业文化建设中,坚持和谐原则能够有效地建立起组织内部人与人之间相互信赖的关系,为实现价值体系的"一体化"创造条件。传统的管理模式人为地把管理人员与一线员工分割开来,企业就像一座金字塔,从上到下实行严格的等级管理。这种管理模式的前提是把管理人员视为管理主体,把一线员工视为管理客体,管理的含义即管理主体如何去控制管理客体按照管理主体的意图和规划目标去行事。依照这种管理思路,为了研究如何管好人,管理学家们曾对企业员工的"人性"做过多种假设,如"经济人""社会人""自我实现人""复杂人"等,以不同的假设为前提,提出若干相应的管理理论与方法,但都未从根本上缓解管理主体和管理客体紧张对立的关系状态,也未能解决管理效率的最大化问题。尤其是在信息社会,随着科技进步、生产自动化和现代化程度越来越高,脑力劳动越来越占主导地位,脑力劳动者和体力劳动者之间、管理者和被管理者之间的界限越来越模糊。坚持和谐原则建设企业文化,有助于打破管理人员和一线员工之间的人为"文化界限",使两者融为一体,建立共同的目标和相互支持、相互信赖的关系,组织上的一体化最终促成精神文化上的一体化。

在企业文化建设中,实行和谐原则,最重要的是要弱化等级制度的影响。把原来"干部—工人""脑力劳动者—体力劳动者""管理者—被管理者"等带有浓厚等级文化色彩的关系转变为一种带有人情色彩的分工协作关系,千方百计赋予一线员工更大的权力与责任,建立内部一体化关系。实践证明,这样做的结果是,一线员工大多数希望负责任,希望接受富有挑战性的工作,希望参加各种竞赛并希望获胜。只有给他们创造了这种条件,他们才能减少不满情绪,主动思考如何把工作做得更好、更出色,由过去纯粹的外部控制和外部激励变成自我控制和自我激励。

从所有权的角度来讲,随着企业改革的深化,尤其是股份制的推行,应创造条件使员工持有部分股份,变过去的名义所有为实际所有,这是实现"一体化"的物质基础。企业员工持股并非只是一种法律状态,它也是一种心理状态。一个人拥有一定的股权,他会认为自己个人利益与企业休戚相关,愿意为了企业整体的、长期的利益而牺牲个人的、眼前的利益,愿意以实际行动保护企业,使其免受伤害。从情感上来讲,个人所有权心理存在时,员工会为了企业的成功而感到喜悦,为了企业的失败而感到痛苦,为了公司的进步与繁荣愿意奉献自我,这恰恰是企业文化所追求的"价值一体"和"命运共同体"的理想境界。

4. 卓越原则

卓越是一种心理状态,也是一种向上精神。追求卓越是一个优秀的人,也是一个优秀的企业之所以优秀的生命与灵魂。竞争是激发人们卓越精神的最重要的动力,一种竞争的环境,促使一个人或一个企业去努力学习、努力适应环境、努力创造事业上的佳绩。显而易见,坚持卓越原则是企业文化的内在要求,因为无论任何企业在竞争的环境里都不甘于做平庸者,构建文化的目的都是创造卓越的精神,营造卓越的氛围。

卓越是人的社会性的反映,人生活在社会上,相互之间比较、竞争,都有追求最佳的愿望,也可以说这是人的本性。但人的这种本性不一定在所有的情况下都能完全释放出来,取决于他所处的环境给予他的压力大小,取决于有没有取得最好、最优的条件。企业文化建设的任务之一就在于创造一种机制、一种氛围,强化每个人追求卓越的内在动力,并把他们引导到一个正确的方向上来。有无强烈的卓越意识和卓越精神,是区别企业文化良莠的标志之一。

贯彻卓越原则首先要善于建立标准,建立反馈和激励机制。当人们知道什么是最好的标准并树立了相应的价值判断时,才能克服平庸和知足常乐的惰性心理,为实现组织倡导的目标而不懈努力;否则,尽管卓越文化的倡导者天天在喊口号,但缺乏对"卓越"应该达到的理想状态进行具体描述,人们的行为像不知终点的赛跑,因此即使有一定卓越意识也不会保持长久。当然,反馈与激励也非常重要,反馈时由组织告诉每个人,你在卓越的路上跑到什么地点,与别人的差距有多大;激励时应及时奖励领先者,鞭策后进者,这些都能够增强人们追求卓越的动力。其次,造就英雄人物也是不可缺少的,企业英雄是体现卓越文化的典型代表,这些人物曾经或正在为实现企业理想目标而拼搏、奉献。他们取得过显著的工作业绩,并且得到企业在物质与精神上的奖赏。在具有这类英雄人物的企业中,人们自觉不自觉地受到英雄人物卓越精神的感染,进而效仿英雄人物的行为。

5. 绩效原则

绩效是一项工作的结果,也是一项新工作的起点。在企业文化建设中坚持绩效原则,不仅要善于根据人们工作绩效大小进行奖励,以鼓励他们以更好的心理状态、更大的努力投入下一轮工作当中,而且目的还在于把人们的着眼点从"过程"转向"结果",避免形式主义、教条主义。传统的管理与其说重视目标,不如说更重视完成目标的过程,这种管理把主要精力放在过程的标准化和规范化上。不仅告诉组织成员做什么,而且告诉他们"怎么做",把工作程序和方法看得比什么都重要。这种管理的思维逻辑是:"只要过程正确,结果就一定正确。"员工在工作中必须严格执行既定的规程、方法,接受自上而下的严密监督与控制,员工的工作个性和创新精神受到压抑。确立绩效原则的最终目的是要改变员工在管理中的被动性,增强其主动性及创造精神。

贯彻绩效原则首先要改变传统管理的思维逻辑,建立起"只要结果正确,过程可以自主"的观念。在管理实践中应引入目标管理的体制,坚持以个人为主,自下而上协商制定目标的办法,执行目标过程中以自我控制为主,评价目标也以自我检查、自我评价为主。企业最终以目标执行结果——工作绩效为唯一尺度进行奖惩,并以此作为晋级、提升和调资的依据,从而鼓励人们积极探索、创新,谋求使用最好的方式与方法,走最佳捷径,完成工作任务,提高工作效率。实际上,这一过程既成为员工自我学习、提高的过程,也成为企业促进员工勤学向上和能力开发的过程。其次要转变管理方式,减少发号施令和外部监督,多为下级完成目标创造条件、提供服务,帮助员工学会自主管理、自我控制、自我激励。

3.1.3 企业文化建设的步骤

企业文化建设应按照以下步骤进行。

1. 企业文化分析

建设企业文化关键在于量体裁衣,建设适合本企业的文化体系,达到这一目标的大前提就是要深入分析企业文化的现状,对企业现有文化进行一次调查,对企业文化进行全面了解和把握。当一个企业尚处在创业阶段时,需要了解创业者的企业目标定位,如果是已经发展了一段时间的企业,需要了解企业发展中的一些问题和员工广泛认同的理念。

常用的一些调研方法主要包括访谈法、问卷法、资料分析法、实地考察法等工作方法。可以是自上而下、分层进行,也可以是大规模一次进行,这取决于企业的规模和生产特点。企业文化的调研其实也是一次全体员工的总动员,因此,最好是在开展工作之前,由公司主要领导组织召开一次动员大会。在调研期间,可以采取一些辅助措施,比如,建立员工访谈室、开设员工建议专用信箱等,调动员工的积极性,增强参与意识。企业文化建设是全体员工的事情,只有员工乐于参与、献计献策,企业理念才能被更好地接受。

企业文化的调研要有针对性,内容主要围绕经营管理现状、企业发展前景、员工满意度和忠诚度、员工对企业理念的认同度几个方面。一些企业内部的资料往往能够反映出企业的文化,可以对企业历史资料、各种规章制度、重要文件、内部报刊、公司人员基本情况、先进个人材料、员工奖惩条例、相关媒体报道等方面获得有用信息。为了方便工作,最好列一张清单,将资料收集完整,以便日后检阅。

在企业文化的调研当中,匿名问卷形式比较常用,它可以很好地反映企业文化的现状和员工对企业文化的认同度。我们可以根据需要设计问卷内容,设计原则是调查目标明确、区分度高、便于统计。对有价值观类型的调查,又不能让被调查者识破调查目的。比如,在分析员工价值取向的时候,可以提问:"如果再次选择职业,您主要考虑以下哪些方面?"然后列出工资、住房、个人发展等许多要素,规定最多选三个,经过结果统计,我们就不难发现员工普遍性的价值取向了。

经过一系列的企业文化调研,我们需要进行一些分析,得出初步结论。分析主要集中在以下四个方面。

(1) 分析企业经营特点,搞清企业在行业中的地位和企业生产经营情况。

(2) 分析企业管理水平和特色,研究企业内部运行机制,重点分析企业管理思路、核心管理链、现有管理理念和主要弊端。

(3) 分析企业文化的建设情况,领导和员工对企业文化的重视程度。

(4) 逐项分析企业文化各方面的内容。包括企业理念、企业风俗、员工行为规范等具体内容。

根据对以上四方面内容的综合分析,我们可以判断目前企业文化的状况,了解员工的基本素质,把握企业战略和企业文化的关系,分析企业亟须解决的问题和未来发展的障碍,这就为下一步企业文化的设计做好了准备。

 小贴士

××公司企业调查问卷

您好,现在正在针对××公司的企业文化进行调查,希望得到您的支持。

一、基本信息

您的性别:男/女

您的年龄:18岁以下/19～30岁/31～50岁/51岁以上

文化程度:初中/高中/中专或技校/本科/硕士及以上

您的工龄:6个月以内/6～12个月/1～3年/3年以上

二、具体内容

(一)选择题

1. 您对企业文化方面的知识或理论了解多少?(单选)

　　A. 很多　　　　　　B. 一般了解　　　　C. 较少　　　　　D. 还不知道

2. 一般来讲,企业文化主要是指什么?(单选)

　　A. 企业的宣传标语　　　　　　　　　B. 企业的简介

　　C. 企业的产品说明　　　　　　　　　D. 企业自身的精神理念

3. 您认为企业文化的形成主要通过哪些途径?(单选)

　　A. 由企业领导制定　　　　　　　　　B. 根据管理需要制定

　　C. 对企业自身经营管理的总结凝练　　D. 不知道

4. 您认为××公司是否已有自己独具的企业文化?(单选)

　　A. 有自身突出的企业文化　　　　　　B. 有一些

　　C. 还没有形成　　　　　　　　　　　D. 不知道

5. 您认为企业文化都包含哪些内容?(选出您认为正确的)

　　A. 企业的精神文化　　　　　　　　　B. 企业的制度文化

　　C. 企业的物质文化　　　　　　　　　D. 企业的发展规划

　　E. 其他(请注明):_____

6. "企业文化建设的成效如何主要责任不仅在于公司老总、管理部门,而是与每个普通员工也有着极其直接的关系,每个员工不仅在创造价值,同时也在创造和实践着企业文化。"您同意这个观点吗?(单选)

　　A. 同意　　　　　B. 不同意　　　　C. 不完全同意

7. 您对我们这个企业的历史和传统了解多少?(单选)

　　A. 很多　　　　　B. 一般　　　　　C. 不多

8. 您认为××公司发展到今天,我们这支队伍最基本的特点是什么?(选出您认为最

重要的2项)

  A. 具有很强的凝聚力和战斗力   B. 自强拼搏,乐于奉献
  C. 吃苦耐劳,勇于创新   D. 其他(请注明):_____

9. 在××公司的发展历程中,企业文化的精髓主要体现在哪里?
  A. 团结   B. 敬业   C. 学习
  D. 创新   E. 以上都是

10. 我们的企业制度与倡导的企业文化是否融合?(单选)
  A. 完全融合   B. 有部分融合   C. 不融合   D. 说不准

(二)简答题

1. 请您用最简练的一个词、一句话来概括总结××公司的企业文化:_____
_____
2. 您对××公司的企业文化建设还有什么建议?_____
_____

谢谢您的配合!

2. 企业文化设计

  企业文化是一个有机的整体,它包括精神层(即理念层)、制度层、行为层和物质层,它包含了CI体系的全部内容,既有理念系统,又有行为系统和视觉识别系统。理念层的设计要本着以下原则:历史性原则、社会性原则、个异性原则、群体性原则、前瞻性原则和可操作性原则。制度层和物质层设计要本着与理念高度一致的原则、系统完整性原则和可操作性原则。

  (1)企业理念层的设计。企业文化设计中最重要的是企业理念体系的设计,它决定了企业文化的整体效果,也是设计的难点所在。理念体系一般来讲包括以下方面:企业愿景(或称企业理想)、企业使命(或称企业宗旨)、核心价值观(或称企业信念)、企业哲学、经营理念、管理模式、企业精神、企业道德、企业作风(或称工作作风)。企业制度层主要是为了贯彻企业的理念,日常管理的每一项制度都是企业理念的具体表现,同时,有必要针对企业理念的特点制定一些独特的管理制度,尤其是对企业文化的导入期十分必要。物质层的设计主要包括标识设计、服装设计、办公用品设计等,核心是企业标识和企业标识的应用设计,这些设计都要为传达企业理念服务。

  企业理念是企业的灵魂,是企业持续发展的指南针。企业理念中的各个部分有着内部的逻辑性,设计时需要保持内部的一致性、系统性。企业愿景描述了企业的奋斗目标,回答了企业存在的理由;企业哲学是对企业内部动力和外部环境的哲学思考;核心价值观解释了企业的判断标准,是企业的一种集体表态;企业经营理念回答了企业持续经营的指导思想;企业精神体现了全体员工的精神风貌;企业作风和企业道德是对每一位员工的无形约束,所有内容相辅相成,构成一个完整的理念体系。

  (2)企业制度层的设计。企业制度层的设计主要包括企业制度设计、企业风俗设计、员工行为规范设计,这些设计都要充分传达企业的理念。

  企业制度指工作制度、责任制度、特殊制度。这些制度既是企业有序运行的基础,也是

塑造企业形象的关键。所谓特殊制度,是指企业不同于其他企业的独特制度,它是企业管理风格的体现,比如,"五必访"制度,在员工结婚、生子、生病、退休、死亡时访问员工。

小案例

联想的罚站制度

联想集团有个规矩,凡开会迟到者都要罚站。在媒体的一次采访中,柳传志表示,他也被罚过3次。

他描述说:"罚站是挺严肃而且尴尬的一件事情,因为这并不是随便站着就可以敷衍了事的。在20个人开会的时候,迟到的人进来以后会议都要停一下,静静地看他站一分钟,有点儿像默哀,真是挺难受的一件事情,尤其是在大的会场,会采用通报的方式。第一个罚站的人是我的一个老领导。他罚站的时候站了一身汗,我坐了一身汗。后来我跟他说:'今天晚上我到你们家去,给你站一分钟。'不好做,但是也就这么硬做下来了。"

据说在联想被罚过站的人不计其数,这不禁让人质疑这个制度的有效性。对此,柳传志非常肯定地回答:"当然有效,而且非常有效。在不计其数以后,出了问题就要受罚的观念就会深入人心了,并且无论谁犯了错误都会受罚,公平感才会产生,你的团队才会精神百倍。"

企业风俗的设计也是不同于其他企业的标识之一,它是企业长期沿袭、约定俗成的典礼、仪式、习惯行为、节日、活动等,一些国外企业甚至把企业风俗宗教化,比如"松下教""本田教"。许多企业具有优秀的企业风俗,定期举行独具特色、富有精神内涵的仪式性活动,每个仪式性活动都有明确的主题,能带给参加者强烈的精神上的影响。企业举办的常见仪式性活动有升旗、表彰、誓师等,其他活动也可通过设计成为仪式性活动或者包含仪式性的环节。例如,三一集团每天早上都按照部门分组在办公楼前做早操,早操后还会组织员工参加升国旗仪式;平安保险公司每天晨会要唱"平安颂"。

小案例

陕鼓集团的仪式性活动

陕鼓集团从2005年开始启动感恩社会、感恩客户、感恩员工、感恩企业、感恩父母、感恩师长的"感恩节"活动,每年以一个主题举办感恩节晚会。该公司通过精心设计,把娱乐性的晚会变成了一种仪式,使其同时具备了强大的文化传播功能。以下是陕鼓集团第三届感恩节晚会(感恩企业)节目单。

1. 诗朗诵:《学会感恩》
2. 爱的接力:公司救助患白血病的员工的故事
3. 电声组合摇滚:《怒放的生命》
4. 演绎幸福:一个保洁女工努力工作获奖的故事
5. 代王街道办事处书记赠送礼品并讲话
6. 歌舞:《和谐中国》

7. 撒播爱心：陕鼓员工捐赠助学金的故事
8. 省慈善协会常务副会长讲话
9. 歌曲：《长大后我就成了你》
10. 蓝色情结：一位患绝症的老职工穿工装上路的故事
11. 歌曲：《懂你》
12. 心心相牵：公司救助遭车祸的员工的故事
13. 歌舞：《长城长》
14. 歌曲：《感恩》
15. 魅力劳模：省劳模董事长印建安的故事
16. 歌曲：《在路上》（领导班子演唱，董事长印建安领唱）
17. 我的愿望：公司关心离退休人员的故事
18. 男女四重唱：《咱老百姓》
19. 十年一剑：公司团队开拓PTA市场的故事
20. 音乐快板：夸夸咱陕鼓
21. 放飞梦想：一位创新明星的故事
22. 品牌员工：品牌员工感言
23. 歌曲：《美好的明天充满期待》
24. 舞蹈：感动陕鼓

　　员工行为规范主要包括仪表仪容、待人接物、岗位纪律、工作程序、素质修养等方面。好的行为规范应该具备简洁、易记、可操作、有针对性等特点。

　　隶属于企业文化制度层的，还包括与企业文化有关的其他活动，这主要有以下六类：①运营类活动。企业的运营类活动主要是服务于生产经营的，但有些活动也和企业文化有关，比较典型的有ISO认证、质量圈活动、安全生产活动等。这些活动可以强化员工的质量意识、安全意识，其主题本身同时也是企业的文化理念。②文化艺术活动。这类活动常见的形式有歌咏、联欢、书画、摄影和演出等，这些是企业经常开展的一类活动，但和企业文化的关系比较弱，其娱乐性的功能价值大于企业文化传播价值。企业要发挥其文化传播功能，就需要根据企业文化的要求设计活动主题，并选择与主题一致的活动形式和内容。③专业性活动。这类活动是和员工的技能提升有关的，典型的形式有岗位练兵、技术比武和技能大赛等。和运营类活动相似，这类活动的主要目的虽然不在于企业文化，但也可传播文化理念，如专业、竞争、追求卓越和个人发展等。④政治性活动。政治性活动是国有企业特有的，其他性质的企业很少见到，其主要形式是党员的学习教育，如保持党员先进性、科学发展观、创先争优等。这类活动对追求卓越、团队、奉献、廉洁等文化理念有传播作用。⑤体育活动。这也是企业开展比较多的活动，如篮球、足球、乒乓球、拔河、跳绳、登山等都是企业员工喜闻乐见的体育项目。开展体育活动的主要形式包括组建俱乐部、举办比赛、召开运动会等，这类活动可以强化团队、竞争、争创一流等文化理念。⑥公益性活动。这类活动所体现的主要是企业对社会责任的重视，有的企业也通过公益性活动宣扬关心、友爱、平等等思想，主要形式包括捐款捐物、义务劳动、支教、志愿活动等。

🎯 **小案例**

特色企业文化活动一览

（3）企业物质层的设计。这主要是指企业标识、名称以及其应用的各类象征物。企业的名称和标志如同人的名字一样，是企业的代码，设计时要格外慎重。清华同方的名称来源于《诗经》的"有志者同方"，简明易记。企业标识则是企业理念、企业精神的载体，企业可以通过企业标识来传播企业理念，公众也可以通过标识来加深企业印象。同时，企业标识出现的次数和频度，直接影响社会公众对该企业的认知和接受程度，一个熟悉的标识可以刺激消费欲望。如果把企业理念看成企业的"神"，那么企业标识就是企业的"形"，它是直接面对客户的企业缩影，因此，在设计和使用上要特别关注。

🎯 **小案例**

黑松林打造企业文化"盆景"

3. 企业文化实施

企业文化实施阶段，实际上也是企业的一次变革，通过这种变革，把企业优良的传统发扬光大，同时，纠正一些企业存在的问题。最早提出有关组织变革过程理论的是勒温（Lewin），该模型提出组织变革三部曲：解冻→变革→再冻结，可以说这一模型也反映了企业文化变革的基本规律。一般来讲，企业文化的变革与实施需要有导入阶段、变革阶段、制度化阶段、评估总结阶段。

导入阶段是勒温模型的解冻期，这一阶段的主要任务是从思想上、组织上、氛围上做好企业文化变革的充分准备。在此阶段内，要建立强有力的领导体制、高效的执行机制、全方位的传播机制等几方面的工作，让企业内部所有人认识到企业文化变革的到来。为了更好地完成这一阶段的工作，可以建立领导小组来落实，设立企业文化建设专项基金来开展工作，在人力、物力上给予支持。

变革阶段是企业文化建设工作的关键。在这个阶段内，要全面开展企业文化理念层、制度层、物质层的建设，即进行由上而下的观念更新，建立、健全企业的一般制度和特殊制度。形成企业风俗，做好企业物质层的设计与应用。这一阶段可谓是一个完整的企业形象塑造工程，中心任务是价值观的形成和行为规范的落实，至少要花一年的时间。

制度化阶段是企业文化变革的巩固阶段，该阶段的主要工作是总结企业文化建设过程中的经验和教训,将成熟的做法通过制度加以固化,建立起完整的企业文化体系。在这一阶段,企业文化变革将逐渐从突击性工作转变成企业的日常工作,领导小组的工作也将从宣传推动转变成组织监控。这一阶段的主要任务是建立完善的企业文化制度,其中应包括企业文化考核制度、企业文化先进单位和个人表彰制度、企业文化传播制度、企业文化建设预算制度等。这一阶段常见的问题是新文化立足未稳、旧习惯卷土重来,尤其对于过去有过辉煌的企业,往往会坚持旧习惯,这一点要求管理者做好足够的思想准备。

评估总结阶段是企业文化建设阶段性的总结,在企业基本完成企业文化建设的主要工作之后,总结评估以前的工作,对今后的企业文化建设具有十分重要的作用。评估工作主要围绕我们事先制定的企业文化变革方案,检查我们的变革是否达到预期的效果,是否有助于企业绩效的改善和提高。总结工作还包括对企业文化建设的反思,主要针对内外环境的变化,检查原有假设体系是否成立,具体的工作方法主要是现场考察、研讨会、座谈会等。

3.1.4 企业文化建设的基本方法

企业文化建设是一项系统工程,其方法多种多样,因企业而异。企业要善于根据自身的特点,具体问题具体分析,结合实际,综合运用各种方法,有效地建设本企业的文化。下面介绍几种基本方法,供企业选择时参考。

1. 文化培训法

培训是企业文化建设最常用的方法之一,企业不仅可以通过专门的企业文化培训促进企业文化落地,更要在数量更大的其他培训中融入企业文化。企业结合员工的岗位、性质、特点和需要,进行企业文化培训,可以使员工在文化素质和专业技能得到提高的同时,对企业的历史、沿革、传统、信条、宗旨和价值观念、行为规则等有一定的了解和掌握,为企业文化建设与发展奠定基础。运用文化培训法要注意从以下几个方面入手[①]。

(1) 培训政策与企业文化。企业培训政策规定了培训预算、培训时间和培训资助方式等,其具体内容能反映企业的文化理念。如果培训经费投入多、人均培训时数多、对员工自行参加的培训资助力度大,则说明企业重视人力资源开发,这是以人为本的体现。例如,在美国联邦快递公司,即使一线的速递员,每年也可享受 50 小时的培训;工龄在 6 个月以上的员工每年都可以申请 2 500 美元的"学费资助",这个数目全球统一,并且没有任何附带条件,包括不会要求员工续签加长工作年限的合同,只要是和提高业务水平有关的进修,员工都可以自由选择用这笔资助来支付。波特曼丽嘉酒店保证每个员工每年有 150 个小时左右的培训时间;以销售各种储运用具为主的 Container Store 公司员工的人均培训时间每年超过 160 小时;中国三一集团的培训经费甚至上不封顶。国务院 2009 年公布的《职业技能培训和鉴定条例(征求意见稿)》规定:"用人单位应当按照职工工资总额的 1.5%~2.5%提取职工教育培训经费";"用人单位用于一线职工教育培训的经费不得低于本单位职工教育培训经费总额的 70%"。如果企业在培训上的投入不能达到这样的标准,就很难说该企业的文化是以人为本的。

(2) 培训课程与企业文化。所有的培训课程都应和企业文化有关,企业需要明确每一

---

① 曲庆.企业文化落地理论与实践[M].北京:清华大学出版社,2015.

门培训课程与企业文化的具体关联,以在培训项目中宣传、讨论企业文化。例如,领导力培训和所有的文化理念都有关;拓展训练可以强化团队精神、竞争观念;销售、服务技能的培训和人本观念、顾客观念有关;安全、质量方面的培训除了其固有的主题外,也和人本观念、顾客观念有关。事实上,企业开展的任何一门培训课程在传递一种或几种关系最直接的文化理念的同时,也可以宣传其他的理念,即使那些纯技术性的培训,也可以通过分析"为什么要掌握和运用这些技术"而建立起技术和文化之间的联系。很多优秀企业都通过课程设计将企业文化的核心理念渗透到所有的培训项目中。例如,惠普公司的所有培训项目中都至少有1/3的时间用来讨论该培训与惠普之道的关系,美国西南航空公司在所有的培训中都会强调团队精神。

企业在培训课程开发上有一项基础工作——编写反映本企业成功经验和失败教训的案例,案例的主角既可以是个人,也可以是团队甚至整个企业。本企业案例不仅能提供最实用的经验教训,而且可以提供最生动的企业文化体验。

 小案例

惠普公司的培训

(3)培训师资与企业文化。企业的培训师资有外请和内部两个群体。与外请师资相比,内部师资有很多优势,其中之一就是他们熟悉企业的历史和现状,对企业文化有深刻体会。这使得他们在培训过程中能更主动、准确地传播企业文化,培训效果也更好。因此,企业有必要制定内部师资选拔和任用办法,用以选拔合适的人员充实到内部师资队伍,并对入选师资队伍的人员要提供系统的培训。除培训方法、沟通技巧这样的技能型课程外,企业也要对他们进行专门的企业文化培训,帮助他们把企业文化融入自己的课程。

(4)培训合作伙伴与企业文化。任何企业都不可能自行完成所有培训,部分培训项目需要交由专业机构完成。企业在选择培训的合作伙伴时,不仅要考察对方的专业水平,而且要考察其企业文化,包括合作机构的文化和培训师个人的特点。如果对方的企业文化或个人特征和本企业的文化有明显冲突,一定要另选其他机构和培训师。

小案例

苏州固锝的人文教育

苏州固锝电子股份有限公司创立于1990年11月,前身是1981年成立的苏州市无线电元件十二厂,为新苏师范学校下属的校办企业。公司于2006年11月深交所上市,2014年员工人数2 500多人,是国内最大的二极管生产基地。公司的核心价值观是"企业的价值在于员工的幸福和客户的感动"。固锝从2010年开始建设幸福企业,围绕人文关怀、人文教育、绿色企业、健康促进、慈善公益、志工拓展、人文真善美、敦伦尽分八大模块做了大量工作。

人文教育模块是固锝投入最大也最具特色的模块之一。固锝员工每周到公司6天,但有一天是带薪参加学习;公司定期举办读书会,学习《弟子规》《人生经济学》以及稻盛和夫的《活法》《干法》等经典著作。2013年3月开始,公司开始分批组织员工半脱产或全脱产参加人文教育培训班,现已举办多期。学习的主题包括"因果教育""敦伦尽分""家庭和谐""百善孝为先""家和万事兴"等,学习内容有钟茂森的《了凡四训学习心得》《百善孝为先》、蔡礼旭的《弟子规》《家和万事兴》、王育琨的《稻盛和夫的经营智慧》、周泳杉的《新世纪健康饮食》等。学习形式主要是集中看视频,同时还有分组讨论和大组分享。为了树立员工对讲师钟茂森的恭敬态度,在正式开班前,公司先组织员工看了他在北京大学的演讲《振兴企业的中国精神》,这位金融博士、曾经的美国和澳大利亚的大学教授,得到了大家的认可。在集中培训结束后,每一期的学员还会定期地进行再分享,分享自己在工作和生活中的改变以及家庭关系的改变。

固铎的人文教育让员工感受到个体对家庭、公司和社会的价值,激发了他们回馈社会的热情。很多员工在培训后都变得生活更幸福、工作更投入。

2. 宣传教育法

宣传教育法是建设企业文化的基本方法。企业只有通过完整系统的、长期的、多形式、多层次、多渠道的宣传教育,形成强烈的企业文化氛围,才能把企业文化转化为员工的自觉意识,成为企业和员工行为的指南。

进行企业文化的宣传教育,是企业文化实践工作的第一步,目的在于在企业中形成一种浓烈的舆论气氛,让员工在耳濡目染、潜移默化中接受企业倡导的价值观,并指导自己的行为。宣传的方式和手段有以下几种。

(1) 进行厂史教育。向新员工介绍企业的优良传统、道德风尚和价值准则,了解企业的发展历史,增强员工对企业的荣誉感、自豪感和责任感。

(2) 编辑出版物。编辑出版企业文化简讯、刊物、纪念册等,将企业文化内容体系向员工灌输,向社会传播。

(3) 厂办学校传播企业文化。大型企业可以办企业员工大学或员工学校,大张旗鼓地宣传企业的特点、风格和企业精神,激发员工的工作热情。

(4) 会议宣传企业文化。通过各种会议向员工宣传企业文化,如举办读书会、演讲会、茶话会、对话等,沟通企业内部经营管理信息,增进员工了解,使员工理解企业的政策与行为,参与企业事务。

(5) 开展各项活动。如在企业内部召开多层次的企业文化研讨会,开展丰富多彩的文娱体育活动、企业精神训练活动等,寓企业文化教育于丰富多彩、生动活泼的业余文化体育活动之中,使员工在参与这些活动的过程中陶冶情操,提高文化修养。

(6) 加强一般员工间的互相影响。由于企业里数量最多的是一般员工,和一个人关系最密切、共处时间最长的人也是他们的同事;因此,员工间的互相影响对企业文化落地的影响不可小视。企业可以采用的具体做法有以下五种:①邀请在践行企业价值观方面表现突出的员工担任新员工的指导员,对他们的指导工作提出具体要求并提供方法、技巧和资料方面的支持。②发掘普通员工在践行企业价值观方面的典型事例,及时予以宣传表彰。③在对企业文化落地的效果开展评估时按部门、团队进行统计,对有问题的团队及时采取加强培训、调整人员等对策。④对员工践行企业价值观提出明确要求,督促员工经常检讨自身行为,并不断改进。⑤了解员工中非正式群体的动向,对那些和企业目标一致的非正式群体给予支持;对那些和企业目标不一致的非正式群体加以疏导。

小案例

工作日记

成都伊诚地产的核心价值观是：客户第一、关爱、共赢、真诚、激情、敬业。该公司有一个工作习惯，就是要求所有员工每天写工作日记，下班之前在计算机的办公系统里写好自己的日记。工作日记中有一项是价值观的行为表现，例如，反省今天自己有哪些事情做得不够好，哪些行为体现了利他价值观——客户第一、关爱和共赢都属于利他范畴，公司就把它们归成一类，称为利他表现。公司要求员工每天都做一件利他的事情，利他表现是员工日记中必须写的。例如，有位员工在日记中写了一个很简单的利他例子："生日聚会结束后，发现志峰的工牌忘在座位上，于是主动拿给了他。"

3. 典型示范法

典型示范法就是通过树立典型、宣传典型人物来塑造企业文化。所树立的典型既可以是企业的领导人，也可以是企业的普通员工，而且普通员工典型往往更具影响力。所谓典型人物，是指企业员工中最有成效地实践企业文化的优秀分子。典型人物就是企业价值观的化身，树立他们的正面形象，就是给广大员工提供值得效法和学习的榜样。看一个企业推崇什么及赞赏什么，从它所树立的典型人物的行为中即可判断出来。典型人物在其事迹中表现出来的精神、意识正是企业文化倡导的内容。

利用正面树立典型和英雄模范人物，把企业倡导的价值观具体化、形象化，是我国企业文化建设的成功经验，王进喜、孟泰等就是不同时代塑造的最能代表其企业精神的榜样。

企业运用典型示范法塑造企业文化关键在于典型人物的造就。一般来说，企业典型人物是在企业经营管理实践中逐步成长起来的，但最后作为楷模出现，需要企业组织认定、总结、倡导和宣传。典型人物是本身良好的素质条件、优异的业绩条件与企业"天时、地利、人和"的客观环境形成的催化力共同作用的结果。因此，企业在造就典型人物时，一要善于发现典型人物。即善于发现那些价值取向和信仰主流是进步的、与企业倡导的价值观相一致的，具备楷模特征的优秀员工。二要注意培养典型人物。即对发现的典型人物进行培养、教育和思想意识的理论升华，并放到实践中锻炼成长。三要肯定宣传典型人物。即对在实践中锻炼成长起来的有优异业绩、有广泛群众基础的典型人物以一定的形式加以肯定，总结其先进事迹，并积极开展宣传活动，进行广泛的宣传，提高其知名度和感染力，最终为企业绝大多数员工所认同，发挥其应有的楷模作用。四要保护典型人物。即制定鼓励先进及保护典型人物的规章制度，伸张正义，消除企业内部对先进人物嫉妒、讽刺、挖苦、打击等不良倾向。需要指出的是，对企业典型人物进行宣传必须实事求是，不要人为地进行拔高，给先进人物罩上一层神秘的光环，使一些先进人物变得不可信。在宣传和发挥典型人物的作用时，应给予典型人物必要的关心和爱护，为他们的健康成长创造良好的环境和条件。

小案例

海尔背洗衣机的先进人物

先进模范人物一般是通过企业的考核和评比选出来的，但也可不局限于此。有的人可能就因为一件事而成为英雄，他们不是为了荣誉或奖励才这样做，也没有得到什么正式的称号。例如,海尔公司多年来一直流传着这样一个故事。

1995年7月,海尔广州工贸公司与潮州一位用户约好上门送去他选购好的一款滚筒洗衣机。那时,潮州还没有海尔的专卖店。驻广州服务人员毛宗良租了一辆车,拉着洗衣机上路了。到半路时,车出了问题。烈日下,毛宗良守着洗衣机拼命拦着偶尔过往的车,但司机都不愿拉……"不能再等了……"毛宗良在高达38℃的气温下背起约75千克重的滚筒洗衣机走了2千米路,准时送到了用户家!

海尔的很多员工现在可能已经不记得毛宗良这个名字了,却还记得他的故事。由此可见,对先进模范人物的宣传不能停留在荣誉激励的层次,更要发掘他们的故事,企业也要注意发掘普通员工的故事。有的企业在评出先进模范人物后,组织专门人员对他们以及熟悉他们的人进行访谈,写出生动、翔实的介绍材料,甚至录制视频节目,这样就能帮助员工立体地了解先进模范人物,达到更好的示范效果。

4. 环境优化法

环境与人是密切相连的,人能造就环境,环境也能改造人。按照行为科学和心理学重点,优化企业的向心环境、顺心环境、荣誉感环境,是企业文化建设的重要方法。现代心理学认为,共同的生活群体能产生一种共同的心理追求,这种心理追求一旦上升为理论并被群体成员所公认,就会产生为之奋斗的精神。这种精神就是人们赖以生存与发展的动力。一个企业也是这样,也需要有一个蓬勃向上的指导企业整体行为的精神,从而把员工的生活理想、职业理想、道德理想都纳入企业甚至社会的共同理想的轨道上来。这种能使企业员工产生使命感并为之奋斗的精神状态称为"向心环境"。理想的价值观念也只有在这种向心环境中升华,才能使企业产生向心力和凝聚力。

(1) 建设向心环境。这需要在共同理想的目标原则下,根据本企业的发展历史、经营特色、优良传统、精神风貌,去概括、提炼和确定企业的精神目标,再把精神目标具体融化在企业管理之中,使企业经营管理与思想政治工作融为一体,变成可操作性的东西,使员工产生认同感,唤起使命感。例如,一些人认为,发展市场经济和为人民服务是对立的,根本无法结合,但许多经营成功的企业都从实践上回答了这个问题,即市场经济与为人民服务可以融为一体。如商贸企业能给顾客以真情实意,处处为顾客着想,这种思想和行为就是市场经济条件下为人民服务的生动体现。任何一家企业,越能为顾客着想,越关心和尊重顾客,越满腔热情地为顾客服务,就越能得到顾客的信赖,从而使企业的经济效益也就越高,员工的物质利益也就越能得到保障,企业的向心力和凝聚力就越强。因此,造就团结奋斗的向心环境,就能使员工的理想在向心环境中得以升华,成为力量的源泉、精神的支柱。

(2) 创造顺心环境。创造顺心环境的目的是开发动力资源。人的才智和创造力是一种无形的、内在的动力资源,在环境不符合的条件下,一般常以潜在的形态存在,只有在心情处于最佳状态时,才能焕发出充沛的精神活力,所以企业文化建设成效,往往来自一个团结、和谐、融合、亲切的顺心环境。企业顺心环境的建设,非常重要的环节是企业在管理工作过程中,要善于"动之以情,晓之以理,导之以行"。不仅要关心员工对衣、食、住、行等基本层次的需要,更重要的是注意引导员工对高层次精神方面的需要。经常从生活上关心员工,体察员工的疾苦,解决员工的困难,营造企业大家庭的文化氛围,打造温暖的企业大家庭等。只要企业领导者和管理者身体力行,员工当家做主和谐融洽、团结宽松的顺心环境一旦形成,员工的工作就会充满意义,生活充满乐趣,就会为振兴企业释放出内在的光和热。

 小案例

索尼公司的五间房

(3) 营造荣誉感环境。通过营造荣誉感环境,激励高效行为。行为科学认为,人的行为分为低效行为和高效行为。荣誉感环境是消除低效行为、激励高效行为的重要因素。精明的企业领导者,总是在创造一个以多做工作为荣、以奉献为荣、以整体得奖为荣的心理环境上下功夫,以降低和消除人们的低效思想行为,保持群体蓬勃向上的精神活力。

企业要创造良好的荣誉感环境,首先要有荣誉感意识,通过各种途径培养员工对企业的归属感和荣誉感。首先,要树立"厂兴我荣,厂衰我耻"的荣誉感和为企业争光的主人翁责任感。其次,要注意宣传企业的优秀传统、取得的成就和对社会的贡献,不断提高企业的知名度和美誉度,塑造企业良好的社会形象。再次,要尊重员工的劳动,及时而充分地肯定和赞扬企业员工的工作成绩,并给予相应的荣誉和奖励,使员工感到企业能理解、关心他们。最后,要勇于打破企业内部所存在的消极平衡的心理状态,使员工学有榜样,赶有目标,不断强化他们的集体意识和进取意识,营造争先恐后、比学赶超、开拓进取、奋发向上的良好局面。

5. 全面激励法

所谓全面激励,就是通过科学的方法激发人的内在潜力,开发人的能力,充分发挥人的积极性和创造性,使每个人都切实感到力有所用,才有所展,劳有所得,功有所奖,自觉地努力工作。激励法既是有效管理企业的基本方法之一,也是企业文化建设的有效方法。建设企业文化的激励法很多,视情况而定,下面介绍几种最常用的激励法。

(1) 强化激励。所谓强化激励,就是对人们的某种行为给予肯定和奖励,使这个行为巩固,或者对某种行为给予否定和惩罚,使它减弱、消退。这种工作过程称为强化,前者称为正强化,后者称为负强化。正强化的方法主要是表扬和奖励。表扬就是表彰好人好事、好思想、好经验。奖励可分为物质奖励和精神奖励,两者必须配合得当,有机结合。负强化的主要方法是批评和惩罚,批评的主要方法有直接批评、间接批评、暗示批评、对比批评、强制批评、商讨批评、分阶段批评、迂回批评等。惩罚的主要方法有行政处分、经济制裁、法律惩办等。

(2) 支持激励。支持下级的工作,是对下级做好工作的一种激励。支持激励包括尊重下级的人格、尊严、首创精神、进取心、独到见解、积极性和创造性;信任下级,放手让下级工作,为下级创造一定的条件,使其胜任工作;支持下级克服困难,为其排忧解难;增加下级的安全感和信任感,主动为下级承担领导责任等。

(3) 关心激励。企业的领导者和管理者通过对员工生活上和政治上的关怀,使他感到企业大家庭的温暖,以增强主人翁责任感。

小案例

关心员工的斯通

有这样一则关于美国通用电气公司 CEO 斯通的故事:

"1980年1月,在美国旧金山一家医院里的一间隔离病房外面,一位身体硬朗、步履生风、声若洪钟的老人,正在与护士死缠烂打地要探望一位因痛疾住院治疗的女士。但是,护士却严守规章制度毫不退让。这位护士真是'有眼不识泰山',她怎么也不会想到,这位衣着朴素的老者,竟是通用电气公司总裁,一位曾被公认为世界电气业权威杂志——美国《电信》月刊选为'世界最佳经营家'的世界企业巨子斯通先生。护士也根本无从知晓,斯通探望的女士,并非他的家人,而是加利福尼亚州销售员哈桑的妻子。哈桑知道了这件事后非常感动,他每天工作达16小时,为的是以此报答斯通的关怀。加州的销售业绩一度在全美各地区评比中名列前茅。"

(4) 情趣激励。有情才能吸引人、打动人、教育人,也就是说,只有激发人的同情心、敬仰心、爱慕心,才能产生巨大的精神力量,并影响人们的行为。实践证明,许多效果显著的讲话、谈心,都离不开流露于言语中的激励,同时还要注意有情与有趣的结合,员工除了紧张工作外,还有更广泛的兴趣。因此,企业应采取多种措施,开展丰富多彩的活动,培养和满足员工的乐趣与爱好,从而激发其工作热情。

(5) 榜样激励。榜样的力量是无穷的。它是一面旗帜,具有生动性和鲜明性,说服力最强,容易在感情上产生共鸣。有了榜样,可使企业学有方向,干有目标,所以榜样也是一种有效的激励方法。

(6) 集体荣誉激励。先进集体的成员会有一种荣誉感、自豪感、光荣感和信任感。每个成员都要为维护集体的名誉负责,在维护集体名誉中焕发出极大的工作热情和干劲。

(7) 数据激励。用数据表示成绩和贡献最有可比性和说服力,也最能激励人们的进取心。如球赛时公布的比分能激励队员去取胜,各种统计报表的数据能激励人们比、学、赶、帮、超。运用数据激励的主要方法有:逐月公布企业内部各部门、各班组,甚至是员工的各项生产经营指标;公布员工政治、技术、文化考核的成绩,激励员工努力学习科学技术和掌握业务技能;设立立功本、光荣册,公布各种劳动竞赛成绩,激励员工争当先进。

(8) 领导行为激励。优秀的领导行为能激励群众的信心和力量,因此企业领导人应通过自己的模范行为和良好的素养去激励员工的积极性。

当然,建设企业文化的激励方法还有很多,企业应根据实际情况和本身特点,合理选择,综合运用,以求速效。

3.1.5 企业文化的传播

小案例

海尔企业文化的全方位传播

传播对于企业文化的建设、完善是非常重要的,企业文化离不开传播,传播是凝练企业文化必不可少的手段。企业是社会的一个缩影,很多成功的企业正是通过传播企业文化来影响目标受众,为企业打开了广阔的市场。同时,企业如果能成功地传播自己的文化将会极大地增强企业的竞争力。

1. 企业文化传播的含义和要素

文化具有交流、传播属性,作为社会亚文化的企业文化自然也不例外。企业文化传播是指企业文化特质从一个群体或个体,传递、扩散到另一个群体或个体的过程。企业文化特质广泛而持续地传递、扩散和流动,就能为企业全体成员共同认可并享有。企业文化特质的传播只有通过企业全体成员的交往活动才能实现。企业中的各种关系是动态的交往关系,在交往中,运用各种方式和媒介沟通信息,交流观念和情感体验,这一活动过程是双向传播、相互作用的。企业成员正是在文化传播中使群体的行为得到协调,因而产生出共同的信念与目标。尽管新员工进入企业后会带来与企业主流文化不同的异质文化,但通过企业内的文化传播,多数新员工会与企业主流文化相融合,从而成为企业的真正一员。同时,企业主流文化也在不断吸纳新员工带来的异质文化中的先进因子,从而得以丰富和发展。

企业文化传播包括传播的共享性、传播关系、传播媒介及方式等要素。传播的共享性是指企业成员对企业文化的认同和理解,必须借助于共同识别的文化象征意义的符号,如企业的标志,企业内某一群体成员之间彼此能心领神会的语言、手势、姿态等。一个具有优秀传统的企业具有本企业员工所理解的代表特殊意义的符号,外来者和新成员必须通过"解读、诠释"的过程才能完全理解。传播关系是指企业文化传播中发生在传播主体和传播客体之间的相互关系,传播关系是企业文化传播中最本质的要素。由传播关系形成社会关系网络,上下左右,纵横交错,共同对企业文化传播产生影响。传播媒介及方式是指通过一定的传播渠道联结传播主体与传播客体的物质方式。人既是企业文化传播的主体与客体,又是企业文化传播中最活跃、最本质的媒介要素;企业内部各类组织也是企业文化的传播媒介。人们通过各种正式组织关系或非正式组织关系而产生直接接触,在开会、聚会、闲谈中,利用口头语言、体态语言、手势语言等形式相互传递具有本企业文化特质的信息。除此之外,企业文化传播媒介还有书信、电话、广播、报刊及影视等,这些传播媒介可以超越时空的限制,进行广泛的、反复的传播。

一般文化传播与企业文化传播的区别如表3-1所示。

表3-1 一般文化传播与企业文化传播的区别

区别	一般文化传播	企业文化传播
传播内容	知识、艺术、宗教、神话、法律、风俗及其他社会现象	企业价值观、信念、规范行为、企业形象等
传播方式	人际传播、组织传播和大众传播	主要是组织传播
传播媒介	电视、网站、广播、报纸、杂志、体育、饮食、服饰、旅游等	电视、企业网站、企业广播、企业内刊、宣传栏、展示中心、博物馆、厂徽、厂歌、商标、信息平台、主题活动
传播目的	将文化中的精华继承下来、传播出去,使之世代相传并与其他文化碰撞、融合的过程	内部的文化认同,外部的文化认可,不断增强内在凝聚力和外在影响力

资料来源:丁雯,陶金,吴嘉维.企业文化基础[M].大连:东北财经大学出版社,2015.

 小案例

联想的企业文化传播

联想集团通过若干年的发展沉淀下来的企业文化已经成为联想重要的非物质文化遗产,但是如何将文化落地,如何将文化渗透到员工的思维和行动中,联想做了大量的实践和整合。总结起来主要有三种方式:单向传播、双向传播、体验传播。

在单向传播方面,联想主要通过公司内部网站《刺儿梅》专栏(主要针对企业内部的一些"大企业病"进行自我揭露和自我批评)、《联想》杂志、《联想人》报纸、手机短信四个平台向员工传达公司的大事小情和管理理念,多种多样的沟通方式保证了联想文化沟通的及时性和准确性。例如,在签约成为国际奥委会全球合作伙伴之后,联想通过以上平台大幅进行了宣传和报道,同时杨元庆也在签约的第一时间通知了联想的全体员工,共同分享了成功签约的喜悦,大大地提高了士气。

双向传播主要是采取"入模子"培训、生日礼物、进步信箱、总裁在线、沙龙、主题会议、大头猴有话说等方式,与员工进行不同程度的互动,提高了双方信息的对称性。例如,在2004年3月裁员后在员工中盛传6月还要继续裁员的消息,弄得人心惶惶。人力资源部虽然进行了及时的辟谣,但是员工仍然惶恐不安。随后在公司内部的各大宣传媒体上出现了一只大头猴,声称自己是人力资源部的代言人,证实了6月裁员的信息严重失真,消除了员工的不安情绪,随后联想即设立大头猴信箱,员工有任何问题都可以向大头猴倾诉请教,使员工能及时、正确地了解集团的信息。又如2003年联想公布新战略后,杨元庆在网上回答了员工的提问,保证了员工的知情权和战略实施的有效性。

体验传播主要是采取无总称谓、沟通时刻(C-time)、元庆午餐会、迎接新财年、誓师大会、庆功宴、足球联赛、春节联欢会、运动会等多种方式让员工参与到活动中,在活动中体验企业文化的内涵和外延。比如沟通时刻就是联想一个特色的高管和员工沟通的方式,员工每周二中午,可以利用午休的一小时时间,在三层大平台上与公司高管进行自由、轻松、无主题的沟通交流,甚至每个月,部分员工还可以与杨元庆共进午餐。用餐时,大家就一个主题进行深入的探讨和交流。通过这种方式企业高管可以近距离地和基层员工交流,切实感受他们的要求和意见,而高管也可以向员工准确传达企业发展的战略和路径。

【思考】 联想运用了哪些载体进行企业文化传播?

小案例

用包裹和客服来传播企业文化

2. 企业文化传播的种类

企业文化传播可以分为文化共同体内的传播和文化共同体间的传播两种。前者可称为企业文化的外传播,后者可称为企业文化的内传播,其中企业文化外传播既包括国内企业之间的文化传播,也包括国际企业之间的文化传播。

(1) 企业文化的外传播。根据组织传播理论,组织环境是组织生存的土壤,是与组织产生与发展有这样或那样关系的各种联系。它一方面可以有效地帮助组织发展壮大,顺利地实现组织目标;另一方面,也会阻碍组织目标的完成,成为制约组织扩展的主要力量。环境是组织存在的基础,没有适当的环境支持,组织便不复存在,更无所谓发展。在组织与环境之间约束和适应的辩证关系中,传播始终扮演着极其重要的角色。正是传播行为把组织与组织之间联系起来,通过组织边界把环境资源输入组织中,又把组织信息与产品传递给消费对象,从而对环境发挥作用。因而,对外传播是组织的本性和必需。

企业这一特殊组织,需要进行对外传播活动,其中企业文化传播是其重要的内容。全面、准确地对外展示、传播本企业的文化,最终在社会公众心目中留下一个美好印象,塑造兼具文明度、知名度和美誉度于一体的企业形象,对企业发展至关重要。根据格鲁尼格和亨特于1984年推出的新的环境划分模式:按组织面对的"公众"类型,把组织环境分为四大部门即职能部门、功能部门、规范部门和扩散部门。而一个企业的文化的对外传播对象就是这些部门,如作为职能部门的工商、税务、公安等的各级政府部门;作为功能部门的供应商、顾客、人才中心、银行等;作为规范部门的贸易协会、专业协会、竞争者等;作为扩散部门的社区和一般公众。企业将自己的企业文化向这些部门传播,让最具评价力的社会公众来充分认识自己的文化,并塑造良好的公共形象,推进企业发展。因此,企业出于自身的发展目的而主动保持并推进与外部环境的种种联系,其中企业文化的全方位对外传播是改善企业与其他组织间关系,从而保证企业具有良好的运作环境的重要方面。

据企业文化学者叶坪鑫总结,企业文化的对外传播方式主要有以下六种。

① 公众媒体。公众媒体主要指根据企业文化传播的需要,适当借助服务社会公众的电视、报纸、杂志、网络(包括社交媒体)、楼宇媒体、户外广告牌等各类媒介载体传达企业文化理念、案例故事与品牌信息,以赢得消费者、供应商及社会公众的认同,并扩大品牌的影响力。

② 自由媒体。自由媒体主要指通过建立网站、企业内刊(杂志、报纸、电子期刊)、微博

平台、微信平台等自媒体,对外进行企业文化传播。使用过程中,应注意根据不同媒体的特点,进行精准的传播。

③ 案例传播。案例传播主要指向高校及研究机构、媒体推荐企业文化及管理成果案例,或者将优秀的案例集公开出版发行或者向利益相关者内部传阅,通过深度的内容传播,达到企业文化深入人心的效果。

④ 图书传播。图书传播主要指出版图书并对外公开发行,内容可涵盖企业历史、管理经验总结、优秀实践案例等。图书出版一方面可以对企业文化、品牌形象进行深入、广泛的传播;另一方面,还常常可以树立自己在行业的标杆地位(必要情况下,可以借助外部专业研究与策划人士的力量完成)。

⑤ 品牌推广。品牌推广主要指品牌文化的推广。可以借助品牌管理部门的有关推广活动实现企业文化的有效传播。例如,企业文化理念根植品牌宣传片中、参与服务品牌建设活动、积极参与各类品牌宣传活动(具体工作应与品牌管理部门协同开展)。

⑥ 社会责任。积极组织、参与各类社会责任活动,充分展示企业敢于承担社会责任的气魄,并对外传达企业核心价值。例如,组织、参与或赞助社会公益活动、扶贫活动、环境保护活动、捐资救灾活动,进行社会责任实施战略规划,发布社会责任报告或者有关信息等。

(2) 企业文化的内传播。如果我们把企业中所有的管理要素都笼统地视为文化信息的话,企业文化传播普遍存在于企业活动的各个方面,它既是企业活动的具体形式,也是企业行为实在的内容。企业的决策、计划、执行、监督等所有管理活动,都离不开文化信息传播,文化信息的传播内容、传播模式、传播手段、传播速度、传播频率的选择,影响了企业管理活动的直接结果,也决定了企业生存及发展的状况。因此,企业文化传播活动功能发挥的程度,从某种意义上来说,是企业生命力之所在。作为企业物质文化、制度文化、精神文化综合体的企业文化必须通过在全企业范围内进行传播来发挥它的振兴、导向、协调、凝聚、美化和育人等功能。

任何一个企业的职工、管理者和股东,都具有双重身份。一方面,他们是本企业文化活动的主体,其自身的言论与行动,会对企业文化的客观形象做出贡献或产生损害;另一方面,他们也会像局外人那样,对本企业文化加以反映、认识和评价,并得出本企业的形象究竟如何的结论。这个结论就是他们头脑中形成的关于本企业文化的主观印象。这种印象首先是由企业文化的客观形象所决定的,但却不是由它唯一决定的,人的认识水平、价值观念和特殊需求也参与决定。一般来说,企业内部的每一名职工、管理者和股东,对于本企业都有一个理想的企业形象要求,在进行对本企业文化的评价时,他们会将认识到的企业文化的客观形象同自己的理想企业形象进行对比,并做出本单位的企业形象是好或是坏的判断。这种情况下,就需要通过全方位的传播让他们去更精确地了解、认识客观企业形象甚至按照他们的理想企业形象进一步改善本企业形象。因为,作为企业文化系统所有要素综合表现的企业形象的评价,尽管最主要是由企业之外的社会公众来做出,但是企业形象归根到底是由企业之内的全体职工塑造出来的,主动权仍然掌握在企业职工手里,他们通过实实在在的工作而创造出来的客观企业形象,在任何情况下都是评价的客观基础。所以,我们在探讨企业文化的主要传播对象时,应首先以企业中的全体员工为一级传播客体。

> **小案例**

青岛啤酒的文化沟通组织

青岛啤酒集团在企业文化传播中建立了一个没有空白点的组织体系。每位总经理都是企业文化培训师,分管企业文化的副总经理是企业文化推广师,人力资源部部长是企业文化推广员,每个车间有一名企业文化联络员。在企业文化培训中,总经理先到总部由董事长做培训,然后逐级培训其他管理人员和员工。

另外,人们往往通过企业文化的外显部分,即一切能表现企业文化的某种特质的物质形态或运作方式来理解企业文化的内涵。外显部分是企业文化的最直接的外在体现,它容易观察,但有时其代表的意义却不易确切定义,即某种现象究竟代表哪种文化内容和意义,观察者的理解是不会完全相同的,描述和解说上总是存在着或多或少的差异,有时甚至会得出相反的意义。一个企业的价值观念、精神境界和理想追求是企业文化系统中的种子要素或称为中心要素。企业本身并无价值观,而是企业成员的价值观。人人都有基本的价值观,它通过个体行为及态度意向表现出来。当绝大多数成员的价值观呈现大致趋同化状态时,便使企业行为方式带有了共同特质,企业文化在价值观层面上达成了共识。多数情况下,企业员工的价值观是不一致的,这使企业形成了许多"次文化"。按照帕特纳姆和普勒1987年对冲突的解释,目标的不一致或人们观念不同造成的理解认识的偏差,总是导致冲突的根源。因此,企业文化的内部传播的意义还在于通过各种手段和方式,在企业全体员工中加强、深化交流和沟通,形成对企业物质文化、制度及行为方式、企业精神和价值观的共识,以减少甚至消除企业内部冲突和分歧,从而便于以整合和一体化的风貌对外展示企业形象。

据企业文化学者叶坪鑫总结,企业文化的内传播方式主要有以下八种。

① 视听传播。视听传播主要指通过制作与建设视觉标识、文字宣传资料、视频资料、荣誉室等,借助视觉、听觉系统传播企业标识、文化理念、案例故事与企业形象等。展示形式有企业标识、企业内刊、企业宣传资料、企业文化手册、公司歌、案例故事集、电子屏幕、宣传栏、文化墙、专题片、故事片、漫画、广播、荣誉室等。

② 培训传播。培训传播主要指结合培训体系构建工作,由企业领导、企业文化宣贯队伍(包括宣贯员、中层骨干、内训骨干等)、外聘企业文化专家通过各种培训形式,向员工传播企业文化建设相关理论知识、本公司企业文化理念、企业文化建设规划思路、实施路径与方法等。

③ 会议传播。会议传播主要指利用企业内部定期与不定期开展的各类会议,进行企业文化理念及相关工作要求的传播,例如,党组会议、全体员工会议、公司展会、部门工作例会、安全质量专题会议、研讨会、大型讲座会议、公司年会、表彰会等。

④ 活动传播。活动传播主要指通过开展形式多样的企业文化活动,一方面,突出企业文化建设的重点、营造浓厚的企业文化建设氛围;另一方面,让员工直接在轻松、互动的活动中体验式接受和认同企业文化。在活动频率上,应根据不同阶段的宣贯重点、内容特征以及实际需求,安排恰当的、最有效的传播载体。一般而言,每年度应持续开展2次大型活

动,如评选、文化建设重点工程;每个季度至少开展1次大型主题活动,如文化主题活动、案例征集、团队竞赛活动、其他竞赛或评选活动;每个月至少开展2次小型活动(可与培训活动相结合),如会议、讲座、知识竞赛、文化专题展、庆典仪式等。

⑤ 媒体传播。媒体传播主要指通过企业内刊、企业内部的电视、广播、网站、微博、微信等媒体平台(包括自媒体)解读企业文化核心理念与企业文化建设工作要求、展示企业文化建设动态信息、宣扬典型人物与事迹等,促进员工认知与认同企业文化,并营造良好的文化氛围(部分内容与视听传播工作内容相关,需协调进行)。

⑥ 标杆传播。标杆传播主要指以企业内部员工身边的故事或事件为载体,更清晰地揭示企业文化内涵,明确价值导向,向员工树立标杆学习的榜样,从而引导员工更好地理解企业文化理念并以"榜样的力量"激励员工积极主动参与企业文化建设。要求每个标杆案例故事准确反映相应的理念,具有典型性;覆盖各部门、各类岗位、各层次员工,以便每一位员工都能找到身边鲜活的典型对照学习;通俗易懂、语言生动活泼,以使传播效果最佳。

⑦ 领导传播。领导的引领示范、以身作则,对于企业文化的推行,起着至关重要的作用。企业中高层领导应该充分利用各种场合与机会,以言传身教的方式"讲文化""行文化",用模范表率的力量引导和改变下属员工的思想与行为,这是企业文化传播中最有效的方法之一。

⑧ 制度传播。制度传播主要指依据企业文化理念以及企业文化建设要求,修订、梳理和完善企业的各项规章制度与流程,使制度体系与新的文化理念体系保持一致,从而实现企业文化"固化于制",通过制度进行有效传播,并以文化制度化支撑企业文化建设深度融入企业经营管理。

小案例

B站为什么火起来:一个文化融合的新媒体文化传播分析

小案例

以身作则

3. 企业文化传播的时机

古人云:"机不可失,时不再来。"这说明时机非常重要,但时机又不是一直存在的,具有突发性、短暂性的特点。在企业文化的传播过程中,如果能够找准并抓住时机,对于提高企业文化传播的实效具有重要意义。企业文化传播的时机包括以下几方面。

(1) 兴奋点。当某项事情或某项活动引起公众的特别关注时,会在他们的思想上产生兴奋点,当人们处于兴奋状态时,思维活动活跃,思维能力、理解能力也随之增强。兴奋点可能是由小事引发的,也可能是由大事引起的,企业可以有意识地通过国内外企业或本企业最近发生的事情制造一些兴奋点。例如,当"安然"事件发生时,在企业引发关于诚信的探讨等。及时把握兴奋点,对企业文化的传播是很有利的时机。

(2) 危机事件。企业在生存、发展的过程中,肯定会遇到一些困难、面临一些危机。然而危机却也很有可能刺激真善美的觉醒与回归,能够增强人与人之间的凝聚力,促使人的行为和意识往好的方向转变。不过,这种转变具有暂时性,若想让它更持久、更深刻,则需要企业做好引领工作。如果企业能够做到处乱不惊,在处理危机事件时坚持企业一以贯之的文化理念,那么当企业成功地度过危机时,也成功地传播了企业文化。

小案例

强生公司的"泰勒诺"事件

(3) 典型对比。在企业文化的传播活动中凡是能够折射出企业文化精华的,或是与企业文化理念相悖的,都可以作为典型。也就是说,这种典型既可以是产品、事件,也可以是个人、团队,还可以是企业内部的生产、生活环境等。在这里,典型应该既包括好的典型,即能突出反映企业文化核心理念的人、事、物、氛围、环境等,也包括坏的典型,坏的典型与企业文化的核心理念相背离。在企业文化的传播过程中,通过对比这两种性质相反的典型,可以使受众更清楚、深刻地理解本企业的文化,对企业文化传播来说无疑是一个良好的契机。

(4) 企业变动。企业变动在企业的成长发展中是不可避免的,它会或多或少地引起企业的波动,但却也是企业文化传播的良机。把握企业变动的时机,在企业改革、人员更迭、新产品开发、企业上市、组建企业集团、实施产品战略等重大变动活动中,奉行企业文化所提倡的价值观念、行为准则,会使企业文化传播收到事半功倍的效果。

小案例

思科公司在并购过程中的文化整合

美国思科公司在并购整合上做得非常成功。该公司为促进文化整合,设立了专门的整合团队,团队的任务包括解释思科的价值观、组织实施导向环节、安排伙伴等;团队的成员既有思科的员工,也有被并购公司中将被指派执行特定任务的成员。这一过程,一方面是为了确保特定任务的完成,另一方面也开始把思科新老员工融合在一起。在专门设计的导向环节中,思科会邀请以前被并购企业的员工参加,请他们分享自己的心得,以帮助被并购公司的员工适应变革。在"伙伴"项目中,每个新员工都跟一个平级、职责类似的思科老员工配对,老员工会用自己的亲身经历传递思科的文化。

(5) 文化网络。文化网络是企业组织内部的、非正式的联系手段,也是企业价值观和英雄人物传奇的"载体"。充分利用文化网络的作用,放大企业理念和强势群体,是企业文化传播的良机。同时,对于企业在日常生产和生活中的惯例与常规,企业文化传播者也可以在文化网络中,通过文字、语言等手段,结合灌输、讨论等方式,反复向企业员工表明对他们所期望的行为模式,使员工从各种细节方面更深刻地领会企业文化,形成良好的礼仪和礼节,这同样是企业文化传播的好机会。

小案例

"最佳雇主"的上下级沟通

国民仪器公司(NI)提出了"运动鞋管理",要求管理者要经常走出去跟员工面对面交流。思科公司的CEO钱伯斯在新员工进入公司四个月内跟所有新员工见面,他还每个月在纽约为过生日的员工举行早餐会。星巴克的执行副总裁戴夫·派斯每个月举行一次"Dave晚餐",邀请12名员工共同进餐。JM斯马克公司的CEO和总裁每个季度都在全国各地召开当地员工大会,回答员工提出的所有问题;如果有的问题他们不能现场回答,他们会通过公司内部通信回答。

(6) 媒体宣传。企业文化传播离不开传媒,通过媒体传播企业文化信息,受众更广、影响更大。随着信息技术的发展,传媒的形式和种类越来越多,信息的传递也更为及时和迅速,这对企业来说是一把双刃剑,既可能使企业美名远扬,也可能使企业声名狼藉。但是,如果企业了解传媒,把握了各种传媒的特点,准确地策划出在何时、何事上运用何种传媒工具,使传媒为企业所用,也不失为企业文化传播的契机。优秀的企业文化是经得起传播的文化,也只有在文化传播活动中,才能使企业文化沉淀为优秀的企业文化。创造适合企业文化传播的条件和时机,进行企业文化传播活动,以文化引领企业的前进方向,以文化留住企业员工,以文化吸引合作伙伴和消费者,培养他们的忠诚度,是现代企业获得持久竞争力的重要源泉。

企业最常用的传播企业文化媒体包括员工手册、企业文化手册、内部刊物、内部网、专题片、公司文件、宣传栏、宣传画等。有的公司还专门印制价值观卡片或者把价值观印在员工的胸卡或臂卡上。

企业文化手册是企业文化最直接的宣传媒体。一份好的企业文化手册,不仅能告诉员工企业的文化理念是什么,还能让他们明白这些理念的含义是什么,在实际工作中自己应该怎样做。对企业文化手册的设计要防止两种倾向,一种是华而不实;另一种是包罗万象,这两种风格的企业文化手册都不能很好地实现上述目标。"华而不实"的典型表现是图像和印刷精美,但文字简短抽象,主要内容都是企业介绍和文化理念的罗列。"包罗万象"的典型表现是内容庞杂,篇幅冗长,有的手册的字数甚至多达十几万字。通常企业文化手册只要包括以下内容就可实现前述目标：企业发展历程及现状简介、企业文化理念、每条理念的含义、不同员工群体的行为规范和体现企业文化理念的故事。在此基础上，可适当增加能体现企业文化理念的先进模范人物的故事、企业在人力资源管理及其他管理职能上的主要政策和做法。

企业文化专题片也是宣传企业文化的典型媒体。和企业文化手册一样，单纯的企业介绍和文化理念宣传难以打动观众。要想达到入脑入心的效果，就要从员工的角度出发，以贴近员工的故事和语言阐释文化理念，还可以让员工以适当的方式参与企业文化专题片的制作。

小案例

企业文化媒体宣传一览

（7）企业故事。故事，简单地说就是以前的事，它既可以是真实的，也可以是虚构的，如神话、传说等。不管什么类型的故事，都可以用于企业文化的传播。例如，成都的伊诚地产非常重视利用故事传播公司文化。在公司每天的展会中，都有一个讲述企业文化故事的环节。不管是一线部门还是职能部门，每天都至少有一刻钟的展会时间，主持人会花 3~5 分钟时间讲自己的身边人体现核心价值观的故事。讲故事采用命题作文的形式，例如这一周的主题是"关爱"，那么一周 5 天，每天一个主持人，5 个主持人都会讲自己身边和"关爱"有关的故事。公司从 2009 年开始这样做，已经积累了一千多个故事。

利用企业故事宣传企业文化应做到以下三点。[①] ①多途径收集故事。企业可利用多种方式收集故事，如向员工征集故事、举办故事会让员工轮流讲故事、在内网上开办故事专栏等。企业可以把收集故事作为企业文化主管部门或宣传部门的一项职责，特别是在企业评选完先进或者发生了比较大的事件后，都应该有专人去采访相关人员、记录先进人物的故事或者事件的过程，这是企业最重要的故事来源之一。②做好故事的整理。故事的整理包括文字加工和分类保存。故事不一定都是对事实原原本本地记录，可以有虚构和夸张，但是，真实的故事更有影响力，所以，故事里的虚构情节应该是合理地展开，不能影响其可信度。对故事进行分类最重要的标准是故事的意义，即故事所说明的最主要的企业文化理念。③多渠道传播故事。企业传播故事的渠道也有很多，包括口头传播、报刊传播和网络传播等。一种特殊的方式是编辑企业文化故事集，故事集不仅在企业内部发行，也可向供应商、客户甚至社会发行。故事传播的目的就是要使每一个能充分反映企业文化的故事传遍企业每一个角落，并尽可能广地传向社会。

[①] 曲庆. 企业文化落地理论与实践[M]. 北京：清华大学出版社，2015.

小案例

反映不同主题的故事

4. 领导者的企业文化传播

宣传沟通是领导者最基本的促进企业文化建设的方式。领导者的职位决定了他们比一线员工对企业文化有更深的理解，能给出更权威的解读；他们传递的信息能得到员工更多的关注，有更大的影响力。

领导者要宣传和沟通什么呢？这包括企业的文化理念、企业文化演变的历史，以及提出现有文化理念的原因、本人对企业文化理念的理解、解读企业文化理念的故事、符合或违背企业文化理念的典型案例、贯彻企业文化理念的做法等。领导者宣传沟通企业文化理念的具体方式有以下几种。①

（1）正式发言或讲话。企业内的会议很多，如动员会、工作部署会、总结会、表彰会、例会等，这都是领导者宣传企业文化的好机会。无论在什么会议上，领导者都要尽量避免就事论事、只谈工作，而应有意识地把会议的主要内容和企业文化联系起来，或者直接把企业文化作为会议的内容之一。领导者表扬一个人，剖析一件事，点评一种现象，都是对员工思想的潜移默化的影响，可以引导员工理解和认同企业文化。

（2）撰写文章。每个管理者都可以用笔把自己的所思所想写下来，然后通过网络、内刊等形式分享给员工，从而引导员工思想。华为创始人任正非就是这方面的典范。任正非的《华为的冬天》《华为的红旗到底能扛多久》《创新是华为发展的不竭动力》《天道酬勤，幸福不会从天降》《反骄破满，在思想上艰苦奋斗》等报告不仅在华为内部凝聚了人心，在关键时期重申华为的核心精神和理念，不断巩固了"客户导向、艰苦奋斗、变革创新"的华为文化，而且将华为文化传播到了全球，其中若干文章已经成为人们学习企业管理的经典文献。

（3）讲故事。讲故事是一种重要的领导方法，也是宣传企业文化最有效的方法之一。通过讲故事，领导者能把高深的道理讲得通俗易懂，把枯燥无味的理论讲得打动人心，把记不住的内容讲得过耳不忘。那些擅长激励员工的领导者都是讲故事的高手，如柳传志、张瑞敏、俞敏洪、徐少春等。他们所讲的故事主要有这样几类：①他们自己的故事。艰苦创业几十年，他们每个人都经历了无数的酸甜苦辣，其中的故事不仅能激励员工努力奋斗，而且能让员工了解他们的内心世界，了解企业和企业文化的历史渊源。②公司的故事。这包括公司发展过程中所遇到的挫折和困难、经历的成功和失败，也包括发生在公司内管理者和员工身上的故事。③他们的所见所闻。他们经常接触形形色色的人，见到、听到各种各

---

① 曲庆. 企业文化落地理论与实践[M]. 北京：清华大学出版社，2015.

样的故事,他们也会从书里和媒体上发现故事。领导者在收集和传播故事上要做一个有心人,不仅高层的领导者应该如此,中层和基层的领导者也应该如此。

(4) 非正式沟通。以上所提到的讲话和写文章都是正式沟通的途径;领导者与员工之间的沟通也有非正式的。例如,一起吃饭、喝茶、参加文体活动时的沟通,在这种场合,领导者有意识地讲一些公司内外的人和事,就员工关心的问题谈谈自己的看法,都能直接或间接地加深员工对企业文化的理解。当然,领导者也不必刻意把沟通内容都和企业文化挂钩,否则就不是非正式沟通了。但也要注意不要和企业文化背道而驰,说者无心、听者有意,特别是员工通常更相信领导者在非正式场合的言行,领导者此时无意识地说出的一句话很有可能就破坏了员工心目中正在形成的企业形象,使企业上下长期的努力成果毁于一旦。

 小案例

著名企业家讲故事

3.1.6 企业文化建设的保证体系

企业文化建设的保证体系是指企业以保持和发展优良企业文化为目标,运用系统观点,坚持以人为中心,优化企业内外环境,构建强化与固化企业文化的有效机制。企业文化不仅需要构塑成型,更需要巩固和发扬,使其转化为物质力量,转化为凝聚力和现实生产力。因此,建设一种积极、健康、向上的企业文化,必须从物质、制度、礼仪等方面采取相应的保证措施,以便巩固它、强化它,使优良的企业文化渗透到全体员工的心里,融合到企业的经营管理中。

1. 企业文化的物质保证

企业文化的物质保证是基础保证,它是指通过改善企业的物质基础和生活条件,扩大生产经营成果,完善企业的文化设施,来物化企业的价值观,以增强企业的凝聚力和员工的归属感。这是企业文化保证体系中的"硬件"。为了把企业文化建设落到实处,企业必须建设好生产环境工程、福利环境工程和文化环境工程。

企业生产经营的物质条件(如厂房、设施、机器设备等)和物质产品既是企业文化赖以形成和发展的基础与土壤,也是企业精神文化的物质体现和外在表现。建设企业生产环境工程,就是要逐步改善企业生产经营的物质条件,生产出最优秀的产品。企业文化的发展水平同生产环境工程建设的优劣成正比。建设企业生产环境工程的重点是推进技术创新与技术改造,提高产品质量和品牌影响力,加强现场管理,创造一个文明、清洁的生产环境,搞好厂区的绿化、美化,美化生产的外部环境,使员工心情舒畅,给公众以特有的感染力。

小案例

像家一样的花园式企业

C公司是国内某港口城市最大的从事散装液体货物装卸的专业化公司,自创立之日起就一直重视以"人本"为核心的"家文化"建设,并形成了全体员工认同并自觉践行的特色"家文化"。"家文化"的有效实施不仅促进了员工与企业共同成长,还赢得了客户及社会各方的信任与尊重,塑造了一个管理科学、服务优质、安全环保、运营高效、绩效卓越、和谐发展的优秀企业形象,品牌知名度和美誉度不断提高。C公司曾荣获全国质量管理奖,成为全国港口装卸行业中唯一获此大奖的企业。另外,还曾获得全国实施卓越绩效模式先进企业称号、全国交通行业质量信得过班组和全国班组安全建设与管理优秀成果一等奖、全国先进职工书屋称号等。

心理学的研究表明,作为个体,人们所有行为的终极目的是追求幸福。C公司"家文化"的要义就是使员工快乐工作、幸福生活,让员工享受家的温暖,热爱并努力为企业这个家奉献。为此,公司领导从贴近员工的实际工作和生活条件入手,实实在在、细致入微地增进员工的幸福感。

例如,为员工营造愉悦的工作环境,便是C公司增进员工幸福感的重要措施之一,也是企业文化建设的基础物质保障之一。

创建清洁干净的卫生环境是C公司一直以来的优良传统。公司不仅在日常工作中建立了各项卫生管理制度,在硬件上也不断加大资金投入,着力打造设施完善、环境优美的"花园式"企业。比如,将原有的老式办公模式改造为敞开式办公模式,修建北方热带园"家和园"(被誉为"天津港十大景观之一",并成为行业内外参观学习的标杆之一)及办公楼外占地约3 000平方米的"青年林",为员工提供优美的办公环境和户外休闲场所;打造快乐农场,种植绿色蔬菜水果,丰富员工业余生活;建立现代化员工活动室,配备各类体育活动设施,供员工放松娱乐;建立国家级职工书屋,提供员工日常学习资源。尤其值得一提的是享誉行业内外的"下午茶"。由于工作繁忙,每到下午两三点,员工就会感到疲惫。这时,就可以到茶吧喝喝茶、吃点水果、聊聊天,虽然只有15分钟,但对于放松精神、恢复体力大有裨益,因此深受员工欢迎。

宽敞明亮的办公区、风景如画的休闲娱乐区、文化氛围浓厚的书屋,如此令人愉悦的工作环境也让许多来C公司参观的人赞叹不已:"C公司的'家'是由内而外的'家',在这里工作的人真幸福!"

【思考】 本案例对你有何启示?

企业福利环境工程建设是企业为满足员工的基本生产生活需要而进行的非生产性投资建设。建设企业福利环境工程,就是要逐步改善企业的生产和生活条件,为员工的生产和工作提供一个安全稳定、丰富多彩的生活环境,满足员工物质文化生活的需要。企业福利环境工程建设得好,使员工亲身感受到企业有靠头、有盼头、有奔头,才能强化员工的归属感,激发广大员工的工作热情。建设企业福利环境工程的重点是完善企业的工资制度和奖励机制,完善必要的生活设施,加强劳动保护措施,改善作业环境。

福利环境工程建设主要指企业的各种文化设施、标识等的建设,它们是企业文化建设的物质载体和外在标志。福利环境工程建设的重点是建设和完善教育、科技、文艺、新闻、体育、图书资料等方面的文化设施,把抽象的文化信条、警句"装饰"在环境中,使人们耳濡目染,以满足员工的精神文化需求。

2. 企业文化的制度保证

小案例

非加油者不得如厕

如厕难是很多现代城市的典型问题,深圳尤其突出。有一次,我和朋友开车外出,在深圳一家宾馆附近内急,想起邻近的一家加油站有洗手间,于是欣然而至。但万万没料到的是,我们遭到了拒绝,理由是:"非加油者不得如厕!"气愤而又无奈之余,我满足了对方的条件,这才得以"解决问题"。令人感到滑稽的是,离开加油站时,我无意看到加油站门口赫然写着"顾客至上,以客为尊"八个大字。

目前,我国企业文化建设的一个最普遍的误区是:很多企业领导认为企业文化建设就是喊些口号,搞些文体活动。这些企业不顾实际情况,采用拿来主义的做法,把一些国际一流企业或是比较流行的企业理念拿来作为自己企业的理念,根据不同的传播对象和场合,轮番打出"以人为本""服务社会""让顾客满意""创一流企业""创新务实"等冠冕堂皇的理念口号,以为这样就是建设企业文化,就可以提高企业的"品位"。殊不知,这些企业理念一旦失去了真实的思想基础,一味地模仿其他企业,实际上无异于东施效颦,和故事中的加油站同样可笑!

【思考】 怎么理解企业文化与企业理念、管理制度及企业行为的高度一致性?

制度是企业文化理念的重要载体。制度保证在企业文化建设初期是关键性保证措施。企业文化的制度保证是指通过建立和完善企业的组织制度、管理制度、责任制度、民主制度等,使企业所倡导的价值观念和行为方式规范化、制度化,使员工的行为更趋合理化、科学化,从而保证企业文化的形成和巩固。企业文化的建设在各个方面,如企业目标的实现、企业价值观的形成、企业精神的发扬、企业风尚的保持等,都离不开企业文化的制度保证。

企业文化的制度保证包括以下方面。

(1) 企业治理结构及管理组织结构建设。这是企业文化建设的组织保证,要依据我国《公司法》要求,建立企业治理结构,设置有效的管理组织结构,重视非正式组织的建设,弥补企业正式组织的不足,为各层次的员工发挥聪明才智提供广阔的天地。

(2) 企业生产技术和管理制度建设。建立企业生产技术和管理制度既是生产经营的秩序和工作质量与效率的保证措施,也是企业文化建设的重要保证措施,尤其是在文化较弱,即文化未成为引导员工行为的主导力量时,这些制度是载体,对文化起着强化作用。

小案例

春兰的"三铁"制度

春兰集团在企业腾飞初期,推出了"春天工程",实行的是被称为"三铁"的企业管理制度。

其一,铁的条例。春兰集团的管理者认为要"建世界一流的企业、出世界一流的产品、创世界一流的效益",必须从员工的初级行为开始严格管理,依法治厂。为此,集团先后制定了干部员工行为规范、劳动管理等多项管理规章制度,对员工在企业内外的行为规范做了详尽的规定。同时,建立了监察部门,负责违纪处罚,并建立三级监察网络。

其二,铁的纪律。在春兰集团上下建立目标管理责任制,各司其职。在制度面前人人平等,如有违反,一律照章办事。春兰集团已经达成的共识是:"对犯规者有情就是对企业无情。"

其三,铁的管理。春兰集团的教育、劳动、技术质量等数十项管理规则都是铁打不动的。每个上岗的工人必须是经过严格的技术业务培训并考试合格的。一切违反技术规程、工艺流程的行为都视情节轻重给予处罚,甚至除名。

正是这"三铁"制度,使春兰集团以严著称,以严闻名。

(3) 企业岗位责任制度建设。企业的岗位责任制度是以工作岗位为核心建立的责任制度。它具体规定了每个岗位的职责和权限,是一项基础性制度。企业只有建立、健全岗位责任制度,才能使其他各项生产技术、管理制度更好地贯彻执行,充分调动员工的积极性,保证企业各项工作任务的完成,使企业所倡导的价值观得以体现和贯彻。岗位责任制包括生产工人岗位责任制、专业技术人员和管理人员岗位责任制、领导人员岗位责任制等,各级各类人员的岗位责任制都可以通过制定规范的"任务说明书"的办法加以落实。

(4) 企业民主制度建设。优秀的企业文化必然是"以人为中心"的文化,如果不重视员工的民主权利及民主制度建设,企业文化建设就缺乏内在驱动力。企业民主制度建设可以采用召开职工代表大会、董事会、监事会等吸收员工参加管理,加强各类民主小组的建设,提出合理化建议,民主评议领导干部,让员工在本岗位上自主管理并发挥创造性等形式展开。

 小案例

反映企业文化理念的特殊制度

3. 企业文化的教育保证

企业文化的教育保证是指通过各种培训手段,提高员工的素质(包括政治素质、道德修养、文化水平和业务技术水平等),启发员工的觉悟,开发员工的潜能,使之能够成为承载和建设企业文化的主力军。员工的素质与企业文化的层次呈正相关,很难想象,在一个整体素质极其低下的员工群体中能够孕育或承载高品位的企业文化。因此,发展企业文化必须有良好的教育保证体系,要始终把搞好员工培训、提高员工素质作为企业一项战略任务来抓。

实施企业文化培训,为企业文化建设提供教育保证要注意以下几个问题。

(1) 企业文化培训要突出个性。企业文化对于任何企业而言都是个性的,放之四海而皆准的企业文化是没有个性的企业文化，即使落实到实际中，也变成了"形而上学"的模式。建设企业文化不能模仿，企业文化必须分析整合不同的价值观念，精心提炼出最适合本企业发展、最有价值的精神。在进行企业文化培训时，也需要形成个性，要针对不同层级和职能的人，设计不同的培训内容。从企业的层级来看，高层需要了解企业文化的本质、与传统文化的关系、与战略和核心竞争力的关系、如何实施文化变革等内容；中层的侧重点在于如何在领导下属、实施考核、团队建设中体现企业文化，即企业文化与管理技能的结合，没有优秀的领导技能就无法传扬企业的文化；而基层人员则更需要理解本企业的企业文化理念，以及如何在工作中体现出企业文化；新进人员需要认识企业的历史和文化、先进人物事迹、行为规范等。从企业的职能来看，不同部门对企业文化的需求也不一样，人力资源部门需要了解企业文化与招聘、培训、考核、薪酬、激励、奖惩、任免等工作的有机结合；生产部门需要了解企业文化如何体现在工艺设计、质量控制、流程改造、操作规范等环节；财务部门则需要了解企业文化在投融资、预决算管理、成本控制等方面的应用；营销部门需要了解企业文化与品牌建设、促销推广、广告公关等内容的关系；其他部门的文化培训也应该有不同的侧重点。由此可见，如果没有针对性，实行"大锅饭"式的企业文化培训往往没有效果。

（2）企业文化培训要强化组织保证。企业文化培训是一项系统工程，必须加强管理，建立、健全责任机制和激励机制，形成系统全面的组织保证体系。在企业文化中，管理者是企业利益的代表者，是下属发展的培养者，是新观念的开拓者，是规则执行的督导者。在企业文化培训中，企业管理者起着决定性作用，搞好企业文化培训，关键在于管理者特别是各部门的一把手。如果没有管理者的以身作则，要想培育和巩固优秀的企业文化是相当困难的。这就要求企业文化的培训首先要提高企业各级管理者的素质，充分发挥其在企业文化建设中的骨干带头作用，管理者的政治素质、精神状态以及对企业文化建设的认知程度直接影响着企业文化培训的作用和力度，只有把企业管理者的示范作用、主导作用和战略思考同广大普通员工参与的基础作用、主体作用、扎实工作有机地结合起来，才能使企业文化真正融入企业中。同时要建立、健全系统全面的企业文化管理机制，制定企业文化培训责任制，把企业文化培训纳入各级管理者的责任考核之中，作为对管理者奖惩的重要依据之一，各部门明确各自的职责范围，逐步形成企业内部全员参与的企业文化格局。只有企业的各级管理者对企业文化建设真正给予了高度的重视，企业文化培训的组织力度才可以得到加强，培训才能扎实有效地向纵深化方向发展。

（3）企业文化培训要形成体系。企业文化培训的目的是要让员工提高综合素质，促进企业的可持续发展。要使企业文化培训能长期持续地发挥作用，就必须建立一个符合企业实际的企业文化培训体系。建立一套完整的适应自身企业文化培训体系的基本步骤是：第一，要对本企业现状进行系统地调查研究，把握住企业文化建设的重点；第二，拟出企业文化建设的构想，组织专家论证；第三，确定企业文化的基本要素和员工讨论，而后依据岗位不同分解为相应的要点，从而建立完整的企业文化培训体系；第四，广泛宣传，形成舆论，使企业文化培训体系渗透到每一位员工的头脑里；第五，编制规划，分步实施，实现管理的整体优化。

（4）企业文化培训要经久创新。企业文化具有稳定性的一面，更重要的是与时俱进，随着时代的进步而不断丰富和发展。要加大企业文化培训力度，以培训创新推动企业文化创新。①要在培训制度上创新。努力建立起培训、考核、使用、待遇一体化的员工培训管理制度,充分调动员工学习的积极性和主动性,转变员工学习的观念,由"要我学"变成"我要学",大力营造全员学习的企业文化氛围,力求将企业文化培训形成一整套基本制度体系,进行长期的认真贯彻执行。唯有通过培训制度的认真贯彻执行,方能提高企业员工的思想观念、技术水平和综合素质,从而实现优化企业员工队伍结构、提高企业人员整体素质、建立领先同行业的品牌企业文化竞争力的目的。②要在培训内容上创新。要从以知识更新型培训为主,向以智能增强型培训为主转变,按照文化前移、技能复合、素质全面的要求,培养员工的学习能力、实践能力、创新能力、跨文化交流能力等关键能力,不仅要让员工掌握具体的技术、技能、技巧,更要突出创造性开发、创造性思维能力的培养。如今文化的发展日新月异,创新企业理念,我们应及时吸收文化发展中的先进因子和企业管理思想。同时要结合员工的职业生涯管理开展培训,帮助员工实现个人价值。员工个人价值得到了提升,又会促进企业的发展,从而提高企业的竞争力。③要在培训形式上创新。企业文化培训中应该尽量减少单纯的课堂讲授,特别是纯理论的讲授,应该加大互动的比例,课程的内容也要以实际操作和案例为主,要变灌输为引导,加强双向交流。要以多种形式开展企业文化培训,如专家辅导讲授、针对企业文化的内容展开讨论与交流、开展定期企业文化例会等。随着计算机技术和网络技术的飞速发展,要充分借助网络开展培训,不断优化整合培训资源,创新培训载体。通过网上培训,使培训在时间和空间上得到延伸,增强企业文化培训的广泛性和持久性。

小案例

PDCA 循环在企业文化管理中的运用

PDCA 循环是一个完善的质量持续改进模型,是质量管理不可或缺的工具之一。它包括持续改进与不断学习的四个循环反复的步骤,即计划、执行、检查、处理。

F 公司是国内一家成功实施全面质量管理的机械生产制造企业,该公司创新性地将 PDCA 循环思想成功运用于企业的培训流程管理,其中包括企业文化培训流程管理,大大提升了企业文化培训工作的质量。具体的工作流程及相关工作内容与具体要求如表 3-2 所示。

表 3-2 基于 PDCA 循环的企业文化培训工作流程及相关工作内容与具体要求

关键环节	工作内容及具体要求
诊断分析	对企业文化培养的师资团队、课程内容、培训活动形式、员工培训需求、培训满意度、当前培训效果、员工不同岗位特点、员工能力现状等进行深入的调研与分析,以能力素质模型分析等形式进行培训前的需求诊断分析
计划	基于诊断分析,明确培训需求,制订培训计划。要求明确培训目的、培训对象、培训内容重点、培训方式、具体的时间安排以及具体的实施部门,方案制订过程中要与相应受训者进行深入沟通,确保因材施教。详细计划应以年度为实施周期,并提交企业文化建设领导组织审批后实施(各部门企业文化培训计划均须上报企业文化建设部门审批后方可实施)

续表

关键环节	工作内容及具体要求
实施	企业文化建设部门牵头,由各部门配合,按照培训计划实施,实施过程中应注重课程研发、师资团队建设、创新培训方式,完善激励机制,严格流程管理,尤其是在教学管理方面要掌握学员的学习情况、把关教学质量。其中包括制定相应的管理办法与制度,如企业文化培训管理制度、企业文化培训师管理制度、外聘培训师管理制度、培训服务规范、培训通知表、培训协议书、员工培训出勤统计表等(具体可与人力资源管理部门配合完成,或者根据需要借鉴部门内容)
评估/检查	主要从企业文化培训工作以及企业文化培训效果两个层面开展评估,评估方式包括问卷调查、访谈、实际观察、360°反馈等。具体的评估机制主要包括两方面内容:一是针对企业文化培训工作实施过程及效果的监督与评估;二是针对企业文化培训队伍的监督与评估。要求评估培训总体效果、总结培训工作经验与优势、检查出培训工作存在的问题
行动/改进	基于评估与检查,总结成功经验,并制定相应的标准(例如进一步完善规章制度、培训管理流程等);针对存在的问题,提出改进方案,着重从课程内容设计、授课质量(师资水平)、教学服务、后勤服务、教学环境等方面予以改善,并拟定下一步培训计划(进入新的 PDCA 循环)

【思考】 F公司企业培训取得成效的关键是什么?

4. 企业文化的礼仪保证

企业文化礼仪是指企业在长期的文化活动中所形成的交往行为模式、交往规范性礼节和固定的典礼仪式,礼仪是文化的展示形式,更是重要的固化形式。正像军队礼仪、宗教礼仪对军人和教徒的约束一样,企业文化礼仪规定了在特定文化场合企业成员所必须遵守的行为规范、语言规范、着装规范,若有失礼节,便被视为"无教养"行为。企业文化礼仪根据不同的文化活动内容具体规定了活动的规格、规模、场合、程序和气氛。这种礼仪往往有固定的周期性,不同企业的礼仪体现了不同企业文化的个性及传统。

企业文化礼仪在企业文化建设中的保证作用主要表现在:其一,使企业理性上的价值观转化为对其成员行为的约束力量。文化礼仪是价值观的具体外显形式,通过规范文化礼仪,实际上也就使人们潜移默化地接受和认同了企业价值观,文化礼仪客观上成为指导企业各项活动的行为准则。其二,企业文化礼仪是文化传播最现实的形式。通过文化礼仪,使难解难悟的价值体系、管理哲学等显得通俗易懂,易于理解和接受;同时由于大多数企业文化礼仪生动、活跃,具有趣味性,其中所包含的文化特质更易于在企业全体成员之间进行广泛传播。其三,企业文化礼仪是企业成员的情感体验和人格体验的最佳形式。在企业各类文化礼仪中,每个企业成员都具有一定角色,他们能够身临其境,受到礼仪活动现场气氛的感染,经历情感体验,产生新的态度。

企业文化礼仪不是企业文化活动中的静态构成,而是在实践中不断补充、丰富和创新的。具有优良传统的企业,其文化礼仪也是丰富多彩的。

(1) 工作惯例礼仪。工作惯例礼仪是指与企业生产经营、行政管理活动相关的带有常规性的工作礼仪。其特点:一是气氛庄严、热烈;二是直观性强,直接体现所进行文化活动的价值和意义;三是与常规工作直接相关,成为工作禁忌和工作惯例;四是有规范性和激励性,直接规范人们的工作行为,强化人们的工作动机。工作惯例礼仪一般包括早训(朝会)、升旗仪式、总结会、表彰会、庆功会、拜师会、攻关誓师会等。

(2) 生活惯例礼仪。生活惯例礼仪是指与员工个人及群体生活方式、习惯直接相关的礼仪。举行这类礼仪的目的是增进友谊、培养感情、协调人际关系。其特点:一是气氛轻松、自然、和谐;二是具有民俗性、自发性和随意性;三是具有禁忌性,避免矛盾和冲突,抑制不良情绪,禁止不愉快的话题,要求人们友好和睦相处;四是具有强烈的社会性,有些礼仪直接由社会移植而来,又常常是由非正式组织推行,并在企业中广泛传播。生活惯例礼仪一般包括联谊会、欢迎会、欢送会、运动会、庆婚会、祝寿会、文艺会演及团拜活动等。

(3) 纪念性礼仪。纪念性礼仪是指对企业具有重要意义的纪念活动中的礼仪。举行这类礼仪的目的是使员工产生强烈的自豪感、归属感,增强自我约束力。其特点:一是突出宣传纪念活动的价值;二是烘托节日欢快气氛;三是强化统一标志,着统一服装,挂企业徽记,举行升旗仪式,唱企业歌曲等。纪念性礼仪主要指厂庆、店庆及其他具有纪念意义的活动。企业庆典活动不宜频繁,按照中国传统,逢五、逢十、逢百的纪念日要庆祝。

(4) 服务性礼仪。服务性礼仪是指在营销服务中接待顾客的礼仪。规定这类礼仪的目的主要是提高企业服务质量和服务品位,满足顾客精神需要。其特点:一是具有规范性,执行不能走样;二是具有展示性,即对外展示企业良好的精神风采,有特色的服务礼仪能够成为企业文化的一道亮丽的风景线;三是直接反映企业营销活动的内容和特点,礼仪执行好坏直接或间接影响企业的声誉和效益。服务性礼仪主要有企业营业场所开门关门礼仪、主题营销礼仪、接待顾客的程序规范和语言规范、企业上门服务的礼仪规范等。

(5) 交往性礼仪。交往性礼仪是指企业员工与社会公众联系、交际过程中的礼仪。中国是礼仪之邦,企业在对外交往中应在遵循国际惯例的基础上,特别注意发扬优良传统。规定这类礼仪的目的主要是对内创造文明、庄重的工作氛围,对外树立企业良好的形象。其特点是既有通用性,又有独创性。通用性是指企业要遵循世界上各国各民族通用的交际礼仪,不遵守这些礼仪会被交往对象看不起,遭到轻视;独创性是指企业自身在与公众交往实践中创造的交往礼仪,这类礼仪往往有特殊的场景和程序,带有鲜明的企业个性和文化魅力,交往对象置身于这种礼仪中,感受到友情、友爱,有强烈的被尊重感。交往性礼仪包括接待礼仪、出访礼仪、会见礼仪、谈判礼仪、宴请礼仪以及馈赠礼物、打电话、写信、发邮件礼仪等。

小案例

三大公司的特殊礼仪

平安集团从1998年开始推行以微笑和鞠躬为核心内容的平安礼仪。该公司设计了欠身礼、15°鞠躬礼、30°鞠躬礼。其中,欠身礼要求的是头颈背成一条直线,目视对方,身体稍向前倾;15°鞠躬礼要求的是头颈背成一条直线,双手自然放在裤缝两边(女士双手交叉放在体前),前倾15°,目光约落于体前1.5米处,再慢慢抬起,注视对方;30°鞠躬礼要求的是头颈背成一条直线,双手自然放在裤缝两边(女士双手交叉放在体前),前倾30°,目光约落于体前1米处,再慢慢抬起,注视对方。此外,公司还规定行鞠躬礼一般在距对方2~3米的地方,在与对方目光交流的时候行礼,且行鞠躬礼时必须真诚地微笑,如果没有微笑,鞠躬礼是失礼的。这些礼仪用在遇见客人、遇见同事和领导、召开会议、迎送客人等场合,公司对于如何应用这些礼仪都有具体的规定。经过多年的推广实践,平安礼仪已经成为平安企业文化的重要组成部分。

苏州固锝公司从2012年开始开展"微笑问候"活动,管理层早晨提前1小时上班,在工厂门口迎接每一位员工,微笑着90°鞠躬向他们问候:"早上好!你们辛苦了!感谢你们!"有些上下班的职工也会在门口站定几秒,鞠躬还礼甚至还有一些员工自觉加入了鞠躬问好的队列。他们这样做,既和公司员工幸福的价值观有关,也和公司"用心将圣贤文化带给全世界,造福全人类"的愿景有关,因为繁体篆字礜其下方就是一个人弯腰鞠躬的象形。

沃尔玛公司有一个著名的"十英尺的态度"或称"十英尺法则",这是沃尔顿首先提出来的,他对店员说:"我希望你向我保证,无论什么时候,当客户与你的距离在十英尺之内时,你就会注视着他的眼睛,问他是否需要你的帮助。"这一法则和"太阳落山法则"等一起成为沃尔玛服务客户的有效规范。

企业在创立具有自身特色的上述企业文化礼仪体系时,应赋予各种礼仪以文化灵魂,将企业倡导的价值观渗透其中;重视弘扬企业的优良传统,使用具有价值的文化活动素材,继承企业的传统习惯和做法;认真组织、精心设计企业文化礼仪的场景,善于营造良好的气氛,使员工通过参加礼仪受到感染和教育;积极吸收员工参与创造礼仪,增强礼仪的生命力。只有这样,才能有效地发挥企业文化礼仪在建设、强化、传播企业文化中的积极作用,避免浮于表层,流于形式。

3.2 能力开发

3.2.1 案例分析

1. 企业文化究竟由谁来建设

请扫描二维码,然后回答案例后"思考·讨论·训练"题。

思考·讨论·训练

(1) 甲公司聘请企业咨询公司专家进行企业文化建设为什么失败了?

(2) 乙公司专门设立企业文化建设小组,开始独立自主地建设企业文化,为什么也失败了?

(3) 企业文化该由谁来建设?又该如何建设呢?

2. 潍柴动力企业文化体系内涵解读

请扫描二维码,然后回答案例后"思考·讨论·训练"题。

思考·讨论·训练

(1) 潍柴动力的企业文化建设有哪些独到之处?

(2) 潍柴动力的企业文化各内涵之间的关系是怎样的?

3. 科龙的企业文化塑造

20世纪末,科龙集团迅速发展,同时,如何适应公司的快速发展,对公司的组织文化提出了要求。当科龙高层意识到文化的作用并做出战略部署的时候,科龙把这一工程命名为"万龙耕心"。

1)"万龙耕心"工程的目标

(1) 要塑造一种优秀的企业文化,发挥企业文化的辐射力和亲切力以此来统一员工的思想行为,以增强企业的凝聚力和战斗力。

(2) 通过策划并实施系列活动,使科龙1.2万多名员工,全部参与到企业文化塑造工程中,明确企业发展战略及发展方向,为科龙的二次创业创造辉煌的业绩做好准备。

2)"万龙耕心"企业文化塑造工程总体策划方案

科龙集团"万龙耕心"企业文化塑造工程中,"万龙"是指1.2万多人的员工队伍,显示科龙雄大的实力和丰富的人力资源;"耕心"是要求把企业文化的种子,撒播在每一位员工的心田,让它开花结果,发展壮大。"耕"字还有精耕细作之意,寓意这次活动不会流于形式,而是让每一位员工参与其中,将大家的心凝聚在一起,塑造出一种良好的、富有个性的企业文化氛围。方案遵循企业文化递次深化的、由浅入深的原则,规定科龙塑造企业文化将达到6个目标:①明确科龙集团的总体经营目标;②凝聚员工的向心力;③形成特色的企业文化;④寻找科龙新的优势点;⑤品牌形象延伸;⑥提高全员素质。

科龙企业文化塑造工程分为以下四个阶段。

第一阶段:经营文化明确化。

(1) 文化观念沟通。

目的:赋予全体职工使命感并活络整个计划,加强企业文化深度认知,将企业文化效果延续扩大。

项目:①成立推行委员会,由总裁亲任推行委员会主任。②确定企业文化训练课程,由推行委员会进行共识教育训练。

(2) 文化战略沟通。

目的:集团营运调查与研讨活动相结合,让企业文化共识达至巅峰。

项目:①定性定点调查。其包括最高领导阶层个别访谈;推行委员个别访谈;关系企业领导个别访谈;关系企业中级主管座谈会;职工代表座谈会。②文化研讨营活动。进行三天两夜文化研讨营。

(3)经营文化定位。

目的:以集团文化完成指标。将企业文化策略的结论归纳与分析后,以文字建立共识与了解。

项目:①经营文化策略建议书。内容为文化策略结论报告。②经营文化策略定位。内容为企业文化策略指标报告。

企业标语活动。其包括内部精神口号、集团企业标语。

第二阶段:企业文化深植化。

目的:借宣传活动等载体将企业文化灌输给每一位企业员工,成为全员共同遵守和奉行的价值观念、基本信条和行为准则。

(1)企业文化制定。

内容:企业文化指标总结。其包括企业价值观、企业行为信条、企业组织管理。

(2)企业文化宣传。

内容:企业内部媒体信息交流。其包括发行定期刊物、建立信息走廊、设置意见箱。

(3)企业文化推广。

内容:企业内部文化活动。其包括体现企业价值观、体现企业行为信条、体现企业组织管理。

第三阶段:精神文化共识化。

(1)行为规范。

行为规范的建立:目的是除了借由视觉革新外,以人为出发点,革除职工不良习惯,建立优质行为规范,创造企业新风气。

① 对内行为规范。其包括全体职工对内行为规范制定。

② 对外行为规范。其包括全体职工对外行为规范制定。

③ 行为规范手册。将行为规范制定成标准手册。

教育训练的建立:目的是通过策略研习,发展教育训练计划。严格训练,切实督导,认真考核,以使全体职工皆能符合标准行为规范。

① 建立教育训练制度。其包括全体职工教育训练制度拟定。

② 教育训练手册。将教育训练制定成标准手册。

(2)组织管理气氛。

目的:通过组织管理原则的建立,使管理规范化、系统化。

内容:企业各级组织管理制度拟定。

项目:建立组织管理制度。

第四阶段:企业文化推广化。

(1)企业活动。

目的:以企业文化为主题,对内外充分展示成果并造成话题,将科龙集团全国知名度推至最高点;配合企业活动开幕前、中、后期做强势宣传,将企业文化的知名度提到最高点。

① 企业文化导入实施计划。其包括协办单位征选、执行教育训练、集团节庆活动暨企业文化发表会、企业文化发表串联活动。

② 企业之歌及企业音乐征选。其包括企业歌曲的命名、谱曲、填词选拔活动,内外部公开征选活动。

③宣传多元化。其包括公关活动、造势活动、公益活动、事件展望、促销活动。

(2) AD广告宣传策略。

目的：通过不同的媒体，拟定策略，传达至不同的特定对象，进行全方位沟通，迅速建立起企业文化。

①文宣刊物发布。其包括公关企业海报、企业简介。

②媒体广泛宣传策略。其包括电视形象广告，电台传播广告，以及报纸、杂志、看板等平面广告，还包括集团简介。

(3) PR公关策略。

目的：通过公关手法，将企业文化巧妙地推荐给社会大众，使他们对科龙集团产生深刻且良好的印象。

①事件公关策略，配合社会趋势进行事件串联。

②媒体关系策略，结合相关话题做策略性报道。

3) 项目实施

(1) 实施准备。事前在广东省请了10位专家，给科龙集团的高层领导和宣传人员讲授企业文化课、培训。经过反复挑选，确定由专业形象策略公司策划组织文化塑造工程。邀请华南理工大学工商管理学院专家作塑造企业文化工程的顾问。

(2) 内部发布会。1998年9月13日，科龙举行了一个由3 000名员工参加的内部发布会。会场上，10面绘有"万龙耕心"工程标志的彩旗上，签下了万余名职工的名字，表达了科龙众志成城、再创辉煌的巨大决心。潘宁、王国端、李棣强等科龙高层领导当场也在旗上签下了自己的名字。

在这次会议上，科龙领导层提出希望通过企业文化塑造工程，明晰企业的使命，知晓企业发展的目标和方向，明确自身的责任，完善自己的行为规范，增强企业的凝聚力、向心力，形成共同的价值观。

(3) 进行问卷调查。在科龙企业文化工程的推进过程中，我们做了一次针对科龙5 000名员工的问卷调查，其中有效问卷4 791份，以此对文化现状进行投石问路，调查摸底。

这个调查提纲涵盖了企业文化的许多方面，包括从企业理念、人际环境、内部沟通、职业自豪感到发展空间，乃至企业战略和发展前景等，它可以成为开展企业文化塑造的重要依据和参考。

(4) 举办文化研讨营。1998年秋季，"万龙耕心"工程举办了一次三天两夜的文化研讨营。科龙集团的老总、各部主管部长、专业公司主管老总、分厂厂长等80人参加了会议。

研讨营以沟通为主旨，充分沟通各种想法，分析企业优劣势，借鉴"百年老店"式企业的成功之道，也吸收"异军突起"式企业的创新经验，了解强手，了解对手，了解企业之外的世界以及了解自己的消费者。然后开动脑筋，头脑激荡，研讨企业的基本信念、战略、市场营销战略、企业文化、企业革新战略等。

科龙人在企业文化研讨中发现，企业文化涉及企业经营的方方面面，包括产品文化、质量文化、安全文化、福利文化、激励文化等。它既是企业的一种推动力，又是企业的凝聚力所在。它虽然不是企业的一种支配的力量，但它却是协调、支撑企业的精神支柱。

(5) 举办企业文化新纲领发布暨誓师大会。声势浩大的科龙集团企业文化新纲领发布暨誓师大会于1999年3月7日上午在容奇镇体育中心隆重举行,与会人员除科龙集团万余名干部员工外,还有省、市、镇各级领导,以及科龙企业文化专家顾问,令人瞩目的是科龙集团还请来了来自全国30个省市的近100名消费者、经销商代表以及科龙的退休员工和员工家属,使这次盛会更显得意义非凡。

此次推出的《科龙企业文化纲领》(以下简称《纲领》)包含科龙企业文化的基本观点、基本信念和总体信念三部分。新《纲领》中确定了科龙的企业价值观为"诚信久远,追求无限";经营理念为"科龙完美宣言",并独具匠心地利用英文PERFECT(完美)的七个字母为前缀,阐发出七种含义——分别为尊重个性发展、提供平等机会、满足顾客需求、崇尚公平竞争、建立高效组织、创造和谐环境、真诚回报社会,使科龙的理念系统不仅独特新鲜,而且更具国际化特征。

最引起与会者兴趣的还是"科龙企业文化的基本观点",它被称为"一个中心、两个基本点、四项基本原则"。"一个中心"是指企业文化必须服务于企业经营,又叫作"企业文化相对论";"两个基本点"是指"对外以顾客为导向,对内以员工为导向",前者力图变成全体员工的共同意识——企业的存在价值在于满足顾客的需要,由吸引顾客的持续购买达到企业的永续经营,后者则突出"以人为本"的管理原则,使企业人尽其才,物尽其用,将每一位员工的前途与命运联系在一起,连成荣辱与共的纽带。"四项基本原则"是指科龙"开拓、拼搏、求实、创新"的企业精神,开拓——发展才是硬道理;拼搏——不懈奋斗拼到底;求实——实事求是图进取;创新——以变应变裹胜举。大会在1万多名与会者"当科龙人,做最好的"激昂口号中结束。

(6)举办"总裁开放日"。为配合新纲领的出台,切实体现"对外以顾客为导向,对内以员工为导向"原则,尤其是内部行销、互动体系的建立,使高层能进一步了解员工需求、满足员工需求,增进高层领导和员工之间的直接感情沟通,同时,也让员工有机会领会高层思路,面对面"传道、解惑",上下通气,凝聚人心。1999年6月25日和12月29日,科龙集团先后举办两届"总裁开放日"。其中,首届"总裁开放日"收集员工各类问题246个,现场解答30多个。其他问题个个有跟踪,绝大部分问题得到了解决落实,并及时在内部电子邮件系统发布消息。第二届"总裁开放日"以"创新2000年,我们携手同行"为主题,着重探讨"管理创新、技术创新、营销创新和人力资源创新"等企业热点问题。员工们对企业重大决策方向、战略的关注,使决策层领导惊喜地感受到民心凝聚的可贵和引导民心的紧迫。相对于首届活动,第二届从形式到内容,都更注重创新效应。员工的座位被排成圆弧形,簇拥着主席台,构成一个亲切和谐的同心半圆。不仅员工可以问领导,领导也把他们心中困扰的历史遗留问题向员工征询意见,广大员工积极抢答、踊跃表达建议的气氛,感染着现场的每一位科龙人。

作为企业高层与普通员工沟通的重要渠道,"总裁开放日"每年举办两次,力争办成一个企业信赖、员工欢迎、促进良好沟通的保留节目。

(7)举办弘扬"铁锤精神"系列活动。为了纪念老一代科龙创业者"一锤敲出新天地"的业绩,发扬他们艰苦创业、敢为人先、求实拼搏、节约办厂的精神风范,企业设立最高荣誉"金锤奖"和"金锤终身荣誉奖",每5年一届,奖励那些为企业做出过巨大贡献、深受好评的干部员工。同时,文化工程推委会经过大量访谈和文献查阅,推出《足迹》一书。书中抒写了大量鲜明感人的事例,搜集了一些鲜为人知的史实,并从理论上观照每一个时期的历史事件。对新一代科龙创业者来说,不单是接受企业创业史知识的传播,更能接受科龙传统优秀文化的洗礼。企业借"铁锤精神"的宣传,希望激发新的创业激情,共同实现"万龙同耕霸九霄"的宏大理想。

4) 项目评估

(1) 内部评估。

① "当科龙人,做最好的"的企业精神口号得到全体员工的一致认同。并在工作中和社区行为中得到实施和表现。走出去的科龙人代表着文明,具有优雅的形象、良好的教养和让人放心的素质。

② 企业的创新意识突破传统,迅速加强。长期以来,科龙的创新表现在技术上是可以体现的,但在企业价值观方面,即人、事、物方面,迈出的步伐还不够大、不够快,还留有大量值得探索与改进的地方。求实并非不好,关键是创新才更能在企业中发挥灵魂作用。创新固然要冒一定的风险,但是不创新才会招致最致命的风险。企业的决策层从企业文化研究成果中得到启发,不但在机构设置上做了更灵活、更有效的调整,而且在整个企业中推行创新意识,并责成有关部门着手制定那些最能激发创新意识的制度,如职位说明书、新的薪酬制度等。其中,2000年初春着手进行的组织转型工作更是有史以来的大动作,四位副总裁的退位和外来高级专业人才的"空降",使全体科龙人都真切地感受到了变革、创新的强力冲击波,员工的危机意识增强,参与改革的热情高涨。

③ 企业的民主风气有广大的推进,沟通渠道变宽、变直接,员工"主人翁"意识得到进一步确认。15年来,首次由总裁与员工面对面的"总裁开放日"活动得以举行。从收集上来的员工意见中可以看出,员工盛赞这次活动对企业的民主风气的促进,认为这是一次大型的交心会,并能最终形成风气长期探索和坚持下去。

④ 投入思考的员工越来越多,换句话说,思考的意义日趋重要。企业的执行力强是件好事,但是当执行变得毫无思辨力、毫无质疑,就绝对不是一件好事。随着企业遭遇的市场竞争环境越来越激烈、残酷,不少员工勤于思考市场发展技巧,大胆质疑企业内部运作环节问题,勇于提出自己的独到见解,得到企业领导的认可和鼓励。

(2) 外部评估。

① 科龙集团被国际权威机构评为1999年"全球成长最佳公司"。

② 科龙集团1999年在国内A股成功上市。

③ 在市场不景气的环境下,科龙集团再创辉煌,保持亚洲制冷业最大地位,并再一次成为中国冰箱产销量第一的企业。

④ 成功兼并华宝空调成为空调生产第一,成功控股日本三洋冷柜(中国),成为改造外资企业的典范。

⑤ 形成与惠而浦的策略联盟,以惠而浦的技术生产科龙品牌的产品。

思考·讨论·训练

(1) 结合案例谈谈你对企业文化建设各个方面的理解。

(2) 科龙文化建设的具体步骤是怎样的?

(3) 结合案例分析科龙集团企业文化建设成功的决定因素。

4. 腈纶人的画与话

"真有你的,你的漫画又上墙了!"

"这有什么,人家小张的漫画都被编成节目了。"

"哎,咱车间小王的节能漫画又得到了厂长的嘉奖!"

"我还有个建议,回去再画幅画。"

近年来,抚顺石化公司腈纶化工厂借助漫画这一载体,不断丰富思想政治工作的文化内涵,调动和激发广大职工参与企业经营管理的积极性。职工围绕生产经营、安全生产、产品质量、增收节支、学习雷锋、技术革新、计划生育等主题,以画言志,以画建言,以画献策,小小漫画不仅搭建了厂领导与一线工人交流沟通的桥梁,还促进全厂形成了"凝心聚力抓管理、奋发向上求发展"的和谐氛围。

腈纶化工厂是我国首家引进干法腈纶生产技术的大型化工企业。干法腈纶生产装置流程长、自动化程度高,对员工素质和操作水平要求高。过去,有的职工责任心不强,为了自己方便,随意调整工艺参数,致使腈纶产品质量难以稳定,非计划停产时有发生。厂党政班子认识到,企业的改革发展需要充分发挥广大职工的生产积极性,需要强有力的思想政治工作支持和保证。他们针对职工中青年比例大的特点,探索思想政治工作与生产经营、与职工思想实际相结合的有效途径。"腈纶人的画与话"活动在探索中应运而生,它赢得了广大干部职工的认可,参与率逐年提高。广大职工站在管理者的角度,针对一系列关乎企业改革发展的问题,通过自己的画笔,勾勒出一幅幅爱企敬业,体现主人翁精神的"画卷",为企业改革发展增添了生机与活力。

"腈纶人的画与话"活动的开展主要经历了以下五个阶段。

第一个阶段:让你画——"用画来说心里话"。厂里针对广大职工的兴趣、爱好,因势利导开展思想政治工作,确定"画与话"教育载体,动员职工画,引导职工画,激发广大职工以画言志,以画说话,以画建言献策,自觉投身到"画与话"活动中来。腈纶化工厂1990年建厂,职工平均年龄35岁,大专以上学历的近一半。2002年在厂里开展的"迎国庆书法、美术、摄影竞赛"活动中,职工参与率极高,而且反映的主题大都是企业管理方面的内容。厂领导受到启发,决定将"画与话"活动纳入日常管理工作中,在全厂开展一次以"画与话"为主要形式的"我为企业发展献良策"漫画征集活动。没想到一周时间,全厂就征集到漫画300多幅,这些漫画主题突出,形式新颖。于是,厂里成立了由宣传部、组织部、工会和团委组成的领导小组,负责研究、部署、指导、协调全厂开展"腈纶人的画与话"活动,他们围绕企业管理及职工关心的热点问题,采取每月一个主题、每季一次评比的方式,对优秀作品的作者予以表彰,并建立"百米漫画廊"展出作品,鼓励职工用"画"来说心里话。为保证活动的有序开展,激发职工的参与热情,进而扩大覆盖面,宣传部定期组织召开"腈纶人的画与话"专题研讨会,让"画与话"的作者、爱好者及组织者在一起座谈、交流、研讨。同时,全厂从上至下成立了漫画协会,宣传部还外聘了专家,定期到厂进行辅导,提高绘画水平,壮大作者队伍。到目前为止,职工的参与率达90%以上。漫画使企业的精神、理念、目标变得通俗易懂,漫画也成为职工表达思想观点的新载体,有的职工通过漫画提出了许多合理化建议,一些观点和建议还得到了厂里的奖励,"你画我画大家画",人人关心企业、人人参与管理的浓厚氛围在全厂逐渐形成。

第二个阶段：我要画——"围绕主题创作画"。厂里围绕生产经营、安全管理、挖潜增效、技术改造、产品质量、学雷锋、计划生育等主题，引导职工用简笔漫画的形式"画"出新意，表达心声，激发广大职工参与管理的主动意识。宣传部对初期征集上来的"画与话"进行筛选，制作成类似工艺品的小画框，送到全厂生产、辅助车间及岗位、办公楼走廊进行循环展览。科学地引导，调动了职工参与漫画创作的积极性，职工通过创作漫画表述对企业经营管理、改革发展的所思所想。给排水车间的一名职工针对本部门个别职工上班时违反工作规程穿高跟鞋的不安全现象，画了一幅题为"哎哟，我的妈呀！"的漫画，漫画夸张而幽默，善意地规劝了当事者。职工们说，漫画就在我们的工作岗位和巡检路线上，随时提醒我们注意安全。有的漫画画的就是我们身边的人和事，要是成了讽刺画中的人，那多丢人啊！在2004年的"质量月"活动中，职工们紧紧围绕提高产品质量这个主题，创作了123幅漫画。在2005年3月学雷锋活动月中，职工们紧紧围绕勤俭节约、节能降耗创作了漫画300多幅。

"画与话"活动不仅使广大职工陶冶了情操，更增强了主人翁意识。毛条车间一名职工说："'画与话'活动使我真正找到了做主人的感觉，平时憋在心里的话可以用画说出来。"公司后勤一名职工说："'画与话'活动使我真正找到了展现自己个性的舞台，使我的业余文化生活更加丰富了。""画与话"活动增强了职工参与管理的意识，拉近了管理者与职工的距离，促进了职工之间的团结和友谊，企业形成了和谐融洽的气氛。空分车间一名职工把家里的厨房变成了"画室"，发挥夜班工人熬夜的"特长"，利用晚上家里人休息的时间创作漫画，两年来创作漫画30多幅；有的职工还自费参加绘画学习班，就是为了"随心所画"。至于一线职工自己买画板、买宣纸、买笔画画的就更多了，现在全厂月平均征集漫画作品达百余幅。

第三个阶段：做活画——"请身边人走出画"。小小漫画成为思想政治工作的有效载体。为使活动更加深入人心，厂里在"画与话"的形式上不断创新，宣传部、工会和团委牵头成立了"用戏说画"创作小组和"腈纶人的画与话"文艺宣传队。它们通过自创、自编、自演曲艺、小品、歌舞等形式诠释漫画，将漫画变成"动画"，一方面让画中的正反两方面典型人物走出画来表演画；另一方面组织职工把自己创作漫画的体会、感悟通过演讲、讲故事等形式表达出来，教育身边人，影响身边人。化工车间一名职工因为留长发险些被机泵卷进去，质检站职工根据这件事创作了一幅漫画，并将漫画改编成小品搬上舞台，职工们在笑声中得到警戒，再也没有穿高跟鞋、披长头发上岗的了。聚合车间一名职工把奖金发放这一热点问题创作成一幅题为"透明"的漫画。并在画的一角写上了"奖金不见光，职工心里慌"的顺口溜。车间领导看到画后，将奖金分配方案在综合管理看板上进行了公布，受到职工的欢迎。与此同时，他们还借助每年的职代会、"三八"节、"七一"表彰会等大型活动，组织职工根据漫画自编自演文艺节目。使广大职工在自娱自乐中受到教育，在潜移默化中规范自己的言行。

第四个阶段：做大画——"请身边人走进画"。为使漫画活动开展得更加生动，厂里动员职工将企业管理、挖潜增效、安全生产、立足岗位学雷锋、两个文明建设等工作中涌现出来的先进典型、模范人物和职工身边的好人好事"请进画"。使先进职工成为大家学习的榜样。他们先后将"挖潜增效能手""节能标兵""安全生产先进个人""安全标兵""技术革新标兵"等一百余名先进人物都请进了"漫画",并在全厂百米漫画廊上展出。激发全厂干部职工学先进、赶先进、当先进的热情。在树立正面典型的同时,厂里还充分利用漫画讽刺、批评的特点,将一些违章违纪现象纳入漫画题材。给排水车间是用水大户,以往水龙头滴水、厕所跑水、水池溢流等现象随处可见,这些现象被职工用漫画曝光后,领导带头反思车间管理上存在的不足,并向职工检讨,对职工触动很大。领导还将职工创作的漫画悬挂在各个用水点上,提醒大家时时注意节能。另外,厂里还将各种规章制度纳入漫画创作题材,使各种生硬的制度变得深入浅出、通俗易懂。职工说,过去满墙贴的都是规章制度,眼花缭乱,看都不爱看,现在漫画一挂,一目了然,随时都在叮嘱我们什么该做,什么不该做。

第五个阶段:做强画——"用行为来诠释画"。广大职工喜闻乐见的"腈纶人的画与话"活动,拉近了职工与企业的距离,增强了企业的凝聚力、向心力,也大大促进了广大职工参与企业管理的主动性和积极性,爱岗敬业、忘我工作,自觉地参与企业管理已成为广大职工的自觉行动。聚合车间季红班组职工通过漫画提出了解决马可混合机运行不稳定、滤布运转周期短等问题的合理化建议,经车间采纳实施后,使头道滤布的运转周期由原来的不到20天延长到30天,一年累计节约丙烯腈10余吨,价值20多万元。

"画与话"这一思想政治工作有效载体,不仅使企业管理登上了新台阶,而且大大促进了企业经济效益的稳步攀升。

思考·讨论·训练
(1)"腈纶人的画与话"活动反映了什么样的企业精神理念?
(2)"腈纶人的画与话"的作用是什么?
(3)如何通过设计企业风俗和企业活动开展企业文化建设?

5. 松柏电器公司这样培养商业人才

请扫描二维码,然后回答案例后"思考·讨论·训练"题。

思考·讨论·训练
(1)松柏电器公司对销售经理的培训有什么特点?其指导思想是什么?
(2)松柏电器公司试图培养一种什么样的企业文化?为什么?
(3)松柏电器公司用哪些方法和手段培育优良的企业文化?
(4)从此案例中受到什么启发?

6. 中国中铁股份有限公司企业文化建设

中国中铁四局集团第二工程有限公司是一家具有铁路、公路、市政工程一级资质,并通过 ISO 9001—2000 质量管理体系、OHSMS18001 职业健康安全管理体系和 ISO 14001—1996 环境管理体系认证的大型国有控股综合施工企业,素以技术精湛、纪律严明、信守合同而享誉四方。

经过几十年的锤炼和积淀,公司的企业文化建设体现了独特的内涵,已成为持续健康发展的宝贵财富和精神支撑,在公司三代人手中薪火相传,生生不息,放射出璀璨的光芒。近两年来,公司在强手如林的市场竞争中,共完成产值28亿元,总营销额近38亿元。企业各项管理科学有效,债权债务规模适度,公司积累不断增强,先后荣获"全国工程建设质量管理优秀企业""全国质量效益型先进单位""全国优秀施工企业""全国全面质量管理活动优秀企业"和安徽省、中国铁路工程总公司"优秀政工企业"等称号。

振叶以寻根,观澜而索源。中国中铁四局集团第二工程有限公司在深化改革的过程中,从精神、制度、品牌、形象四个层面开展的独具魅力的企业文化建设,有力地促进了企业的持续健康发展。

1) 培育核心价值观念,铸造企业发展之魂

公司在企业发展壮大的实践中逐渐形成了"顾全大局、团结和谐、敢为人先、争创一流"的企业精神,成为召唤企业员工的一面鲜艳旗帜。

培育顾全大局、科学发展的务实精神。务实精神是企业健康发展的重要保证。公司把解放思想、转变观念、顾全大局、科学发展作为企业文化建设的主旋律,努力引导员工树立与市场经济相适应和"顾全大局促发展"的观念,促使员工自觉地维护大局,激励员工不断进取,以竞争求发展,自觉增强竞争意识,观念围绕市场变,工作瞄准市场干,使员工认同"企业追求的最终目的是追求效益最大化",教育员工只有用稳定增长的综合效益来扩大规模,才能使企业发展进入良性循环,并引导员工树立"既要按劳分配,又要按效分配"的观念,建立了以岗位为基础、以业绩为核心、以考核为依据的薪酬分配制度。

培育敬业爱岗、团结和谐的奉献精神。员工的奉献精神是企业发展的重要因素,公司在员工中强化"只有努力实现企业目标,才能实现更大自身价值"的思想教育,引导员工把个人理想融入到国家富强和企业兴旺的工作之中。无论是在逆境中拼搏奋起,还是在顺境中快速发展,公司都把"团结协作、不等不靠"作为工作指导思想,把员工的思想统一到实现"兴企富工"目标上。

培育敢为人先、争创一流的创新精神。创新精神是企业保持生机和活力的源泉,首先,公司把"不进则退、慢进也是退"的危机意识贯穿到企业发展的全过程,激励并帮助员工在建筑市场上与知名企业争高低,营造"人人争当优秀员工,项项工程争创精品"的氛围,把"是否达到本系统、本行业最高水平、最好成绩"作为衡量工作优劣的标准,凡是有可比性的工作都要创一流,凡是业主所设的奖项都要争先进。其次,树立"奋勇领先,力创示范"的理念,引导员工追求卓越,以最优的工作业绩把一流的目标变成现实的业绩,每项工程施工中,都建立示范点或样板工程,以此引路,带动后续工作。最后,勇于创新。无论是建设国内首座独塔钢管混凝土结构的淮北长山路斜拉桥,还是建设安徽省第一座采用多跨钢梁浮拖技术的蚌埠淮河铁路大桥,公司都力争在激烈的市场竞争中一马当先,引领潮流。如今,公司又在世界第一座加劲梁采用钢混叠合形式的云南澜沧江大桥、世界最长的跨海大湾大桥的建设中不畏艰难,奋勇争先,以勇攀高峰的气魄和科学的技术与施工手段,实现了新的跨越。

2) 建立科学管理制度,巩固企业发展之本

制度化过程是推动企业文化发展的重要手段。公司把建立、健全企业各项规章制度作

为实现企业目标的有力措施,企业的生产经营管理始终处于可控状态,公司的合同履约率始终保持100%。

建立各项管理制度,突出一个"全"字。公司规定了企业全方位的管理制度。在计划管理制度方面,公司制定了"章程""中长期发展规划",设立了战略研究、决策咨询、考核奖惩专门委员会,以保证决策的科学性。质量管理制度方面,公司制定了"项目经理部管理办法",出台了"施工技术管理细则"和"公司质量管理手册"。在经济核算制度方面,公司在建项目实行AB账户管理制度,建立拨款、资金和成本台账,对总会计师实行委派制、不定期轮岗制度。在人事劳动管理方面,对人力资源实施动态管理,掌握员工的需求层次,建立了责、权、利、效相结合的报酬分配体系。

在党建和思想政治工作制度方面,公司制定了"党群工作制度"和"重大事项党政领导会签制度"。

完善创新管理制度,突出一个"细"字。随着改革的深入,需要在原有的管理制度基础上建立新的细则。公司1999年出台了"责任成本管理办法",并相应制定了"工程责任成本预算单价和外包指导价""工程项目经营承包考核办法"等配套制度,建立起"干前测算、干中核算、干后结算"的成本控制体系,把成本控制贯穿于整个项目经营的全过程。同时,重视制度在执行中的反馈。针对当前"营销增大,如何加强管理"的问题进行分析,结合公司区域发展新形势,制定了"地区经理部管理办法",对项目管理进行充实和完善。公司重新修订了"党群工作检查评比办法",进一步增强了党群工作的针对性和可操作性。公司近期修订了"外协队伍管理办法",在队伍选择、质量控制、施工组织等方面明确相关主体的责任,在工程结算、风险防范上规定了严格的程序和应急措施。随着营销额的不断扩大,公司制定了"项目经理个人风险抵押承包管理办法",努力探索新的管理方式。

贯彻执行管理制度,突出一个"严"字。公司建立了以责任追究制为核心,以监督机制为保障,以考核制度为依据的制度执行机制。一是考核决定奖罚,公司出台了"责任成本考核办法""项目亏损追究处罚办法"。二是确定责任人,公司首先抓领导的执行力,划分公司领导生产经营责任区,建立公司领导工作联络点,对所分管工作和分管区域内项目的施工进度、安全、质量负责,工作成效与年薪挂钩。明确各部门、各岗位的管理职责,制定考核办法,并将考核结果与员工收入挂钩,以问责制与多种纪律处分并用,做到令行禁止。三是强化民主监督机制,依靠广大员工,拓宽监督渠道,推行厂务公开,组织职工代表"巡视"活动,检查督促制度措施是否到位。

实施品牌经营战略,扬起企业发展之帆。公司把"干一项工程,树一种精神,育一批人才,立一座丰碑,拓一方市场"作为生产经营的主旋律,不断提高服务水平,公司美誉度和客户满意度稳步提高。公司承揽任务突破10亿元大关,2005年前三个月先后中标云南新河高速公路10标段等工程,夺得超过5亿元的市场份额,保证了企业的持续发展。

靠高素质的员工,干高质量的工程。公司在员工中培育终身学习制,组织导师带徒,技术比武,激励员工学技术、钻业务。2003年以来技术比武5场次,在中国中铁股份有限公司举办的各项技术比武中,有2人获技术标兵称号,1人获技术能手称号,有32人成为技师。重视培训学习、选拔干部,精心培育项目经理、党支部书记、项目队长、技术主管、财务主管、物资主管六支队伍。近两年来,公司先后提拔了60名有大专以上学历的员工担任中层干部,为实现品牌兴企打下了良好的基础。公司注重员工的技术培训和知识更新,建立职业教育、委托外单位培训、在岗自学等教育网络体系。四年来,全公司共举办各类培训班474期,培训员工10 757人次。公司在上海地铁M8线施工中,针对地铁盾构施工技术空白,成立了盾构机械操作、盾构机械维修与保养、盾构施工三个专业学习小组,大学生当管片安装工,工程师当机械操作工,只用半年时间就基本掌握了盾构机械的操作和盾构施工技术。

  品牌是以实力做支撑的,而最根本的是科技实力。公司制定科技发展规划,瞄准高、新、尖、难工程项目,提高自己的技术水平。公司成立了技术研发中心,注重研发应用新技术、新工艺、新产品,针对科技含量高的新项目,一方面,加大科研投入,组织质量控制技术攻关组,解决现场难题,每年投入的科研经费都在500万元以上。另一方面,从企业发展的长远目标出发,组织专家队伍和年轻技术人员学习观摩先进施工技术,进一步培养人才,增加技术储备。建立了人才使用培养、科技创新的分配激励机制。自2002年开始,公司每年拿出135万元设立岗位贡献特殊津贴,奖励有突出贡献的技术人员,完善了技术创新机制,设立专项基金,实行重大课题专人负责,最大程度地发挥技术人员的技术创新潜能。加强公司与科研机构和大专院校的合作,实现技术上的突破。几年来,公司先后攻克斜拉桥主塔垂直度控制、多跨长大钢梁浮拖及深水基础施工、32米铁路单线大型箱梁整体预制等多项具有创新水平的技术难题,多项科研成果获国家、省部级科技进步奖,为企业的快速发展提供了强有力的技术支持。

  创新优质工程,扩大企业影响力。产品的质量是决定品牌的重要因素。多年来,在"精心施工、精密检查、精细管理"的"标尺"上,上至公司领导,下至操作工人,每个人都成为质量体系中自律、严控的"节点",将工程质量责任制同企业品牌效应挂钩,创建优质工程,扩大企业影响力。每一项工程无论大小,均瞄准"开工必优、一次成优"的目标,结合质量、职业健康安全、环境"三位一体"管理体系的运行,建立工程全面创优规划,对关键环节、特殊工序制定详细的施工方案、作业指导书和质量包装措施,并设立质量专用基金,用于优质工程项目的奖励。在施工过程中,坚持"五查一访",即查质量意识、查质量水平、查质量体系、查现场管理、查质量损失,访问用户。为规范施工行为,在每个操作工人的手中,都有一个与自己工种有关的卡片,上面印有公司的质量管理方针和具体工作的作业规范,使员工牢固树立"创优在我心中,质量在我手中"的责任感,用智慧和汗水擦亮企业的金字招牌。一个个样板工程、精品工程不断涌现,形成了以阜阳枢纽、西康铁路、神延铁路为代表的"铁路工程"品牌,以淮河铁路大桥、淮北长山路斜拉桥、合肥五里墩立交桥为代表的"桥"品牌,以渝怀铁路磨砂溪隧道、株六铁路复线新水花隧道、南京中山门隧道为代表的"隧道"品牌。近年来,工程合格率100%,优良率达85%以上,先后有3项工程获全国用户满意建筑工程奖,4项工程获中国建筑工程鲁班奖,1项获中国土木工程(詹天佑)大奖,30多项工程被评为国家优质工程和省部级优质工程。

  3) 塑造企业良好形象,再添企业发展之力

  良好的形象是企业宝贵的无形资产,是企业综合实力的重要组成部分。为此,公司既注重塑造产品形象、环境形象和员工形象,又积极运用各种媒介主动地把自己的良好形象展示给社会公众,提高了企业的知名度和美誉度。搞好环境建设,增强员工认同感,是坚持

"以人为本",改善员工生产生活条件的需要,而实际上,它是企业形象和管理水平的具体体现。针对施工企业生产环境恶劣、生活条件艰苦、员工远离家庭和亲人的实际情况,近年来,公司结合标准化工地建设的要求,制定了公司"三工建设"的指导标准,在工地设置、后勤保障、工地生活等方面进行了统一的要求,每年投资100余万元用于工地驻地的环境建设。如今,在公司的每一个施工现场都是彩门耸立、红旗招展、标语醒目、灯箱耀眼。中国中铁四局集团有限公司标识的规范应用,给人以强烈的视觉冲击。建筑材料整齐堆放、施工机械有序摆放、操作规程分类挂放,成为建设工地一道道亮丽的风景线。2004年以来,共有5项工程被评为省级文明工地。杭州湾经理部统一员工服饰,在工作服上印上"今天我做了什么",提醒员工努力工作,激发员工大干的热情,规范员工的行为,教育员工个人的形象就是企业的形象,并将此项要求延伸到协作队伍当中,展现了中国中铁四局集团人的风采,赢得了社会广泛的赞誉。

丰富文体活动,增强员工归属感。2003年以来,公司先后投入300万元用于建立和完善员工的文化活动设施。在公司基地,出台了《幸福路一条街形象建设发展规划》,对建设绿色花园、文明社区等进行统一设计,建立了员工活动中心,坚持节假日大型活动与平时小型活动相结合,先后组织了秧歌舞、广播操、保龄球、篮球、排球大联赛,成立了读书活动小组和摄影、美术、棋牌、钓鱼等兴趣小组,不断提高员工的文化生活质量。在基层文化建设方面,结合点多线长、流动性大的特点,每年投入近20万元为基层单位添置文体用品,实现了文化设施规范化、定型化。办公区普遍接入了宽带网,让职工了解网络世界的精彩,陶冶员工情操。在人迹罕见的青藏铁路通天河特大桥施工中,通过创办内部刊物《通天河之声》,让员工在荒凉寂寞的高原上品饮着文化的甘泉,感受着文化的力量。公司还经常开展送文化下基层活动,为员工送去精神食粮,每年坚持冬送温暖,夏送清凉,让广大员工感受到企业大家庭的温暖。

加强典型宣传,增强员工荣誉感。公司的先进典型是企业核心价值观的集中体现,是企业的"形象大使"。30多年来,公司员工心系企业,忘我奉献,出现了许多先进典型,他们身上所体现出的敬业之情、爱企之心是企业的宝贵财富,是推动公司持续健康发展的强大精神动力。在京九铁路阜阳枢纽会战中,公司员工不畏艰难,团结拼搏奉献,创造了闻名全国的"阜阳速度"和"颍河精神",涌现出一大批先进集体和先进个人。在举世瞩目的青藏铁路建设中,广大员工高举旗帜,挑战生命极限,展示了公司的精神风貌,谱写出"鏖战雪水河大桥""攻坚通天河大桥"等一个个动人的篇章。公司员工刘志祥在工作中刻苦攻关,成绩卓著,先后获全国十大杰出职工、全国优秀项目经理、全国劳动模范等多项荣誉称号。全国优秀企业家、公司董事长、党委书记张建场,全国优秀项目经理、公司总经理张庭华,全国先进女职工马晓蓉,铁道部"火车头"奖章获得者罗振芳、高宝昌等先进人物成为公司员工学习的榜样。多年来,公司不断通过新闻媒体,让先进典型折射出的企业文化在国内各大媒体频频"闪光",每年都有600余篇报道在各级媒体上播出,增强了广大员工的自豪感。

回顾公司30多年的发展,文化力的驱动至关重要。同时公司也清醒地认识到,在市场经济不断完善的今天,优秀的企业文化不仅需要长期的积累,更需要不断创新,才能夯实企业的核心竞争力。我们将进一步抓好企业文化建设,努力使表层文化和深层文化有机结合,相得益彰,为企业的健康发展提供不竭的动力。

思考·讨论·训练

(1) 中国铁路工程总公司企业文化建设中有哪些地方是值得其他同类企业借鉴的?

(2) 如果你是公司的企业文化负责人,你觉得应该怎样让文化落地生根?

7. 埃尔德集团小鞋匠故事

请扫描二维码,然后回答案例后"思考·讨论·训练"题。

思考·讨论·训练

(1) 埃尔德集团遇到了什么危机?

(2) 总裁查菲尔先生与小鞋匠的对话传递了怎样的企业文化?

3.2.2 实践训练

1. 实训项目:班级文化建设方案设计

班级文化作为一种隐性的教育力量,表现出一个班级独特的风貌和精神,是一个班级的灵魂所在,具有凝聚、约束、鼓舞、同化的作用。本次实践活动要求设计"班级文化建设方案"。

1) 内容与要求

(1) 主题力求突出。

(2) 设计力求创新,挖掘班级内涵,突出个性,形成班级特色。

(3) 内容力求丰富,结合班级的情况,全面进行文化熏陶和渗透。

2) 成果检验

(1) 组建班级文化建设小组。

(2) 撰写"班级文化建设方案"。

(3) 进行方案说明和资料展示。

(资料来源:丁雯.企业文化基础[M].4版.大连:东北财经大学出版社,2021.)

2. 实训项目:企业文化建设员工活动策划方案

1) 内容与要求

(1) 由教师选取一家合作企业,向学生说明其经营范围、员工规模、企业文化建设现状等企业基本情况。

(2) 学生由3~5人组成一个小组,到实地进行调查。

(3) 根据企业情况撰写企业文化建设员工活动策划方案,包括活动主题、活动目的、活动形式、活动时间、参加人员、活动组织、准备工作、经费预算等。

2) 成果评定

(1) 活动策划方案课堂展示与分析。

(2) 在有条件的情况下可以实施活动策划方案。

(3) 提交参观与访谈心得体会。

(资料来源：赖文燕，周红兵.企业文化[M].3版.南京：南京大学出版社，2023.)

3. 培训游戏："熊来了""是吗"

1) 游戏规则

(1) 各组1号（第一个人）喊："熊来了。"

(2) 然后2号（第二个人）问："是吗？"

(3) 1号再对2号说："熊来了"，此时2号再告诉3号（第三个人）"熊来了"。

(4) 3号再反问2号"是吗"，而2号也反问1号"是吗"？

(5) 1号再喊"熊来了"，2、3、4号传下去。

(6) 由此每个人最初听到"熊来了"时，要反问："是吗？"然后再传回前头。第二次听到"熊来了"时，才传给别人，而前面的人不断地说"熊来了"。

(7) 每组最后的人听到第二次的"熊来了"时，全组队员齐声说："不得了了！快逃！"然后全组人一起欢呼，最先欢呼的那个组便得胜。

2) 游戏编排目的

学员们反复地说着"熊来了""是吗"，既热闹又有趣。学员们在参与过程中不停地相互说话，要保持头脑清醒。说正确的话，有利于大家彼此之间的相互熟悉和友好气氛的建立。

(1) 加深学员之间的了解。

(2) 建立友好的气氛。

3) 相关讨论

(1) 1号要说多少次"熊来了"？

(2) 其他的每个人，分别要说多少次？

(3) 大家分别要说多少次"是吗"？

4) 游戏主要障碍和解决

正确了解游戏规则，要重复回答，每组都需要派人监督。或者干脆只设一队，大家一起玩，至最后一个"熊来了"时欢呼并结束。男女各半时可以用"熊来了""我爱你"作口号，游戏会更有趣。

参与人数：学员以8~15人为一组，分成若干组。

时间：不限。

场地：开阔的场地。

道具：无。

附：如何对游戏当中输的人进行有趣的处罚。

(1) 掷骰子。准备一个正方体的盒子，在它的6个面上写上各种处罚方法，如高歌一曲、学猴子走路、交换蹲跳、吻培训师、跑等。请输的人自己掷骰子，并依上面写的方法受罚。

(2) 我爱你。输的人面对大树或墙壁大声地喊三声："我爱你！"

(3) 天旋地转。输的人就地闭上眼睛，左转三圈，右转三圈，再睁开眼睛，走回自己的座位。

(4) 模仿秀。输的人模仿一位自己熟悉的明星、歌星的歌声或说话方式,或模仿动物的动作。

(5) 灰头土脸。准备一盘面粉及乒乓球,让输的人用力将面粉盘上的乒乓球吹走。

(6) 我是淑女。赢的人将3~5本书放在输的人的头顶,并请他(她)学模特走台步旋转一圈后走回来。如果书掉了,就得重来。

(7) 神射手。在输的人身上挂上数个气球,让赢的人离他3米远,用牙签射向气球,至气球全部破掉为止。

(8) 哭笑不得。输的人先大笑5秒,然后大哭5秒,反复2~3次。

(9) 真心话。输的人要接受所有人的质问,不可以不回答问题,要据实以告,直到大家满意为止。

(资料来源:经理人培训项目组. 培训游戏全案·拓展:钻石版[M]. 2版. 北京:机械工业出版社,2014.)

4. 实训项目:企业文化传播的影响力体验——讲故事

1) 目的

通过讲故事的形式,分享一个自己或身边亲友所经历的、被企业文化所感动的故事,让学员们感受企业文化传播的影响力。

2) 内容与要求

(1) 具体描述该企业的企业文化传播手段和传播用语。

(2) 分析其感人至深的原因。

(3) 分享自己被其文化感动的体验。

3) 成果评定

(1) 故事讲述完整、表达清晰、感受真实。

(2) 学员们认同其体验。

(资料来源:赖文燕,周红兵. 企业文化[M]. 3版. 南京:南京大学出版社,2023.)

3.2.3 拓展阅读:企业文化建设的辩证思考

请扫描二维码,学习相关内容。

思考与讨论

(1) 为什么说企业员工是企业文化建设的基本力量?

(2) 在中国,人们一说起海尔就会想到张瑞敏,一说到华为就会想到任正非,请分析一下企业家在企业文化建设中的地位和作用,并分析企业家精神如何转化为企业文化。

(3) 企业文化建设的主要步骤是什么?你认为哪一步最为关键?

(4) 如果你是一位企业文化建设者,针对员工,你如何使"看不见、摸不着"的企业文化变成"看得见、摸得着"?

(5) 某企业经营业绩持续下滑,于是一位新经理取代了原经理,新经理着手新企业文化建设,以提升企业经营水平。请问你该如何给这位经理企业文化建设方面的建议?

(6) 如何处理企业文化建设和思想政治工作的关系?

(7) 如何针对企业员工进行企业文化的教育培训?

(8) 企业文化的宣传网络应该如何构建?

(9) 企业文化传播渠道具体包含哪些传播方式?各有何利弊?

(10) 论述企业文化的保证体系及主要内容。

(11) 结合实际谈谈如何设计企业的各种礼仪。

(12) 有的企业认为,企业文化建设就是开展职工业余文化活动。你对此有何评价?

第 4 章　企业形象与企业文化

君子之心事,天青日白,不可使人不知。

——《菜根谭》

只有肤浅的人才会以貌取人。

——[英]奥斯卡·王尔德

学习目标

- 了解企业形象的含义和特征。
- 掌握 CIS 的含义和构成要素。
- 明确 CIS 的导入程序。
- 掌握 CIS 战略与企业文化的关系。

 故事导入

可口可乐让美国人上街游行

　　1983 年,可口可乐对客户需求进行了一次耗资 400 万美元、历时一年半的调查。在饮料口味上,有 60% 的顾客支持新口味,于是公司决定在可口可乐 100 周年时花 7 000 万美元广告费推出新口味可乐。在群体好奇心的支配下,新口味可乐一时很畅销,甚至百事可乐的客户也被吸引了过来。但好景不长,市场上很快就掀起了反对浪潮。每天都有几千封抗议信,而且有不少顾客穿上写有抗议口号的 T 恤衫上街游行反对改革。可口可乐公司起初想顾客会慢慢适应的,谁想过了两个月,反对浪潮不但没有停止,反而有愈演愈烈之势。同时,厌恶新可乐的人数与日俱增,销量持续下降,新可乐已成为可口可乐公司的"灾星"。在重重压力之下,可口可乐公司不得不恢复生产老可乐,以平息众怒。没想到美国人竟上街高举鲜花庆贺老可乐恢复生产上市,甚至有一架飞机在天空拖着一面旗帜,上面写着:"感谢你,可口可乐!"而且可口可乐销量迅速增长,出现了前所未有的好形势。经过这一事件,无论是可口可乐的客户还是可口可乐公司的老板与员工,都强烈地感受到可口可乐已融入了美国人的生活中,成为美国人生活和文化的一部分。

　　一个企业的产品一旦成为一个国家、一个民族生活和文化的一部分,那么这个企业就完全与该国人民紧密联系在一起了,这也正是企业文化的最高境界。同时,当顾客一旦将感情注入了企业的产品中,其凝聚力与排斥力之大是任何人都意想不到的。

4.1 知识储备

企业形象是企业文化的重要构成要素之一,是企业文化的外显形态,既是企业文化的一个组成部分,又是企业文化的载体。企业形象作为企业的无形资产,集中地表现在"文化资本积累"上。随着社会进入信息、文化时代,企业经营资源的重点已经由物质资本转向文化资本,企业形象的竞争是企业竞争的制高点。良好的形象对于一个企业来说是一笔无形的财富,它可以为企业组织的产品和服务创造出一种消费信心,可以为组织吸引人才、集中人才创造优越的条件,也有助于组织寻求可靠的合作者和原料、能源供应者,从而增加投资者的信心,求得稳定而优惠的经销渠道,并增进周围社区对自己的了解,得到公众的赞美和支持。企业形象的建设已经成为企业谋求生存的重大战略问题。

4.1.1 形象和企业形象

大千世界,万物竞生,千姿百态,各有其形。比如,在自然界里,花有香,树有形,月有圆缺,日有阴晴。在人类社会中,无论是什么样的人,也都有其可以识别的形象。同时,人们对某一事物的好与坏、美与丑、善与恶、对与错的认知,都会有自己的评价。因此,在浩瀚的大千世界里,人们面对千姿百态的客观事物,无不从不同的方面来描绘它们的形象。

"形象"为客观事物的形状相貌之义,又指能够引起人们的思想或感情活动的具体形状或姿态。从一般意义上来说,形象这个词有 3 层意思:第一,形象是客观事物所有外部状态的反映,并且这种形象不是虚幻的、抽象的,而是直观的、具体的、可图像化的。一件物品的大小、宽窄、方圆、红绿等形状,都可以用语言描述出来。第二,形象是客观事物在人们头脑中的再现。由于人是形象的感受者,任何一种具体事物都可通过人们的感知反映出来,因而形象就成为人们对某种事物的总体印象。第三,形象对人们的思想和感情会产生深刻的影响。尽管形象的本源是客观的,但人们感受它之后,就会对人们的思想和感情产生作用,成为其选择、采取这种或那种行为的依据。总体来说,形象是人们的主观世界对客观事物的认知和反映,是人们在获取客观事物的大量信息后所形成的综合印象。

同其他客观事物一样,每个企业也都有自己的形象。在当今市场经济时代,市场竞争犹如一场以市场为舞台、以消费为裁判的企业选美大赛。谁能赢得这场大赛,谁就能获得生存、发展与成功,否则将会被无情地淘汰。在这场比赛中,一个企业自我感觉良好,不一定会得到裁判们的青睐;搔首弄姿、坑蒙拐骗,只会被驱逐出市场;自惭形秽,不思进取,也于事无补;只有厉兵秣马,遵循规则,强化训练,提高素质,敢于创新,充分展示实力,才能赢得胜利,获得生存与发展。在世界餐饮业的激烈竞争中,麦当劳以自己的独特形象独占鳌头,深红色的衬底托出金黄色的 M 形拱门,装饰一致、干净优雅的饮食环境,着装一致、笑脸相迎的服务人员,标识一致、独具特色的饮料杯、薯条袋,品质、规格、口味一致的汉堡包等,给人们留下深刻的印象。这就是麦当劳在世界消费者心目中形成的美好的企业形象。

所谓"企业形象",就是社会公众对企业综合评价后所形成的总体印象。这一含义说明:第一,企业是塑造自身形象的主体。企业的自身情况,包括它的精神面貌、价值观念、行为规范、道德准则、经营作风、管理水平、产品质量、服务水平、技术力量、人才阵容、资金实力、设备状况、厂区环境、广告宣传、公共关系、经济效益、福利待遇等要素，都是社会公众评价的客观基础。如果企业的每个要素都能调节到最佳状态，即企业的自身状况是令人满意的，那么它的形象就会获得人们的较好评价，经得起实践和时间的检验，获得较好的总体印象。企业自身状况不佳，是无法获得社会公众良好评价的。第二，社会公众是企业形象的感受主体。企业形象既然是社会公众对企业及其行为认识和评价的反映，因而社会公众包括消费者、用户及其他同企业发生各种关系的个人和群体的状况对企业的评价和印象有密切的关系。离开社会公众这一感受对象，企业形象就无从得到反映。第三，企业形象是社会公众的总体印象。企业形象并不是某个人对企业一时一事的认识结果，而是社会公众经过对企业的长期观察、认识、了解之后所形成的综合印象。因此，塑造企业美好形象绝非一日之功，而要经过长期、全面、艰苦的努力。

从上述可以看出，企业形象受企业自身、社会公众等多种因素的制约。一般来说，企业自身状况是其形象塑造的客观基础或原型，公众印象是对企业原型的反映；公众反映可能与企业原型不一致，这就要通过相互沟通与协调使两者一致起来。

企业形象构成

4.1.2　企业形象的特征

企业形象有以下 5 个特征。

1. 整体性

企业形象是一个有机的整体。一方面，企业形象构成因素具有整体性。企业形象是由企业内部的诸多因素组成的，如企业历史、社会地位、经济效益、社会贡献等综合性因素，员工的思想、文化、技术素质及服务的态度、方式、质量等人员素质因素，产品质量、产品结构、经营方针、经营特色、基础管理、专业管理、综合管理等生产经营管理因素，以及技术因素、物质设施等因素。这些不同的因素形成不同的具体形象。但是，企业形象作为社会公众的整体形象，是各个形象要素所构成的具体形象的总和。企业的某一具体形象只是构成企业整体形象的基础，而完整的企业形象才是对企业具有决定意义的宝贵财富。另一方面，企业形象在表现上要有整体性。在企业形象表现上，往往是某一具体形象比较突出，可能掩盖其他因素所形成的形象。就社会公众来说，他们不能对企业的各种因素以及各个方面的情况都进行评估，总是根据其所了解的情况来认识和评价企业。所有这些都可能造成企业形象的不完整性。因此,要避免企业形象表现上的片面性或不完整性,就既要全方位地探讨企业形象的构成因素,进行科学的塑造和建设,也要采取必要的步骤和措施,使广大公众真实地感受企业形象,从而在公众心目中形成总体印象。

2. 客观性

企业形象既然是人们在获取客观事物的大量信息后所形成的综合印象,因而企业形象所赖以形成的物质载体即企业原型是客观的。形象是一种观念,观念是对客观事物的反映。企业形象是由企业存在决定的,也就是说,企业形象作为现实企业各方面活动和所有外表等客观事实的印象,是不以人们的意志为转移的。虽然人们可以运用一定的手段策划一个企业的形象,但不能在虚幻的基础上构筑企业形象,此为其一。企业形象受一定社会环境的影响和制约,不可能脱离赖以存在和发展的社会与自然条件而独立存在,此为其二。企业形象是企业把自己的实态通过各种途径介绍给公众,使公众感知后形成一定的印象,因而企业形象的形成过程是客观的,此为其三。企业形象的评价标准,即社会效益、公众信赖等标准,是不以企业经营者或策划者个人的主观意愿为转移的,此为其四。因此,塑造或改善企业形象,最关键的在于努力改善企业实态,在企业原型的塑造上下功夫。

3. 主观性

企业形象虽然是在企业实态的基础上形成的,具有客观的现实基础,但是作为评价主体即社会公众来说,它是认识主体对企业客体的反映,因而社会公众对企业的认识、评价带有主观因素。因为社会公众本身就具有差异性,即他们的社会地位、价值观念、思维方式、认识能力、审美标准、经济利益、生活经历等各不相同,同时他们观察企业的时空条件,审视评价企业的角度、标准也有区别,这样社会公众对同一企业及其行为的认识和评价就必然有所不同,带有一定的主观性。此外,在企业形象的塑造和传播活动过程中,必然要发挥企业员工的主观能动性,渗透着企业主体的思想、观念和心理色彩。这种企业形象的主观性离不开企业实体的客观性。因此,在塑造企业形象过程中,既要全面分析企业内部的各种影响因素,也要研究社会公众自身的因素,使主观和客观相统一。

4. 相对稳定性

当社会公众对企业产生一定的认识和看法以后,也即企业形象一旦形成,无论其好与坏、美与丑,一般不会轻易地改变或消失,而具有相对的稳定性。这是因为企业及其形象因素会因条件限制而不会瞬息万变,即使企业性状及其行为可能发生这样或那样的变化,这种变化也不会马上改变企业已存在的形象模式;社会公众在经过反复获取企业信息和进行过滤分析后,由表象的感性认识发展为深入的理性认识,从而对企业产生比较固定的看法,即对企业的认识总是倾向于原有对企业的印象,并不会因企业性状及其行为的某些变化而改变对企业的评价。这种现象会产生两个方面的结果:一方面,具有良好形象的企业,可利用其形象稳定的特点,开展卓有成效的生产经营活动,保持独立风格,提高知名度和美誉度,激发强大的名厂、名店和名牌效应。另一方面,形象不良的企业,由于形象相对稳定而难以摆脱不良形象的阴影,势必会影响企业的生产经营活动,甚至生存与发展。对此,企业就要保持清醒的头脑,敢于和善于揭露自身的问题,经过不懈努力,消除负面影响,挽回声誉,重塑形象。当然,企业形象的稳定是相对而言的,它会随着企业内部因素、外部环境及公众因素的变化而发生变化。

5. 创新性

创新是企业的生命。企业形象形成的过程也是企业不断创新的过程,这不仅在于企业以其独特的个性展示自己的面貌,而且在于社会公众特别是消费者的需求不断更新、市场环境不断变化,因而对企业形象塑造会提出新的要求。尤其是在激烈的市场竞争中,各个企业除在"硬件"方面展开竞争外,更在"软件"方面即企业形象上展开竞争。后者是一种更高层次的竞争。一个企业要想在竞争中制胜,就必须不断创新自己的形象,以其良好的新形象去赢得顾客、赢得市场。

 小案例

融媒体视域下的故宫形象塑造

4.1.3　CIS:企业形象塑造的利器

20世纪90年代,在生机勃勃的中国大地,CIS战略犹如"一枝红杏出墙来",在我国南方兴起,并迅速升温,如日中天。这种应用性很强、使用范围很广、具有明显效果的经营技法迅速引起人们的重视,成为各类企业塑造形象的重要工具。

1. CIS的含义

CIS的英语全称是corporate identity system,意思是"企业识别系统",也即指企业将其理念、行为、视觉形象及一切可感受形象实行统一化、标准化与规范化的科学管理并形成体系,是公众辨别与评价企业的依据,是企业在经营与竞争中塑造形象、赢得公众认同的有效手段。CIS最早应用于企业,是1914年德国的AEG公司,该公司在系列性电器产品上首次采用彼德·贝汉斯所设计的商标,成为统一视觉形象的CIS雏形。

CIS作为一种理念被运作是在20世纪50年代的美国。当时的美国国际机器公司产品甚多,然而销售额总徘徊在1亿美元左右。小托马斯·沃森接替其父担任公司总裁后,实施了一系列战略性新决策。一是集中公司人力、物力、财力,设计开发计算机的硬件系统、软件系统,提高联网技术,这样就确定了企业发展战略,规定了企业的经营性质和发展方向;二是推行全天候、全方位、全球性限时维修服务,特别是全过程的联网化、系统化、伙伴化的潜在市场开发性服务;三是把产品识别标志和企业识别标志连在一起,并且系统地应用于产品系列、时空环境及企业生产经营的过程之中。

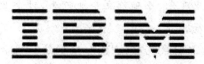

图 4-1　IBM 公司的识别标志

该公司设计了独特的识别标志(见图 4-1),它由几何图形造型的 3 个大写字母 IBM 并列组合而成,M 的字母大小是 IB 两者之和,名称、字体、图形三者合一。IBM 公司是公司合称 Internation Business Machine Corporation(国际商业机器公司)的缩写,既象征了计算机产品系列及其联网技术,又使人联想到公司开发计算机的企业发展战略和提供优质服务的企业行为规范。该企业识别系统简洁、明了、流畅、美观,令人一目了然,大大促进了 IBM 成为全世界最大的计算机生产经营企业,使其营业额不断上升,年营业额从 20 世纪 60 年代的 60 多亿美元上升到 80 年代的 600 多亿美元。

IBM 的成功,使 CIS 开始被企业所认识,欧美各国大企业纷纷导入 CIS。20 世纪 60 年代末期,CIS 传入日本。当时日本经济不景气,但技术高度发达,各企业制造的商品差异小,趋于同质化,企业迫切需要为商品赋予强烈个性,深感企业形象也应当作为一种商品推销,其目的就是使社会不断地、强烈地感受到企业的行为与精神,以期创造出独特的产品风格。于是,马自达、美能达、三井银行等相继导入 CIS,均获得了良好效益。

20 世纪 90 年代初,我国南方一些企业如"太阳牌""三九胃泰""神州燃气灶""健力宝"等率先导入 CIS,都在建立和提高企业声誉与赢得市场上取得了理想的成效,不但提高了在同类产品中的市场占有率,增加了经济效益,而且作为一个现代企业,更获得了可观的无形资产,提高了产品和企业的知名度。

CIS 是现代企业信息枢纽,就像一座空中立交,把企业、市场、公众沟通起来并融为一体。其作用具体可表现为:①充分体现现代企业科学的管理和经营水平,展示企业的完美形象,体现企业的文化标准;②充分利用一切手段达到增加和显示企业竞争能力的目的;③让社会及消费者识别和记忆企业,赢得更多的用户;④促使企业各方面更加趋于正规化、秩序化,在企业管理上发挥辅助作用;⑤激励员工士气,改善员工意识;⑥强化企业广告和传播效果等。

2. CIS 的构成要素

CIS 主要由理念识别系统、行为识别系统和视觉识别系统三部分组成。

(1) 理念识别系统(mind identity system,MIS)。理念识别系统就是对企业的精神理念进行定位。企业的理念识别系统全面地、系统地反映出企业的经营哲学、企业精神等,是企业的灵魂,也是 CIS 战略的核心。其基本内容如图 4-2 所示。

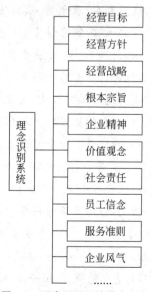

图 4-2　理念识别系统基本内容

 小案例

哈药集团制药总厂理念识别系统

哈药集团制药总厂于 1958 年成立,至今已有半个多世纪的发展历史。面对激烈的市场竞争,2002 年哈药集团制药总厂决定通过导入CIS,使哈药集团制药总厂转变企业理念,正确确立企业行为,对企业的营销策略进行全面策划,以期进一步拓展国际国内市场。

根据企业实态调查表明,哈药总厂原有的企业理念识别系统比较模糊,缺少统一性和识别性,并有多元化的倾向。大多数员工表示不知道或不清楚哈药总厂的企业理念是什么;有的员工甚至认为哈药总厂没有企业理念;有一部分人认为"团结、务实、创新、争先"是哈药总厂的企业理念;有一部分人则认为"振兴哈药总,富裕哈药人"是企业理念。这种状态说明,哈药总厂的企业理念识别系统仍然处在一个比较幼稚的低水平阶段,远不能适应环境变化和企业发展的需要。经过哈药集团制药总厂对原有企业理念的反复研究和对哈药总厂企业文化的提炼,新的理念识别系统包括以下主要内容。

(1) 哈药集团制药总厂经营宗旨:"质量至善,服务至美"。

其内涵是:①产品质量事关生死存亡,也是客户与消费者关注的焦点;②至美表现是哈药总厂的一种对产品质量高标准的追求和承诺;③服务是产品的一部分,是企业经营活动的重要环节,是客户与消费者关注的另一焦点;④至美是体现哈药总厂的优质服务能达到一种令人满意、愉悦的高境界,同时更是一种承诺;⑤质量与服务是企业经营的中心,经营宗旨以质量和服务为重点,可为全体员工指明努力的方向;⑥充分体现了哈药总厂"品质至上"的价值观。

(2) 哈药集团制药总厂企业精神:"团结、务实、创新、争先"。

其内涵是:①团结,体现了全体哈药人在企业总目标的指引下,以领导班子为核心,上下一致、荣辱与共、同呼吸、共命运,形成巨大的凝聚力,以迎接市场竞争的挑战;②务实就是实事求是,讲究实际,把一切工作落到实处,这是哈药总厂的优良传统,也是哈药总厂企业文化中的宝贵财富;③创新是突破旧桎梏,打破陈旧的观念,形成崭新的、具有蓬勃生命力的新局面、新体制;④争先是一种不甘人后、勇往直前的竞争意识,无论是过去还是现在,敢为人先,敢争第一,将使我们永远立于潮头。

(3) 哈药集团制药总厂企业目标:"中国制药工业的航空母舰"。

其内涵是:①突出哈药总厂的特点即规模与实力,并表明了哈药总厂在中国制药工业中的地位;②表现出哈药总厂在世界医药市场上发展的战略目标。"航空母舰"只是喻其大,说明地位举足轻重,并无最大最好之嫌。

(4) 哈药集团制药总厂企业口号:"为生命保驾,为健康护航"。

其内涵是:生命与健康是人类梦寐以求的理想,哈药总厂为帮助人们实现这一理想,进行了不懈的努力和执着的追求,不断用聪明智慧和勤劳的汗水,打开通向健康之路的绿色通道,让生命之舟扬帆远航。

(5) 哈药集团制药总厂座右铭:"逆水行舟,不进则退"。

其内涵是:①从警醒角度表现出了哈药"团结、务实、创新、争先"的企业精神;②能时刻提醒哈药人,哈药总厂这艘航空母舰是在市场经济的大风大浪中逆水而行,且对手如林,哈药人不能有丝毫懈怠,稍一放松,就有被淘汰的危险;③此句名言,通俗易懂,流传甚广,便于灌输和推广;④能与"中国制药工业的航空母舰"相呼应、相联系并能激起员工的责任感。

(2) 行为识别系统（behavior identity system, BIS）。行为识别系统就是企业行为的内外展示。企业行为识别系统是以企业理念为核心而制定的企业运行的全部规程策略。它将企业理念由抽象的理论落实到具体的可操作的措施，要求全体员工共同遵守并身体力行。它是企业良好的管理制度、管理方法和员工良好的行为规范的显现。其具体内容如图4-3所示。

松下电器的"销售服务三十条"

(3) 视觉识别系统（visual identity system, VIS）。视觉识别系统是指企业标识的视觉感知。视觉识别系统是指企业根据其理念和行为所设计的具有视觉感知性和冲击力的统一的企业标

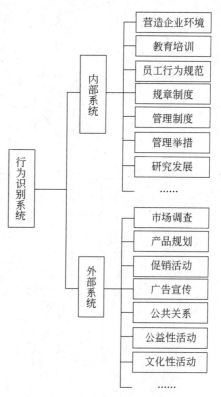

图4-3　行为识别系统具体内容

识系列。其设计的基础是 MIS 和 BIS。它采用的是直观地传达企业理念与行为的方法。不同信息对感官影响程度存在较大差异，其中视觉信息感觉占83%，听觉信息接收占11%，嗅觉信息感受占3.5%，触觉信息感受占5%，味觉信息感受占1%。视觉识别系统是 CIS 中分列项目最多、层面最广、效果最直接的一个子系统。其具体内容如图4-4所示。

传统的 CIS 战略理论认为 CIS 的构成要素为 MIS、BIS 和 VIS。随着人们对 CIS 战略研究的不断深入，有的学者提出了大 CIS 战略，CIS 的构成要素还包括环境识别系统、听觉识别系统、味觉识别系统、信息传递系统，但 MIS、BIS 和 VIS 是 CIS 战略最基本的要素。其中 MIS 是 CIS 的灵魂，是 CIS 的原动力和基础，决定着 BIS 和 VIS。BIS 和 VIS 的执行与推动都有赖于 MIS。BIS 是 MIS 的动态显示，是 MIS 的具体落实。VIS 是 MIS 和 BIS 的外观显现。人们将三者的关系做了形象的比喻，如果把 CIS 比作一棵树，那么 MIS 就是树的根部，BIS 就是树的躯干、树枝，VIS 就是树叶、花与果实；如果把 CIS 比作一个人，那么 MIS 就是人的心、脑中枢神经，BIS 就是人的躯干、四肢，VIS 就是人的面部。这些比喻形象地说明了三者之间的密切关系。

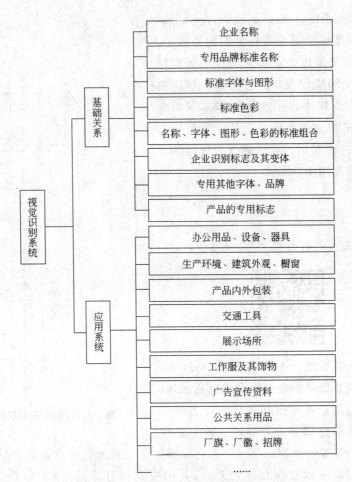

图 4-4 视觉识别系统具体内容

小案例

天猫 PK 京东

3. CIS 的导入程序

(1) 准备阶段。首先,确定 CIS 导入的由头、提案。任何企业导入 CIS 都是基于一定的原因:要么想使内外公众对企业有一个清晰的定位,要么想提高企业形象。这样就产生了要导入 CIS 的动机。其后则是拟订一份 CIS 导入的提案,这一提案实际上是 CIS 导入的初级策划书。它的内容一般包括:提案的目的;导入 CIS 的理由、背景;CIS 策划的方针、施行细则、计划、组织、人员、经费预算等。其次,决策部门讨论、审核、批准。最后,设置导入

CIS 的组织机构。CIS 委员会是 CIS 导入的决策机构,其人员一般由企业的主要领导人、部门负责人、CIS 策划专家组成。还要设置 CIS 执行委员会,作为隶属于 CIS 委员会的执行机构,其人员一般由创意策划专家、设计人员、市场调研人员、文案人员构成。

(2)调查研究阶段。这一阶段主要是确定调查方针、调查机构、调查方法,确定调查内容,分析调查结果,制作总概念报告书。调查可在企业内部、外部分别进行。一是企业内部调查。这是 CIS 策划的关键。调查内容主要包括企业内外形象、基本概况、员工素质、产品质量、经营观念、规章制度、视觉标志、信息传递渠道等;通过亲自访谈,了解企业主要领导者和中层以上干部的意愿、意见、建议;通过问卷调查或典型调查,了解员工的基本情况、意见、建议等。二是企业外部调查。其主要内容包括企业外部形象、市场环境调查、公众消费情况调查、企业产品质量、销售及其形象调查、公众对企业的认知程度和综合评价等。调查内容根据实际策划需要来确定。调查结束后,对调查结果进行综合整理,写出总概念报告书。

(3)创意策划与设计阶段。这一阶段实际上是策划人员根据总概念报告书、结合企业决策层的意图,对企业的理念识别系统、行为识别系统和视觉识别系统进行定位设计。这包括:一是构筑企业理念识别系统。设计企业理念应结合企业的实际,突出个性,从哲学和文化的高度把握住企业经营的内在精髓,兼顾企业的经济使命、文化使命和社会使命。理念识别系统应文字精练、简洁易记、富有情感,具有民族特色、时代精神和战略意义。设计完成后,送交 CIS 委员会审定。二是行为识别系统的创意策划。行为识别系统是理念识别系统的具体化,它必须充分反映企业理念,具有实效性、可操作性。行为识别系统的内容涉及企业的各个具体方面,因此必须由策划专家与企业的管理人员共同研究、合作完成。行为识别系统的创意策划既要有个性,又要科学规范,并能够被员工所接受,设计完成后,送交 CIS 委员会审定。三是视觉识别系统的设计。这一系统的设计是将理念识别、行为识别转换成具有强烈视觉冲击力的视觉标识。首先,将抽象的理念转换成象征化的视觉要素,形成基本意念定位,确定设计方针、基本形态。其次,开发设计基本要素系统。包括企业名称、企业标志、标准字体、标准图形、标准色彩为主体的基本要素系统,这是视觉识别系统的核心。应用要素系统的设计可根据企业的实际情况逐步进行。

(4)实施与反馈阶段。这一阶段主要是根据 CIS 基本内容逐步地实施 CIS 战略。在实施过程中,策划者不断听取反馈意见、建议,不断修正完善 CIS 设计。其主要内容包括:一是举办新闻发布会,开展 CIS 导入的发布活动。策划 CIS 发布活动,既可由内到外,也可内外同时发布。其目的是传播这一具有战略意义的信息,以便使内外公众对此有所了解、认识,强化 CIS 导入的效果。二是 CIS 相关计划的推行。企业可建立相应机构,监察 CIS 计划的执行。CIS 策划委员会至此也完成其使命,CIS 委员会可继续保留,并可成立 CIS 推进委员会,负责 CIS 计划的监察与实施。建立必要的管理系统有助于巩固与扩大 CIS 策划的成果。三是建立 CIS 的信息传递机制。CIS 策划的根本目的是要全方位地塑造组织的整体形象,因此 CIS 策划必须注重 CIS 信息的传递与交流。一方面,利用广告、宣传资料、新闻媒介、专题活动等对内对外进行宣传推行;另一方面,还可及时收集来自各方面的反馈信息,修正与完善 CIS 设计成果。

小案例

中小企业导入 CIS 的困惑

4.1.4 CIS 战略与企业文化的关系

1. CIS 战略与企业文化的联系

CIS 战略与企业文化建设密切相关。从某种意义上来讲,CIS 战略也是一种文化战略,是铸造企业的形象力、文化力的问题。

广义的企业文化是企业在经营管理活动中所创造的物质财富和精神财富的总和。我们将企业文化分为四个层次:一是表层的物质文化,指由企业员工创造的产品和各种物质实施共同构成的"器物文化";二是浅层的行为文化,指企业员工在生产经营和人际关系中产生的"活动文化";三是中层的制度文化,指企业在生产经营管理活动中所形成的一整套制度体系;四是高层的精神文化,指企业在整个实践活动过程中所逐步形成的一种企业思想和理性认识。而精神文化则是企业文化的核心。

按照上述四个层次划分的企业文化理论,每一个层面的企业文化都与 CIS 战略体系相关。

(1) 表层的物质文化与 CIS。被视作表层的企业文化正是表现于产品的文化价值,包括产品的造型特点、商标特色、包装设计、品牌理念以及价格定位、服务水平等;另外,企业的各种物质设施,包括企业名称、标志、象征物、环境氛围等,也都体现这种表层的文化价值。而上述这些问题,正是 CIS 的视觉识别系统设计和应用突出解决的问题,当然其中也有活动识别(BI)系统表现的问题(服务水准、环境气氛等)。

小案例

可口可乐的曲线瓶

1898 年鲁特玻璃公司一位年轻的工人亚历山大·山姆森在同女友约会中,发现女友穿着一套简型连衣裙,显得臀部突出、腰部和腿部纤细,非常好看。约会结束后,他突发灵感,根据女友穿着这套裙子的形象设计出一个玻璃瓶。经过无数次的修改,他不仅将瓶子设计得非常美观,很像一位亭亭玉立的少女,还把瓶子的容量设计成刚好一杯水的大小。瓶子试制出来之后,获得大众交口称赞。有经营意识的亚历山大·山姆森立即到专利局申请专利。当时可口可乐的决策者坎德勒在市场上看到了亚历山大·山姆森设计的玻璃瓶后,认为非常适合作为可口可乐的玻璃瓶包装。经过一番讨价还价,最后可口可乐公司以 600 万美元的天价买下此专利。亚历山大·山姆森设计的瓶子不仅美观,而且使用非常安全,易握且不易滑落。更令人叫绝的是,其瓶形的中下部是扭纹型的,如同少女所穿的条纹裙子;而瓶子的中段则圆满丰硕,如同少女的臀部。此外,由于瓶子的结构是中大下小,当它盛装可口可乐时,给人的感觉是分量很多。这就是著名的"曲线"型可乐瓶的由来。这个造型富有观赏性,其独特的外观(本是防伪标志)即使在黑暗中也能辨别出来。这个设计在可口可乐的推广过程中发挥了重要作用。

(2) 浅层的行为文化与CIS。第二个层次的企业文化,浅层的行为文化,所指的企业员工生产经营和人际关系中产生的"活动文化",更是CIS战略体系中行为识别系统构建的内容。包括对内和对外规范全体员工的一切经营管理活动、规划、组织、教育与管理。而第三个层次的中层"制度文化",也与CIS的行为识别系统构建相关。

小案例

买菜的比喻

一位老板向管理大师诉苦说,他的公司管理极为不善,虽然公司不断鼓励"敢拼敢闯"和"奉献精神",但员工似乎不为所动,工作状态依旧闲散。管理大师应约前往,到公司内部走动了一次,心中便有了底。

管理大师问这位老板:"你到市场去买过菜吗?"

老板愣了一下,答道:"买过。"

管理大师继续问:"你是否注意到,卖菜人总是习惯于缺斤少两呢?"

老板回答:"是的,是这样。"

"那么,买菜人是否也习惯于讨价还价呢?"

"是的。"

"那么,"管理大师笑着提醒他,"你是否也习惯于用买菜的方式来购买职工的生产力呢?"他吃了一惊,瞪大眼睛望着管理大师。

最后,管理大师总结说:"一方面是你在工资单上跟职工动脑筋;另一方面是职工在工作效率或工作质量上跟你缺斤少两——也就是说,你和你的职工是同床异梦,这就是公司管理不善的病源所在啊!"

(3) 企业文化核心的精神文化与CIS。至于企业文化核心的精神文化,则同CIS体系的理念识别系统几乎合拢。企业文化理论将核心的精神文化阐释为五个方面:企业经营哲学、企业宗旨、企业伦理道德观、企业精神和企业价值观。而这些企业文化的核心部分,正是CIS理念识别设计的主体部分。

由此可见,CIS三大系统构建的战略体系,同企业文化的各个层面密切相关。从经营的角度来讲,CIS是实现企业差异化优势的现代经营战略;从文化的角度分析,则是构造企业个性的企业文化战略。按照"文化决定论"的理论,社会是文化的产物,有文化则存,无文化则亡,文化决定着社会的命运和前途。由此可以推断,企业文化是企业生存和可持续发展的基石。CIS对外经营,突出表现为统一、规范、差异化的企业形象战略;对内,则可以理解为着眼于企业文化的长期建设。正是这个缘故,我们在设计CIS战略体系的时候,必须强调它的完整性,强调理念识别系统的核心和灵魂作用也在于此。

2. CIS 战略与企业文化的区别

从本质上来说,CIS 和企业文化有非常紧密的联系,但两者不能等同,目前,很多企业甚至以为企业文化就是做一套 CIS,把 CIS 等同企业文化,实际上,两者是有着本质区别的。

(1) 从定义上看。企业文化是员工共同的价值理念和行为习惯。而 CIS 是将企业的经营理念和企业的精神文化,运用统一、整体的传递系统传给社会公众,并使他们产生对企业的一致的认同感和价值观。从这里可以看出,对于企业文化而言,CIS 只是一个对外的媒介传播过程。

(2) 从作用方式上来看也不同。企业文化的体现是企业的管理,是借助于企业的培训教育、树立榜样以及企业的仪式表现出来的。CIS 则是通过策划活动,利用专业的视觉设计、公关活动表现出来,可以看作是企业文化实践化的一种方式。

(3) 企业文化属于思想范畴,而 CIS 是通过工具将思想变成让企业、让公众容易接受的信息,达到让公众了解企业、认识企业并在消费的过程中选择企业产品的目的。

(4) 企业文化是一种柔性的管理,是企业的管理方法。而 CIS 则是把这种管理推向社会,以获得社会的认同,增强对企业的认同,对产品的忠诚,同时吸引和凝聚人力资本,减少管理成本的一种活动。

当我们明白 CIS 与企业文化的关系之后,我们更应该认识和理解 CIS 在企业长远发展战略中的地位和作用,更应该自觉做到:第一,将 CIS 与企业文化建设有机融合,构筑企业中长期发展战略,寻求可持续发展对策,从整体上提高企业素质,增强体质,从形象和文化的角度提升企业竞争力;第二,在导入 CIS 设计的过程中,将企业理念系统作为主体,走出"表象化"CIS 的误区和浅层次的 CIS 运作水平;第三,在导入 CIS 设计的过程中,充分注意到企业文化的承接与发展,注意到民族优秀文化传统的背景和作用。

4.2 能力开发

4.2.1 案例分析

1. 国航的 CIS 形象企划

中国国际航空公司(以下简称国航)CIS 形象设计由广州亚太 CIS 研究所企划。目前,国航确定的核心理念"服务至高境界"已通过大众媒体对外广泛宣传。国航 CIS 的设计主题是以"服务"为核心,以顾客满意为目标,以公司发展愿景为导向,建立起一套完整的国航思想价值观体系,使之为打造国航服务品牌,有效提升国际竞争力发挥作用。国航 CIS 图如图 4-5 所示。

1) 国航:MIS 企划

国航的理念识别系统(MIS)主要包括企业使命、经营理念、经营哲学行为基准、企业精神、企业价值观、新理念等,下面介绍几种。

(1) 经营理念——爱心服务世界赢得世界(见图 4-6)。

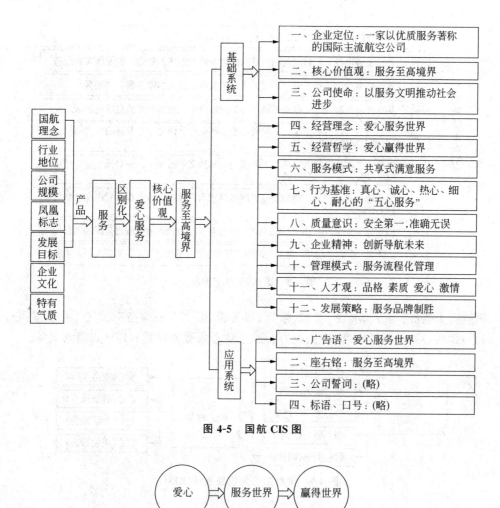

图 4-5　国航 CIS 图

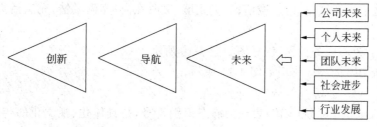

图 4-6　国航经营理念

(2) 企业精神——创新导航未来(见图 4-7)。

图 4-7　国航企业精神

(3) 新理念——国航(MI)新理念(见图 4-8)。

2) 国航：BIS 企划(见图 4-9)

国航的行为识别系统(BIS)包括以下方面。

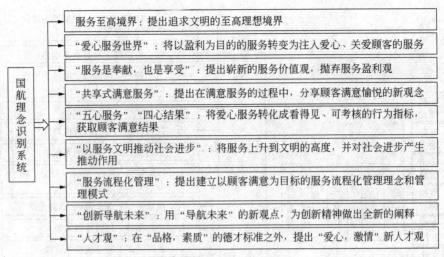

图 4-8　国航(MI)新理念

国航行为基准：求新、求快、求实、求远；服务准则："五心服务"(真心、诚心、热心、细心、耐心)；"四心结果"(让顾客放心、顺心、舒心、动心)；服务模式：共享式满意服务。

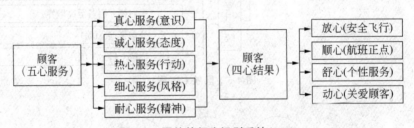

图 4-9　国航的行为识别系统(BIS)

经营者形象：仪表庄重,领导风范；求新求变,观念超前；人本管理,经营有方；魅力出众,形象代言。

管理层形象：以德为先,业务精良；现代意识,行为规范；求新求变,求快求远；管理出色,形象表率。

员工形象：爱岗敬业,精业诚信；学无止境,文明礼尚；充满激情,充满活力；爱心服务,共塑形象。

(1) 国航"爱心服务世界"创意图如图 4-10 所示。

(2) 国航 BIS 的导向作用如图 4-11 所示。

3) 国航：VIS 企划

国航的视觉识别系统(VIS)表现为静态识别符号,是具体化、视觉化的传达形式,项目最多,层面最广。包括以下方面。

(1) 基本要素。企业名称、品牌标志、标准字体、标准印刷字体、标准色、象征图案(吉祥物)、企业歌曲、精神标语及口号、标志和企业标准字的组合系统及其使用规范、标准字与企业形象象征图案的组合系统及使用规范等。

(2) 应用要求。产品设计、招牌、旗帜、标志牌、包装设计(包括封套、包装盒、包装箱、

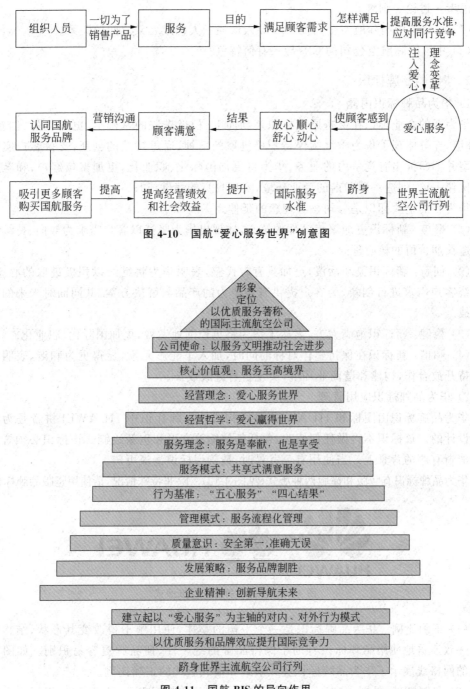

图 4-10 国航"爱心服务世界"创意图

图 4-11 国航 BIS 的导向作用

胶带、包装纸、手提袋等)、办公事务用品(包括名片、各种文具用品、信封、信纸、请柬、贺卡、明信片、证书、奖牌、赠品等)、业务用品(包括各种表格、发票、单据等)、室内环境与设备(包括室内造型设计、办公室布置、橱窗布置、标示牌、部门牌、公告栏等)、陈列展示(包括展会设计、展板等)、建筑外观(包括建筑物外装修、装饰、环境设计)等。

思考·讨论·训练

(1) 结合中国国际航空公司的 CIS 导入谈谈三大构成要素之间的关系。

(2) 中国国际航空公司的 CIS 导入有何特色？

2. 华为的品牌标识

1) 华为品牌标识内涵

华为新的企业标识在保持原有标识蓬勃向上、积极进取的基础上，更加聚焦、创新、稳健、和谐，充分体现了华为将继续保持积极进取的精神，通过持续的创新，支持客户实现网络转型并不断推出有竞争力的业务；华为将更加国际化、职业化，更加聚焦客户，和客户及合作伙伴一道，创造一种和谐的商业环境，实现自身的稳健成长。

华为新的企业标识是公司核心理念的延伸。

(1) 聚焦：新标识更加聚焦底部的核心，体现出华为坚持以客户需求为导向、持续为客户创造长期价值的核心理念。

(2) 创新：新标识灵动活泼，更加具有时代感，表明华为将继续以积极进取的心态，持续围绕客户需求进行创新，为客户提供有竞争力的产品与解决方案，共同面对未来的机遇与挑战。

(3) 稳健：新标识饱满大方，表达了华为将更稳健地发展，更加国际化、职业化。

(4) 和谐：新标识在保持整体对称的同时，加入了光影元素，显得更为和谐，表明华为将坚持开放合作，构建和谐商业环境，实现自身健康成长。

2) 华为品牌标识应用管理

华为品牌标识由图标和 HUAWEI 拼音构成。品牌标识中 HUAWEI 拼音是为华为特别设计的。该标识不得做任何修改，包括任何缩放变形和重新绘制。该标识必须置于正确和清晰有序的背景上。当使用有色背景时，请确保标识清晰可辨。

华为品牌标识有竖版和横版两种版式（见图 4-12）。除非特殊情况，请使用竖版品牌标识。

图 4-12　华为品牌标识标准版式

(1) 正确比例。华为品牌标识是一个平衡的整体，使用中不得改变其形状、结构和比例。一致连贯地使用品牌标识有助于保持品牌的统一性，使品牌更容易识别。如图 4-13 所示的网格线展示了华为品牌标识竖式版式和横式版式的正确比例。

(2) 限制区域（见图 4-14）。为更加清晰、有效地传播品牌标识，品牌标识周边必须保持一个最小尺寸的空白空间，该空间称为限制区域，该区域内不得出现任何文字、符号和其他图形元素。

在竖式品牌标识中，限制区域的宽度和高度为 x；在横式品牌标识中，限制区域的宽度和高度为 $0.5y$。当标识尺寸改变时，限制区域大小随之改变。如果品牌标识位于多色的图

图 4-13　华为品牌标识版式标准比例示意图

图 4-14　华为品牌标识限制区域示意图

片或背景中,则不得有任何元素出现在品牌标识及限制区域所在的范围内。

(3) 最小尺寸。各种印刷品中的品牌标识的最小尺寸如图 4-15 所示。如果品牌标识小于该尺寸,标识将难以辨认。竖式品牌标识最小尺寸为 8 毫米,横式品牌标识最小尺寸为 25 毫米。

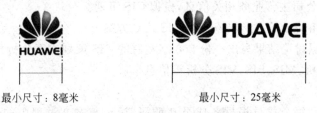

最小尺寸：8毫米　　　　　　　最小尺寸：25毫米

图 4-15　华为品牌标识最小尺寸示意图

思考·讨论·训练

(1) 品牌标识对企业文化有何意义？

(2) 华为品牌标识的内涵与应用管理为我们提供了哪些经验？

3. 招商银行的行为规范

请扫描二维码,然后回答案例后"思考·讨论·训练"题。

思考·讨论·训练

(1) 招商银行是怎样将企业核心价值观深度嵌入员工的日常行为规范的？

(2) 如何使行为层文化与精神层文化保持高度一致？

4. 永丰纸业企业文化的系统性

请扫描二维码,然后回答案例后"思考·讨论·训练"题。

思考·讨论·训练

(1) 从哪几个方面体现出了永丰纸业公司的企业形象?
(2) 你认为永丰纸业公司的企业文化和企业形象有关系吗?为什么?

4.2.2 实践训练

1. 实训项目:模拟 CIS 策划

1) 目的

了解企业 CIS 的现实状况,加深对企业导入 CIS 的认识;训练对企业进行 CIS 策划。

2) 内容与要求

(1) 由学员们自愿组成小组,每组 5~8 人,利用课余时间,调查一家企业,搜集相关内外部环境因素及公司主营业务相关信息,模拟 CIS 策划。

(2) 通过小组讨论最终形成该企业 CIS 策划方案。

(3) 每组根据讨论结果写出一份 800 字左右的 CIS 策划方案分析材料,需要包括该企业导入 CIS 的时机、MIS、BIS、VIS 分析等信息。

3) 成果评定

(1) 由组长和每个成员根据各成员在调研、讨论与撰文过程中的表现互相进行评估打分。

(2) 由小组代表就讨论成果进行班级演讲,小组成绩由教师根据各组完成情况进行评估打分。

(资料来源:赖文燕,周红兵. 企业文化[M]. 3 版. 南京:南京大学出版社,2023.)

2. 培训游戏:向目标进发

1) 游戏规则

(1) 培训师将学员们每两个人分成一组,构成一对搭档。然后,发给每个人 1 个眼罩。

(2) 培训师将学员们带到场地的一端,同时在距这端大约 100 米处放一个椅子或者小水桶等物品作为目标。

(3) 一对搭档中的一个人将眼罩蒙在眼睛上,另一个人不蒙。两个人一起朝目标的方向走,不蒙眼睛的队员负责蒙眼睛的队员的安全,不要让他绊倒或者碰到其他的障碍物,但是绝对不可以告诉蒙眼睛的队员目标在什么地方或者给他暗示应该朝什么方向走。一定要向不蒙眼睛的队员明确这一点,否则游戏的效果会大打折扣。当蒙眼睛的队员觉得自己已经走到了目标的位置的时候,停下来,将眼罩摘下来,看看自己距离目标到底还有多远的距离。

（4）一对搭档中的两个人互换角色，原先蒙眼睛的人不再蒙眼睛，原先不蒙眼睛的人戴上眼罩。重复上面的步骤，看看自己距离目标有多远。

（5）一对搭档同时用眼罩把眼睛蒙上，然后手挽手一起朝目标的方向走。等到两个人都觉得到了目标位置的时候，一起将眼罩摘下，看看自己距离目标有多远，跟自己一个人单独走的时候有什么区别。

（6）所有的队员站到一起，仔细观察目标所在的位置，然后都将眼罩戴上。所有的队员手牵手朝目标的方向走。等所有的人都停下来后，所有的队员用一只手指向目标的位置，另一只手将眼罩摘下来，看看距离目标的位置有多远，跟前两次相比有什么区别。

2）游戏编排目的

在目标确定的过程中，团队往往比个人拥有更加准确的判断力。如果团队中的队员不能统一目标，每个人都坚持自己的判断，那么目标将会变得乱七八糟，培训游戏结果差异十分的悬殊。这对于目标的实现是一个极大的危害。

（1）建立小组成员之间的相互信任。

（2）培养团队精神。

3）相关讨论

（1）当自己一个人走的时候，对目标的感觉是怎么样的？

（2）当一对搭档一起走的时候，两个人是怎样确定目标的位置的？

（3）当所有的队员一起朝目标的方向走的时候，队员们是怎么确定目标的位置的？

（4）为什么人数比较多的时候，对目标位置的确定要比人数少的时候要更准确？

4）游戏主要障碍和解决

（1）为了增加游戏的难度，可以让队员们倒退着走向目标。

（2）在游戏过程中，可以对队员们的表现进行拍照留念，增加游戏的趣味性。

（3）当一个人单独朝目标位置走的时候，多数人往往会距离目标较远。而两个人一起走的时候，会好一些，但也不会好太多。当所有的队员一起朝目标走的时候，整支团队作为一个整体会更容易接近目标。

参与人数：不限。

时间：20 分钟。

场地：操场或者空旷的室外场所。

道具：每人 1 个眼罩、目标物体（可以是椅子、小水桶等）。

5）游戏主要危险及注意事项

事先要对场地进行清理，保证没有任何障碍物，免得游戏者被绊倒。

（资料来源：经理人培训项目组. 培训游戏全案•拓展：钻石版[M]. 2 版. 北京：机械工业出版社，2014.）

4.2.3 拓展阅读：企业文化手册撰写指导说明及示例

请扫描二维码，学习相关内容。

思考与讨论

(1) 企业形象的特征是什么？塑造企业形象的意义何在？
(2) CIS 在企业管理中的地位和作用如何？MI、BI、VI 之间的关系如何？
(3) 导入 CIS 应遵循哪些原则？
(4) CIS 战略与企业文化的关系如何？
(5) 企业内部行为识别和外部行为识别各包括哪些方面？
(6) 哪家企业的标识给你留下的印象最深刻？该企业标识的主要特点是什么？
(7) 企业日常用品对企业文化建设有什么作用？

第5章 企业文化变革

人类正面临巨大的飞跃,它正面临有史以来最深刻的社会巨变和创造性重建。虽然我们还没有清楚地认识它,但我们正从头开始一个崭新的文明。

——[美]阿尔温·托夫勒

如果可能,那就走在时代的前面;如果不能,那就绝不要落在时代的后面。

——[俄]布留索夫

学习目标

- 了解企业文化变革的原因。
- 掌握企业文化变革成功的条件。
- 了解企业文化变革的内容和原则。
- 掌握企业文化变革的具体措施。

故事导入

"老鹰"的痛苦涅槃

老鹰是世界上寿命最长的鸟,可以活到70岁。然而要活这么长的寿命,它要在40岁时经历一番痛苦的更新过程——为期150天漫长的重生。它必须飞到山顶,在悬崖的高处筑巢。它先用它的喙击打岩石,让又长又弯的喙完全脱落,静静地等候新的喙长出来;随后,它会把老化的指甲一根一根拔掉。当新的指甲长出来后,再把自己又浓又厚的羽毛全部连根拔掉。五个月后,老鹰便如脱胎换骨般,又能展开轻快的翅膀自由翱翔,获得30年的新生。这是一种变革,老鹰经历过这种变革,它们的生命便焕然一新。

企业文化与此何其相似。变革是每个企业延续和壮大的必经之路。这种变革是否成功将决定企业新旅程的方向。正是这种周而复始、永不停止的变革,促使企业成长。

5.1 知 识 储 备

在企业的管理实践中,企业文化的变革一直是摆在管理者面前的难题。艾伦·威尔金斯曾经列举了22家试图进行企业文化变革的公司案例,而其中16家公司经理自己承认没有成功。企业文化变革是指企业为适应外部生存和内部组织环境的变化,而引发的企业文化自身某些本质特征的改变。企业文化变革的根源在于企业生存、发展的客观条件发生了变化。一方面,它是社会文化变革在企业内的反映;另一方面,它又是企业生存发展的必然要求。当企业原有的文化体系难以适应企业经营发展的需要而陷入困境时,就必然要通过文化变革建立新的企业文化。所以,企业文化变革也是企业发展的重要机遇。

5.1.1 企业文化变革的原因

与其他组织变革的发生相似,任何企业文化变革也有其产生的原因,按照变革动力的来源可以分为内因和外因。

企业文化变革的内因是企业文化本身产生的冲突。只要存在着文化,随着文化的发展,一定会产生冲突,但企业文化冲突不像人类社会文化冲突那样复杂、剧烈,因为企业文化的时间跨度、空间跨度、民族与国家跨度以及文化冲突的动因都是有限的。企业文化冲突可能通过矛盾的缓和、转化而直接得到解决,但也可能引发一场文化危机,结果就会产生企业文化变革。那么具体来讲,哪些因素可能带来企业文化的冲突因而可能带来企业文化变革呢?

1. 企业经营危机

企业经营危机使企业文化往往成为危机根源的候选对象,因为当企业陷入重大危机时,除个别的不可抗力或偶然的重大决策失误造成的外,多半都有深刻的根源,这种根源就与企业的旧文化联系起来,并使管理者认识到,危机是文化冲突的结果。而且企业的经营危机的结果使企业的所有人都受到心灵的震撼,危机的直接、可怕甚至灾难性的结果使企业的全体成员认识到企业文化与企业和个人前途命运的密切相关性,为新文化的形成提供了心理基础。

2. 企业主文化与亚文化的冲突

所谓主文化,是指居于企业核心地位的文化、正宗的文化以及整体的文化;而亚文化是指处于企业非核心地位的文化、非正宗的文化或局部的文化。如果企业目前的主文化是落后的、病态的,而适应内外部环境的亚文化在发展的过程中就会受到主文化的打压和限制,这种冲突就如福特汽车公司的例子表现出来的,最终会带来文化的变革。当然,更常见的文化冲突则是由于企业整体和部门之间的利益矛盾与失衡、认知差异造成的。

3. 群体文化与个体文化的冲突

企业文化虽然是企业成员共同遵守的价值观和行为规范,但企业文化作为群体文化并不是个体文化的简单叠加,因此个体文化与群体文化的冲突是普遍存在的。比如,中国很多在外企工作的员工在加入公司的时候,都会有些不适应,对公司所提倡的某些价值观也有不理解的地方,这就是由于社会文化传统和社会制度不同带来的文化冲突;企业成员在尚未熟悉企业文化,没有认同企业文化的情况下,也会产生这种文化冲突;在同一个组织内,由于不同的利益要求或者不同的观念认知,也能带来个体文化与企业文化之间的冲突,最极端的情况则是,个体对企业的不满与反感所引起的个体文化与企业文化之间的强烈冲突。上述情况产生的群体文化与个体文化的冲突激烈到一定程度,就会引发企业文化的变革。

除了上面提到的,由于企业文化内在的原因引发企业文化的变革外,企业主动对外部环境适应和自身成长过程中做出的其他部分的变革,都要求企业文化变革的配合,也就是企业在进行其他变革时亦要求企业文化也随之发生改变。这类企业组织变革包括战略变革和结构变革等。今天的企业所面临的经营环境是瞬息万变的,既没有所谓的常胜将军,也没有所谓的万能战略。企业在竞争日益激烈的情况下会主动地进行战略调整,从行业调整到规模调整,而伴随行业调整和规模变化的往往都有文化的转变、冲突和融合问题。而按照企业生命周期论,随着企业的成长,会面临不同的危机,解决这些危机的手段就是组织结构的调整。还有一个重要的外因是企业高层管理者的更迭,众所周知,企业文化与高层管理者有着密切的关系,因此,高管人员的更迭是可能引发企业文化变革的另一因素。

 小贴士

过去 30 年和未来 30 年企业生存环境比较

过去 30 年和未来 30 年企业生存环境比较如表 5-1 所示。

表 5-1 过去 30 年和未来 30 年企业生存环境比较

序号	过去 30 年企业生存环境	未来 30 年环境变迁
1	没有经济衰退,不曾经济危机,经济发展高歌猛进	周期性金融危机,经济发展放缓
2	用之不竭的人口红利(市场爆炸和行业增长)	人口红利边际递增,就业环境恶化
3	出口:需求强劲、增长持续	美元贬值、中低端产品生产环境恶化
4	人民币币值长期低估	人民币长期升值趋势不改
5	低成本的资源和环境消耗	资源瓶颈和环境成本
6	优裕的寻租空间(民企和外资)	反腐、民意的觉醒、法制诉求、宪政呼声
7	企业和公民意识淡薄,社会责任不重	三鹿奶粉、矿难、污染事件
8	社会冲突没有公开化,社会稳定	社会阶层分化加快,社会冲突显性化
…	……	……

资料来源:呆占强.企业文化的力量[M].北京:清华大学出版社,2014.

5.1.2 企业文化变革成功的条件

1. 高层领导的重视

高层领导在形成和实施企业文化的过程中扮演着重要的角色。这是因为,首先,他们为公司制定了发展方向,同时使公司中的员工联合在一起。通过他们自己以及别人的洞察力和想法,发展公司的愿景,并且同他人一道为此共同努力。其次,他们挑选、训练和发展能够实现这一愿景的员工,通过这些人,他们形成如何最有效工作以实现共同愿景的方法——一种公司的文化。

企业文化的一个核心就是企业的愿景,但仅仅发展这一愿景是不够的,领导者同时应该用这一愿景激励他人并使他人认可,在此过程中领导者必须发挥良好的表率作用。

 小案例

齐桓公好紫服

2. 良好的组织保障

一是建立负责企业文化建设或变革的常设机构。尽管实施文化变革需要一位有能力和执着的领导人,但他不能独自完成这项任务,他必须得到其他高层成员的支持。最好的办法就是设立一个专门的委员会,由高层的相关人员组成。这个机构专门负责企业文化变革的计划和实施。这个机构应拥有自己独立的身份,拥有更多的显著性和权力,并且应长期存在。该机构监督负责企业文化变革的计划、实施和持续的支持,为企业文化变革经理(cultural improvement manager,CIM)提供全面的指导和建议。该机构同时制定政策、设立目标、评估进展以及授权改变现有的文化、组织机构等与企业文化变革相适应。该机构必须包括公司的重要决策人,以及重要相关利益集团的代表。该机构决策制定的等级等同于高级管理层,可以不经高层批准即可制定决策。二是任命企业文化变革经理(CIM)。在相关委员会设立之后,应任命一位企业文化变革经理,这是一个专职职务并且是企业文化变革委员会的全权代表。CIM的主要职权是负责企业文化变革的一系列相关的工作,并且监督企业文化变革的进程。

3. 全体员工的积极参与

尽管前面强调了领导者在企业文化变革中的重要性,但全体员工的重要性也不能被忽视,因为企业文化必须渗透到工作的方方面面才能发挥出其应有的作用,所以全体员工的参与、认同和支持是企业文化变革成功与否的重要因素,否则企业文化就只能停留在书面和领导心中而不能在具体的工作中有所反映。

 小案例

阻碍中国企业文化变革的五个传统观念和行为

◉ 小案例

失败的转型

5.1.3 企业文化变革的内容

企业文化变革应该是企业所有变革中最深层次的变革,因为它涉及对企业成员从认知到行为两个层次上的改变。具体来讲,主要包括以下三个方面。

1. 企业价值观的变革

企业价值观的变革既涉及对企业整体的深层把握,也涉及对企业环境变化的重新认识。在企业价值观中,管理哲学与管理思想往往随着企业的成长和对外部环境的不断适应发生变化。以海尔为例,在海尔全面推行其国际化战略后,其价值观中,创新或者说持续不断创新成为其主要的经营哲学。

2. 企业制度和风俗的变革

企业制度和风俗的变革包括员工和管理者行为规范的调整,企业一些特殊制度和风俗的设立与取消。比如,有些企业在建立学习型组织的过程中,制定了从员工到管理层的学习制度。当然,这些变化都是为了体现核心价值观的变化,是核心价值观的行为载体。

◉ 小案例

北魏孝文帝的汉化改革

3. 企业标识等物质层的变革

企业标识等物质层的变革多数是为了建立企业文化的统一形象,并树立个性鲜明的企业形象和品牌形象而进行的。2003 年春,联想公司对沿用多年的标识 LEGEND 进行了调整,改为 LENOVO,以强调创新的内涵。所以物质层的变革也是为了配合核心价值观的调整。

总的来讲,企业文化变革的核心是精神层的变革,包括核心价值观、经营哲学和经营思想的变革,制度层和物质层的变革是配合精神层的变革的,是精神层变革的外在表现。这是在实施企业文化变革中需要特别注意的地方。

5.1.4 企业文化变革的原则

在规划和实施企业文化变革中,管理者必须遵守下列原则。

1. 审慎原则

企业文化不同于一般的管理制度,可以采取摸着石头过河、实验的方式来进行调整。它反映了企业的基本哲学态度,起到了基本行动指南的作用,而且企业文化对企业成员行为的导向作用也不容忽视。企业文化总要在相对较长时期内保持稳定,因此,企业文化变革必须审慎地进行。对哪些东西要变,如何变化,都要进行充分的思考,并要具有一定的前瞻性,这样才不会出现改来改去,让人无所适从的现象。反复频繁地对企业文化进行改革,只能反映出企业仍没有形成统一的思想体系,以及管理者的能力欠缺和思路不清。这将会使企业文化的作用大打折扣,企业的经营也会受到影响。因此,企业文化变革要审慎进行。

2. 持久原则

企业文化变革不会轻易迅速地产生,在大企业中所需的时间更长。即使是具有非凡领导能力的管理者,也需要其他人的配合来实施变革。在约翰·科特研究的10家企业实施文化变革的案例中,所需时间最短为4年,最长为10年,且仍在继续,并没有结束。因此企业管理者不要期望企业文化变革可以很快完成,相反要有打持久战的思想准备,这样,才不至于低估企业文化变革的难度,甚至在实施过程中因为缺乏毅力而半途而废。正是因为企业文化变革的持久性,新的企业文化才能真正改变企业成员的认知和行为。

3. 系统原则

任何的组织变革都是一个系统的过程,企业文化变革也不例外。在进行企业文化变革的时候,一定要注意其他相关制度的相应调整与配合,其中用人制度和薪酬考核制度是最直接反映企业的价值导向的制度。因此必须做出调整。如果一面强调创新,一面又不愿提拔任用勇于开拓的干部,不愿改变原来强调资历的工资制度,而且决策原则仍然是强调规避风险,那么这种价值观的改变是不可能成功的。所以企业的管理者在进行企业文化变革时,一定要对整个企业管理和经营的系统进行重新地审视,并用新的价值观决定取舍,这样才能保证企业文化变革的最终成功。

 小贴士

不同类型企业文化的变革方式

小案例

"新"诺基亚变革进行时

5.1.5 企业文化变革的具体实施

企业文化变革的进程可以分为以下步骤。

1. 识别和评估目前的企业文化

一般可以通过对员工一对一进行私下访谈、集体访谈以及书面调查问卷等方式来进行,这基于以下 4 个目的。

(1) 探究公司职能的各个方面从而识别出公司员工目前持有的价值观、信仰和设想。
(2) 确认进行企业文化变革的主要机会。
(3) 识别进行企业文化变革可能存在的障碍。
(4) 推动企业文化变革。

2. 进行外部分析

外部分析主要包括以下两方面内容。

(1) 分析公司战略。因为企业文化必须同公司的使命、目标和战略相适应,所以必须分析公司的战略及其对企业文化的需求。对公司的使命、目标和战略的详细分析将会得出何种性质的企业文化将最好地与公司战略相适应。
(2) 外部文化分析。公司是更大范围的地区、国家的一部分,因此公司(企业)文化以及员工会受到更大范围文化的影响。因此在进行企业文化变革的时候必须考虑到这些文化的影响。我们应该分析所在地区、国家的文化是什么;它如何发展变化;这些变化可能如何影响到公司的文化;同时,我们还应注意影响这些文化的社会和政治变动及其发展趋势。

3. 进行内部分析

这一分析在对企业文化进行评估之后进行。通过目前企业文化的评估发现当前的企业文化是什么,然后分析确定公司对企业文化变革的接受程度,从而制订更有针对性的企业文化变革计划。

4. 制定新的愿景、核心价值观和指导原则

首先制定初始的愿景、核心价值观和指导原则。在完成对当前文化的评估、内部和外部分析之后,企业文化变革专门委员会及企业文化变革经理应负责制定出愿景、核心价值观和指导原则的初始草稿,在这个过程中公司的最高领导必须积极参与,整个制定的过程是全体成员协作和交互的过程。一般来讲,应首先制定公司的使命,然后制定表述如何实现使命的愿景,因为公司的使命与客户和外部环境直接相关,因此公司的愿景应在使命基础之上制定。其次在实施之前测评和修改愿景、核心价值观和指导原则。一种较好的测评企业文化的办法是员工的分组集中讨论。每一个组由来自公司不同等级和不同部门的员工混合组成,来对建议的愿景、核心价值观和指导原则进行坦诚的与深入的讨论。

5. 具体实施新的企业文化

(1) 高层领导在实施文化变革中的角色。第一,摆脱旧文化的影响。如果在新文化的实施过程中仍然使用旧文化的方式,就会产生很多的问题或者文化变革耗时过长。因此在最一开始高层领导就应从现存的文化中解脱出来并制订使公司摆脱过去影响的计划。因此,高层领导启动文化变革的力量应足够强大以打破现状、摆脱旧的文化。现存文化往往具有较大的抵制力,因此必须采用强有力的干预措施从而促进改革。第二,多做而不是多说。高层经理必须明白行动比语言更有说服力。因此,高层经理们必须身体力行地按照新的愿景、核心价值观和指导原则行事;最重要的一点是,高层经理必须一贯地贯彻这些新的企业文化,因为员工往往会关注领导的每一举动;另外,应该使这些新的企业文化无处不在。持续地贯彻这些新的愿景、核心价值观和指导原则,利用每一个机会传达这种信息。第三,使所有员工加入企业文化的实施中去。高层领导必须信任让所有员工参与到公司企业文化变革的实施中去,在这个过程中领导更多地应把自己看作为教练而非老板。以下是一些具体的建议:①鼓励他人承担在他们各自领域执行新的公司使命、愿景、价值和原则(mission, vision, values and principles, MVVP),让每个人设定目标和行动计划并贯彻它们;②建立多种常规的沟通渠道从而使主管与员工就新的MVVP进行讨论;③对新的MVVP的问题和建议交给主管而不是直接回答它们。

(2) 实施新的企业文化的二种途径。第一,启动会议。启动会议主要用来启动一个新的企业文化或企业文化的重大变革,从而使公司在企业文化变革上有一个快的起步。第二,定期的部署活动。定期的部署活动的作用并不突然和强烈,但在持久的过程中会非常高效地促使企业文化的变革。第三,针对性的特别会议。针对性的特别会议可在任何时候,只要需要,就可被用来实施企业文化变革。特别是在实施某些特定的变革时,这种针对性的特别会议是一种非常有效和灵活的工具。应当注意,并非仅仅这几个会议就足以完成企业文化的变革,企业文化的过程是不能一蹴而就的。企业文化变革对公司的每个人来说都是一个巨大的变化,这需要时间让人们来检验和吸收新的MVVP。如果公司的MVVP有任何变化,那么部署过程应及时进行重复。如果企业文化没有变化,那么也应该每年度进行一次,作为对企业文化变革的一次回顾。

6. 巩固企业文化变革成果

企业在文化变革中所面对的最大挑战,就是如何避免员工退回到过去功能不良的惯例当中。这指的是个人或团体一些不良的习惯模式,这些模式通常在熟悉的环境或刺激之下,就会无意识地自动启动。员工需要一些协助来持续新的行为,尤其是他们旧有的工作方式仍然根深蒂固且具有破坏性时,就更为需要。

要巩固变革成果,聪明的变革领导者会给员工提供机会,以重复练习巩固理想的行为;而领导者本身也会以身作则,提供指导与支持。企业领导者的模范行动是一种无声的号召,对员工起着重要的示范作用。因此,要塑造和维护企业的创新价值观,领导者本身就应是这种价值观的化身。他们必须通过自己的行动向全体成员灌输企业的价值观念。培训是促进文化塑造与变革的一个重要策略,在文化变革计划安排就绪后,就要督促员工参与培训、学习,让全体员工接受培训。通过专门培训,让员工知道创新文化的意义和作用,企业为何及如何实施文化塑造与变革,新的企业文化对员工有什么新的要求,使员工认识到企业现有文化状态与目标文化的差距。

巩固变革成果的另一项措施是建立相应的激励机制。价值观的形成是一种个性心理的累积过程,这不仅需要时间,而且需要不断进行强化。人们的合理行为只有经过肯定并强化,这种行为才能再现,进而形成习惯稳定下来,从而使指导这种行为的价值观念转化为行为主体的价值观念。因此,企业内的各项激励制度是企业文化的具体化和形象化。通过制度,让员工明白企业在鼓励什么,在反对什么。行为得到不断强化而稳定下来,人们就会自然地接受指导这种行为的价值观念,从而使企业的价值观念为全体员工所接受,形成优秀的企业文化。

总之,企业文化是一个企业最真实的镜子,通过企业文化的变革,可以使这面镜子成为聚焦的镜子,可以代表企业所有成员的愿景和价值,可以凝聚所有成员的力量和智慧,可以成为最具有竞争力的武器,可以在越来越激烈的市场竞争中一马当先,立于不败之地。企业文化变革的关键不仅在于制定公司的 MVVP,更在于将 MVVP 理解并渗透到公司的各个方面:组织结构、领导风格、管理手段、员工行为、人力资源、公司政策、流程信息系统、薪酬体系、职位设计、产品设计甚至公司建筑的风格。只有这样,才能达到企业文化变革的效果。

 小案例

企业文化变革成就拜耳150年辉煌历史

拜耳集团于2013年迎来其150周年庆典,将在包括中国在内的世界各地的运营国家举行众多庆祝活动。这些活动主要针对公司员工及其家属,同时,社区、客户、合作伙伴和科学界也将融入庆祝活动中。作为一家发明型企业,在过去的150年里,拜耳公司不断运用自身的发明成果帮助人们提高生活质量。这不仅是拜耳的优良传统,同时也是企业一贯秉承的未来承诺和使命:科技创造美好生活。

走过150年辉煌历史的拜耳,正如首席执行官马尔金·戴克斯博士所说,这样的周年纪念日会让人立即联想到传统和延续。实际上,拜耳也经历了150年的持续变化和革新。"一个公司如果不进行变革和调整,是无法实现长期发展的",拜耳集团首席执行官强调道。

拜耳在1988年庆祝其成立125周年后,变革的步伐显著加快。公司将业务重心更多地转向其核心业务,因此在1999年卖掉了子公司 Agfa。2005年,拜耳对其传统的化学品业务进行拆分,由此成立了名为朗盛(Lanxess)的独立公司。与此同时,医药保健和作物保护业务(涉及生命科学)进行了系统性扩张,特别是在2001年收购了安万特作物科学公司(Aventis CropScience),以及在2006年收购了德国先灵公司(柏林)(ScheringAG, Berlin, Germany)。戴克斯说:"正是由于我们的创新能力和根据市场变化不断调整的能力,才使得拜耳现在可以在其所有业务领域占据领先地位。"凭借创造精神和对成功的渴望,拜耳自成立以来经历了150年的风风雨雨,至今不断发展壮大。

5.2 能力开发

5.2.1 案例分析

1. GE 企业文化变革三重奏

请扫描二维码，然后回答案例后"思考·讨论·训练"题。

思考·讨论·训练

（1）GE 企业文化变革包括哪些方面？
（2）GE 的企业文化变革为什么能够成功？
（3）企业文化变革应该把握哪些原则？

2. 联想文化塑造的反思

1984 年，中国科学院计算所投资 20 万元人民币，由 11 名科技人员创办了中国科学院计算所新技术发展公司。1989 年进一步在该公司基础上成立了联想计算机集团，1994 年在香港上市。

今天，联想已经发展成为中国信息产业第一品牌，品牌价值达到一个新的水平 268.05 亿元人民币；在北京、上海和广东惠阳各建有一个现代化的生产基地。联想有员工 1 200 余人，2003 财年（2003 年 4 月 4 日至 2004 年 3 月 3 日）整体营业额达 2 318 亿港元，同比增长 14.5%，而净利润为 10.5 亿元，比上一年微升 3.5%。

在过去的十几年里，联想集团一贯秉承"让用户用得更好"的理念，始终致力于为中国用户提供最新最好的科技产品，推动中国信息产业的发展。PC 业务是联想营业收入的主要来源，商用 PC、消费 PC 和笔记本电脑的国内市场占有率分别为 9.3%、27% 和 20%（数据来源：IDC），多年雄踞国内市场榜首；2002 年联想以亚洲个人计算机市场 12.1% 的占有率稳居亚太地区销售榜首位，台式计算机销量进入全球前五位，其中消费计算机世界排名第三。面向未来，作为 IT 技术的提供者，联想将以全面客户导向为原则，满足家庭、个人、中小企业、大行业大企业四类客户的需求，为其提供针对性的信息产品和服务。

2002 年年底，联想凭借先进的质量经营意识和卓越的质量管理水平，荣获"全国质量管理奖"，是六家获奖单位中唯一的 IT 企业。2003 年 1 月，在《亚洲货币》第十一届"Best Managed Companies"（最佳管理公司）的评选中，联想获得"最佳管理公司""最佳投资者关系""最佳财务管理"等全部评选的第一名。

1）联想文化变迁

反观联想 20 年来工作重点的文化，可以看到，一方面，随着公司一步步壮大，公司文化的塑造重点从创业阶段主要看事的目标导向,到完成创业后关注人如何对事的规则导向,再到守业时人如何待人的支持导向,发展到目前二次创业时期全面梳理完善人和事的创新导向;另一方面,各种文化间也存在交叠延续的关系。

(1) 目标导向。创业的最关键问题就是实现预想目标,联想在这个时期最为关注的是工作结果和开拓拼搏精神,提出"只认功劳,不认苦劳""质量就是企业的生命""宁可丧失金钱,决不丧失信誉"等口号,在工作中表现出"目标一旦制定,轮番冲杀,不达目标誓不罢休"的精神。

早期文化经典语句:求实进取;做公司就是做人;5%的希望变成100%的现实;客户就是皇后。

目标导向文化现在延续发展成业绩导向文化,"不唯学历重能力,不唯资历重业绩"是联想的响亮口号之一。在业绩导向下,人人都有冲锋意识,人人都有危机意识。一些能力突出的人被吸引到联想来,并且很快就能从普通员工升到高管层;而在考核后进入最后一个层次的就进入了末位淘汰区,联想培养了后备干部,对于被淘汰的人所在的岗位,马上就有人可以顶上。

(2) 规则导向。成功创业之后,联想开始有了一系列的经营管理原则,通过规范化的行为准则和流程来追求精神与效率。具体如下。

① 管理三要素,即"建班子""定战略""带队伍"。柳传志说,建班子是三要素中第一位的,班子不和,什么事情都做不成。班子没建好有两种情况:第一种是"1+1<1",就是一个班子做事还不如一把手一个人做好,主要原因是无原则纠纷和产生宗派;第二种是"1+1<2",就是有了这个班子之后确实比一个人强了,但是远没有达到它能发挥的能力,这主要是因为班子成员的积极性没有完全被调动起来。

如何防止班子产生宗派和无原则纠纷?联想所做的是要求管理层主动自律,如不允许管理层子女进公司,以免形成一种管不了的力量;对领导部门和关系户推荐的人必须进行笔试,合格后要3个副总裁签字才允许这个人进来,避免形成管理者同外边的单线关系。对于无原则纠纷,如一把手和他的其他副手有不同意见时,如果这个部门的工作业绩还可以,第一次出现问题时无条件地调走副手,再次出现问题则要制裁一把手。

如何防止"1+1<2"?主要是通过让班子成员明白他和整个战局的关系,给班子成员以公认的并长期稳定的考核标准,调动成员积极性。联想称自己,高层班子是主发动机,下面各层班子都是小发动机,上上下下都在动,而且动得非常协调。

另外,建班子有三大难题,即进了班子后不称职、班子成员意见不一致以及提高班子成员素质。联想的做法是,班子里进来的所有人要德才兼备,以德为主;班子里的话要放在桌面上讲,保证团结和保持正气;有不同意见,先集中后民主,先定原则后谈事;一把手工作方式有3种,即指令性方式、指导性方式、参与性方式,应逐步改进领导工作方式。

定战略方面,联想有五步法。第一步是确定公司愿景;第二步是确立中远期发展战略目标;第三步是竞争对手的分析和比较等;第四步是确定当年的战略目标(总部和各分公司的),并分解成具体战略步骤操作实施;第五步是检查调整,达到目标。

带队伍要做好三件事:一是如何充分调动员工积极性;二是如何提高员工能力;三是如何使机器有序、协调、效率高。这些就是组织构架和规章制度要解决的事。带队伍最重要的是领军人物和骨干队伍的培养,联想形容道,第一把手有点像阿拉伯数字的1,后面跟着一个0就是10,跟两个0就是100,三个0就是1 000。这三个0虽然也很重要,但是没有前面的1就什么都没有。

② 管理四要求。认真——精益求精、刨根问底;严格——严要求、严管理、严处罚;主动——主动接受任务、主动发现问题、主动检讨自己、主动追求完美;高效——明确的工作计划和进度要求、明确的答复时间、零等待的工作作风(对没有条件的事情创造条件也要上,对责任界限不清的事情主动完成)。

③ 做事三原则。第一条,如果有规定,要坚决按规定办;第二条,如果规定有不合理之处,先按规定办并及时提出修改意见;第三条,如果没有规定,在请示的同时按照联想文化价值标准制定或设定相应规定。

④ 工作四条。不利用工作之便谋取私利,不接受红包,不从事第二职业,工薪保密。

⑤ 处理投诉三原则。第一条,处理好与用户的界面,给用户一个满意的处理。不论这事与你是否有关,只要用户找到你头上,你就必须负责给用户一个满意的答复。不允许借口与自己无关或自己忙而把用户推给别人,更不允许再添用户的不满,必须以"用户是上帝""客户至上"的态度理所当然地接待好用户。第二条,找到相关的负责人并分析问题的性质,进行批评和处罚。必须在有相关的部门和领导参与的前提下对负责人进行批评和处罚,必须按照公司规定处理。第三条,触类旁通分析问题的根源,制定改进措施。对于已出现的问题多问几个为什么,为什么会造成这个问题、根源在什么地方,采取什么措施办法拔掉这个根源等。

⑥ 问题沟通四步骤。第一步,"找到责任岗位直接去沟通",即直接找到解决问题涉及的关键岗位协调解决;第二步,"找该岗位的直接上级沟通",即可以要求关键岗位的上级岗位予以帮助;第三步,"报告自己上级去帮助沟通",即可以要求自己的上级岗位去找那个关键岗位进行沟通;第四步,"找到双方共同上级去解决",如果还不行,那就采取最后一招,就是请求自己上级与对方上级共同的上级来决策。

上述工作规则分别对公司内涉及人的各个方面,对管理者、员工以及他们面对外部客户、内部同事时的工作内容、方法、风格都进行了言简意赅的限定和要求,起到了保证工作结果、提高工作效率的作用。

精准与效率塑造的是"严格文化",一切都要遵守严格的规范去执行。"一分钟罚站"就是联想严格的企业文化的一个例子。

(3) 支持导向。随着联想的发展,公司文化塑造的重点进一步从每一个人如何做事转移到如何做人上,提出亲情文化。亲情文化提倡"互为客户"的理念,要求员工"对内协作,对外谦和";推行矩阵式管理模式,要求各部门之间相互配合,资源共享。

"互为客户"中的客户包括市场上的客户、公司上下游的客户、公司内的其他部门客户、部门内的上下级客户。

具体而言,对待公司外的最终用户、供应商和经销商,通过主动地征询客户需求,建立定期的征询制度,调整自我适应客户需求的变化,把对客户的最终服务结果与岗位责任制挂钩等方式,追求进一步的客户满意,如工作及时高效,态度耐心诚恳,换位思考追求"细枝末节"等。

对待公司内的上下游部门,通过互相评价制度和换位思考,保证让他们像外部用户一样,在效率、态度和结果上都满意。提供服务的一方要拿出切实可行的方案,实时跟踪,及时沟通调整;接受服务的一方则要明确工作要求,主动反馈,表达诚挚谢意。

部门内的上下级关系也要体现出互为客户的关系,达成双方易于接受的管理与被管理。上对下要任务清晰,条件充分,反馈及时;外出要提前授权;下对上则在提出需求时要充分说明理由,便于上级领导考虑和做出决定。

2003年,联想在全公司范围内实施了"隔级面谈"的制度,要求所有管理者至少"向下看两级",使自己对团队了解的深度和广度进一步扩大,同时也为员工提供一个越级反映问题的合理渠道。隔级面谈的形式强调单独和轻松,每次面谈都是一对一的,而且地点不选在办公室,以便营造一个非正式的、放松的环境,使沟通双方能更加自如地交流。联想总裁杨元庆亲自做了隔级面谈的先行者,在过去的一年里分别与40多名中层管理人员进行了单独沟通。这种亲情文化的塑造标志着联想文化从硬性文化到软硬均衡的发展。

(4) 创新导向。不同文化阶段主要是表明了联想在不同发展阶段的管理重点,从"绩效文化"到"严格文化"再到"亲情文化",各种文化阶段中行之有效的管理方式都不是从提出该种文化才开始,也不止于提出下一种新的文化。不过它们还是存在明显的时间间隔,"严格文化"是1997年被引入联想,并确立了"认真,严格,主动,高效"八字管理方针;2000年,针对联想内部缺乏沟通和协作的情形,亲情成分被正式引入联想文化,以此建立一种相互信任和协作的文化。

但评论认为,联想的"严格文化"和"亲情文化"始终没有形成强音。究其原因,除了塑造时间短外,"亲情文化"推广的时期正是 TT 业遭遇"寒冬"的时期,联想随之迈入联想的冬天。联想营业额在 200 亿元徘徊了三年,始终未能有所突破;联想新开发的业务增长点也不足以满足资本市场的期望,25家跟踪联想的国际投资银行中有九家建议"售出",只有六家建议"买入"。外界称联想遭遇了发展的"天花板"。在 2003 年 8 月联想集团的一次高层会议上,柳传志曾明确表示:"此前19年,联想的优势集中于渠道与市场控制能力,之后呢?"在资本市场的强大压力下,联想不得在内功修炼尚未完成的情况下,将注意力再次挪回到"外部运营"上,2004年年初,杨元庆在给联想员工的一封信中质问道:"为什么联想失去了激情,失去了如狼似虎的野心?"

当前,面对激烈的竞争,联想展开"创业工程"的文化运动,重释创业精神,倡导危机意识,"坚持学习与开拓,在可承受的风险内大胆尝试新事物和新方法,持续改进工作"的创新意识,要求员工"做岗位的主人,像发动机一样工作",以激发广大联想员工的创业激情。

2) 联想文化现状

(1) 螺旋上升理论。联想在企业文化建设过程中,对竞争性文化价值模型进行了改进和完善,总结形成了适合联想企业文化建设的方法论——企业文化螺旋式发展模型。

竞争性文化价值模型最初由美国学者奎因(Quinn)1988年提出,经过1989年美国著名咨询专家爱迪思(Aduzes)的企业生命周期理论的验证后,被国际上一些著名的咨询公司和研究机构采纳,逐步发展成为一种国际上比较权威和盛行的企业文化分析工具。

竞争性文化价值模型实际上是把企业经营所要处理的事务和处理方式分类,虽然这些事务在企业的任何发展阶段都存在,但企业在不同阶段,决定其中某一类事务和某一种处理方式显得更有成效,因而受到反复强化和使用,逐渐被大部分成员共享而变成了企业的文化。

具体而言,企业事务分为两大类:内在—外在;管理方式分为两种:控制—灵活,两种方式分别对应两类事务后,企业行为可分为目标、规则、支持、创新4种导向,这些行动导向产生相应导向的企业文化。一般情况下,企业在不同的发展阶段呈现出不同的导向,企业文化的发展也就随之遵循着一种螺旋式上升的路径:创新(创业)导向—目标导向—规则导向—支持导向—高层次的创新(创业)导向,推动着企业管理一步一步迈向更高层次,并形成螺旋式上升态势。

创新导向、目标导向都偏重面向外部发展,规则导向和支持导向偏向于内部运营。4个导向都具有自己相对的关联特征,即

- 目标导向——理性目标:客户、指标、计划、业绩、价值;
- 规则导向——内部过程:纪律、流程、制度、信息、服从;
- 支持导向——群体关系:团队、共享、培训、参与、协作;
- 创新导向——开放系统:学习、尝试、风险、自主、进取。

国际上成熟且优秀企业的文化导向结构大多呈现为一种倒梯形,即支持导向和创新导向较强,规则导向和目标导向较弱。而联想则是目标导向较强,规则导向和创新导向较弱,即以亲情文化和服务文化见长。

按照文化螺旋式发展趋势的一般规律,联想正处于一个由支持导向文化向创新导向文化转变的阶段。

(2) 企业核心价值观。在理论上,一个企业文化导向的健康状态应该是菱形,即各种导向文化都存在并比较均衡。因此,在实践中,按照企业文化螺旋式发展模型,联想打造四大核心价值观,引领四大导向文化。

联想四大核心价值观——服务客户、精准求实、诚信共享、创业创新,告诉员工四大基本问题——做什么、怎么做事、怎么做人、为什么,引导员工融入联想,建设四种文化——服务文化、严格文化、创新文化、亲情文化。

① 服务客户。服务客户是联想的首要价值观,是联想人要做的事情,是他们的工作方向。联想和联想人存在的价值在于为客户提供全方位的服务,让客户获得超出期望的满意。为了达到这一目的,对内,联想以客户的需求为设立目标的依据,完全从客户的角度来提升能力和素质,提升服务质量;对外,注重客户体验,倾听客户的声音,认清客户的真正需求。

② 精准求实。精准是一种程度,求实是一种态度。联想的精准求实指的是:想事——力求以事实为依据、用数据来说话,理性思考、发现问题;对事——尊重规范和标准、纪律严明,勇于面对现实、敢于承担责任;做事——注重目标可衡量、计划可操作,不断总结做事方法,努力探求做事规律,追求精益求精和简洁高效,养成"认真、严格、主动、高效"的工作风格。

③ 诚信共享。诚信——以"诚实做人,注重信誉,坦诚相待,开诚布公"为联想人最基本的道德准则;以"取信于用户,取信于员工,取信于合作伙伴"为待人之道。

共享——在交往中尊重他人,注重平等、信任、欣赏和亲情;在工作上把个人追求融入

企业长远发展之中,与同事分享远景、相互协作、共享资源、共同发展。

④ 创业创新。创业——永不满足,勇于拼搏,不断地超越自我;做岗位的主人,主动承担责任,灵活地应对变化和挑战;创新——坚持学习与开拓,在可承受的风险内大胆地尝试新方法和新事物,持续地改进工作。

(3) 企业使命。不同于国外企业精简的企业使命,联想提出了四个方面的企业使命:一是提供信息技术、工具和服务,使人们的生活和工作更加简便、高效、丰富多彩;二是为员工——创造发展空间,提升员工价值,提高工作生活质量;三是为股东——回报股东长远利益;四是为社会——服务社会文明进步。

在四个方面中,联想在"为员工"方面走在了国内企业的前列。

关于人,联想认为,首先,作为高科技类型的企业,知识和人的因素在企业里面起着决定性的因素,提出了"人是联想最核心的竞争力"。

联想把人才分为三类:第一类是能独立做一摊事的人;第二类是可以带领一群人做好一件事的人;第三类是能够制定战略,带领队伍做出大事的领军人物。联想的成功,得益于决策者对市场的正确把握,同时也离不开联想拥有的人才群体。

联想对人才有"德""才"两点要求。"德"就是把企业的利益放在最高地位;"才"就是一定是个学习型的人。要善于总结,善于学习,善于把理论的东西拿去实践,善于把实践总结。

其次,匹配于"人才是核心竞争力"这一基本出发点,联想又提出了"项链理论":市场是海,人才就如其中的珍珠,人才竞争不在于把最大最好的珠子买回,而是要先理好自己的一条线,形成完善的管理机制,把一颗颗珍珠穿起来,穿成一条精美的项链;而没有这条线,珠子再大再多还是一盘散沙;没有好的管理形成强有力的企业凝聚力,仅仅依赖高薪也难留住人才。

在以人为核心竞争力的前提下,按照项链理论,联想创造了"吸引人、培养人、留住人、用好人"的用人之道,核心是"创造发展空间,提升员工价值,提高工作生活质量"。

① 创造发展空间。

"你不会授权人,你将不会被授权;你不会提拔人,你将不会被提拔。"

——联想对管理者提出的口号

联想注重为年轻人创造发展空间,领军人物杨元庆、郭为被称为"少帅",原因就在于他们的年龄。联想员工平均年龄不到三十岁,不少高级主管都是在进入联想几年内被提拔起来的,有的甚至一年连升三级。

联想选人要的是"发动机"而不是"螺丝钉",不是仅仅要求员工能胜任岗位责任,而是"以德为先",注重"三心",选择能把企业利益放在首位,把自己融入企业中,具有上进心、事业心和责任心的学习型员工,以期其成为能严格、认真、主动、高效工作并具有归属感和责任心的企业主人翁。

录用员工时,联想不重学历重能力,不重资历重业绩,通过心理测评和面试来检验其基本素质,特别是强烈的责任心、吃苦耐劳的创业精神以及学习总结能力。录用后,员工进入为期三个月的试用期,试用期内接受公司培训并被派以指导老师,进行员工和公司间的深入磨合与二次选择,让新员工感受是否适合联想的文化及是否能胜任这个岗位,同时公司观察其实际能力和是否能够融入联想。

在工作中,联想通过制度来保证年轻人能够脱颖而出,采取"在赛马中识别好马"的策略来起用年轻人。要用"赛场",即为人才提供合适的岗位;要用"跑道"划分,不能乱哄哄挤作一团,必须引导他们有秩序地竞争;要制定比赛规则,即建立一套较为科学的绩效考核制度和奖励评估系统。

具体而言,联想推出"技术职称评定体系",为员工创建个人职业发展空间。技术职称体系分为"研发、工程、产品、技术支持"四大序列,每个序列又分为初、中、高三档。每个序列共分为 8 级,从技术员开始,沿着助理工程师、工程师、主管工程师、资深工程师、副主任工程师、主任工程师和副总工程师的路线晋升。四大序列代表了目前公司业务中的四种主要类型,在没有空缺的情况下,通过该方法激励一些员工。

联想"技术职称评定体系"对人才的考评分四部分:基本任职资格、个人技术能力、工作组织能力、附加条件。考核的侧重点在中间两部分,个人技术能力和工作组织能力各占总比重的 40%。个人技术能力又分为知识和能力两部分,知识包括业务知识和其他专业知识,能力包括知识应用能力(创新能力)和学习能力、对技术的判断能力。工作组织能力考察的是团队协作能力、沟通能力。

联想的核心骨干大部分是自己培养出来的,而不是从职业经理人市场临时选择的,从 1990 年起,联想开始大量提拔和使用年轻人,几乎每年都有数十名年轻人受到提拔和重用。1994 年后,每个新年度的 3~4 月都会进行组织机构、业务机构的调整,管理模式、人员变动都极大,让在工作中崭露头角的年轻人脱颖而出。

② 提升员工价值。

"对人才是一步步培养。你先给他一块布裁鞋垫,裁好了再给他一块布去学做西服,要让人感觉到他的真实才干。"

——柳传志

联想提出与实施了"发展和成功的需求、完善的培训、多职业规划"这三种方式提升员工价值,包括每年 40 小时的培训以及上级的指导、同事的交流、各类培训、发给员工图书自学、与国际厂商业务交流,全面提升员工的职业技能、专业技能、管理技能、文化与战略。其中,公司在培训方面做出的是强制性的要求,必须完成规定的课时时间。

联想提升员工价值的过程中强调培养一个模子出来的人,一定要把职业经理人融入企业里去,培养出有上进心、事业心、无论什么困难都要做中流砥柱的人。因为,职业经理人在业务上把外面的东西带入公司的同时,也带来不同的文化,因此,一定要有一个模子把他们融化,改造成自己的人。

在同化员工方面,联想成功了,甚至有评价认为"一个模子出来的"是对联想人和联想文化最好的诠释。例如,一次联想(上海)人力资源经理和公司其他人一起去调查市场,等他们快要离开那个经销商的时候,经销商冒出这样一句话:"你们是联想的。"他们非常惊讶,这位经销商向他们解释:你们的身影和言行一看就知道是联想的,联想的影子都是一样的。

③ 工作生活质量。员工的工作生活质量实际上是企业与员工关系的一部分。柳传志在接受访问的时候提到,如何处理提高职工福利和培养企业持续发展机制的关系是企业追求成功必须处理的三大难题之一,激励机制是"好的运行机制"的核心。他说,企业不是一

个养老的机构,必须用一种好的机制,能够持续发展的机制。激励有两种模式,即物质激励和精神激励。企业当然要提高员工的福利,但仅仅用钱是拢不住人的。比如,如果一个企业的股权最后演变成为只是年终分红的象征,就很可悲;股权只有成为激励大家奋斗的杠杆,才有意义,理想意义的员工精神是:普通员工要有责任心;中层要有上进心;高层骨干要有事业心。

在物质方面,联想提出不和国内企业作对比,而是和外资企业作对比,整体的水平具有相当的竞争力。除了薪金外,联想还有股票期权,职员一般工作一年之后可以得到,有良好业绩的工人经过一定时间也可以得到。在福利方面,一般企业享有的联想也都有。从外地来到联想工作的新员工还有宿舍,在带薪休假方面,每人每年能享受500元的春游或秋游费,工作满四年的员工还可以出国休假,每年有几百人将享受这一福利。

(4) 企业愿景。未来的联想应该是高科技的联想、服务的联想、国际化的联想。

① 高科技的联想。在研究开发的投入上逐年增加,研发领域不断加宽加深。尤其是逐渐要从产品技术、应用技术向核心技术领域渗透;技术将不仅为公司产品增值,同时也将是公司产生更多利润的直接来源;研发人员在公司所占比重逐渐提高;产品中自己创新技术的含量不断提升;成为全球领先的高科技公司之一。

② 服务的联想。服务是DNA:服务成为融入联想每名员工血液的DNA,服务客户的文化根深蒂固;服务是竞争力:服务要成为产品业务的核心竞争力,成为带动营业额、利润增长的重要因素;服务是新业务:服务业务包括服务外包、运营服务、系统集成、管理咨询等,服务业务将成为联想业务(尤其利润)的支柱之一。

③ 国际化的联想。10年以后,公司20%的收入来自国际市场;公司具有国际化发展的视野和与之相对应的人才、文化等;公司的管理水准达到国际一流。2003年5月,联想集团为了适应国际化的发展毅然放弃了使用多年的LEGEND商标,继而以全新的LENOVO代替。

思考·讨论·训练

(1) 创业之初的联想文化有什么特点?股份制改革后,联想是如何对企业文化重新定位的?

(2) 21世纪的联想文化与创业之初的联想文化有什么不同?为什么在企业发展的不同阶段要有与之相应的不同的企业文化?

(3) 联想为什么要在股份制改革之后进行企业文化的重新定位?

(4) 联想集团的成功给我国企业提供了什么样的借鉴经验?

(5) 搜集有关资料,分析联想收购IBM后其企业文化的变革。

3. 新联通的企业文化整合

请扫描二维码,然后回答案例后"思考·讨论·训练"题。

思考·讨论·训练

(1) 联通和网通企业文化整合遵循了哪些原则?
(2) 企业文化整合过程中会遇到哪些阻力?如何减少来自员工的阻力?
(3) 根据你的了解,你觉得新联通的文化整合成功吗?为什么?

5.2.2 实践训练

1. 测试:企业文化提升必问的 10 个问题

你是不是投入了很长时间、很多财力与物力,甚至是引用了各类先进的测评与应用工具,但是仍然觉得企业文化建设工作见效慢,总是与理想中的企业文化效果差距很大?不妨思考以下 10 个问题,并找找自己企业文化存在的差距。

具体问题如下。

1. 你的企业文化是不是与战略不匹配?(   )
   A. 是的   B. 不清楚   C. 不是
2. 你的企业文化建设工作是不是没有长短期规划与详细的实施方案?(   )
   A. 是的   B. 有一部分   C. 不是
3. 你的企业文化建设是不是缺乏持续性的保障机制?①(   )
   A. 是的   B. 有一些   C. 不是
4. 你的企业文化是不是没有被全体员工共同认同?(   )
   A. 是的②   B. 一般   C. 不是
5. 你的企业文化是不是对内与对外模糊不清?(   )
   A. 是的   B. 有一点   C. 不是
6. 你企业的制度、员工行为是不是与企业文化存在不一致性?③(   )
   A. 是的   B. 有一点   C. 不是
7. 你的企业文化建设是运动式的,而非持续性地实施?(   )
   A. 是的   B. 有一点   C. 不是
8. 你的企业文化宣贯与推行工作是否有些杂乱,而缺乏专业性、系统性、针对性与实效性?(   )
   A. 是的   B. 有一点   C. 不是
9. 你选用的企业文化测评以及应用工具是不是与企业"水土不服"?④(   )
   A. 是的   B. 有一点   C. 不是
10. 你的企业文化建设是不是缺乏科学的评价考核与有效的激励机制?(   )

---

① 机制包括组织机构设置(领导与执行组织)、制度保障、持续性的硬件建设、资金投入等。
② 认同的原因包括拍脑袋而提出的理念;缺乏调研分析;没有征求全体员工意见;照搬外面的理念而不切实际;创新过度,与自身历史文化脱节;理念过于复杂;理念没有个性特色等。
③ 主要指企业文化未深度融入制度、员工行为以及日常管理工作,例如只停留在物质层面、空喊口号、形象工程层面。
④ 表现为先进的企业文化测评工具、应用工具,与企业实际情况相差甚远,而且应用效果一般。

A. 是的　　　　B. 有一些　　　　C. 不是

计分方法、评估结果及提升建议：

答 A,得 0 分;答 B,得 1 分;答 C,得 2 分。

低于或等于 10 分者,企业文化存在较大的问题,建议重点阅读本书第 4 章的全部内容,并反复学习各细分章节的指导内容及案例。

高于 10 分但低于或等于 16 分者,企业文化存在一定的问题,建议在通读本书第 4 章全部内容的基础上,可重点根据自己存在的差距问题,仔细研读相应的章节内容。

高于 16 分者,企业文化属于比较好的状况。"他山之石,可以攻玉",建议对本书中第 4 章的一些实战经验、典型案例进行选择性学习,这样会给你们的企业文化建设带来一些创新和提升。

(资料来源：何建湘. 企业文化建设实务[M]. 2 版. 北京：中国人民大学出版社,2019.)

2. 实训项目：模拟制订企业文化变革方案

1) 目的

了解企业文化的现实状况,加深对企业文化变革管理的认识；训练对企业文化变革的分析能力及应对能力。

2) 内容与要求

(1) 由学生自愿组成小组,每组 5～8 人,利用课余时间,了解一家企业的企业文化现状,搜集相关外部环境信息,分析如何推进企业文化变革。

(2) 分析过程建议使用角色扮演的模式：①1～2 人扮演高层领导；②2～3 人扮演中层管理人员；③2～3 人扮演基层员工。

要求在进行小组讨论的时候,各位学生要从自己所扮演角色的立场出发考虑问题,模拟企业高、中、基层之间的冲突与和解过程。

(3) 每组根据角色扮演的讨论结果写出一份 800 字左右的企业文化变革方案分析材料,需要包括该企业变革的原因、遇到的阻力、变革的具体步骤及内容等信息。

3) 成果评定

(1) 由组长和每位成员根据各成员在调研、模拟讨论与撰文过程中的表现互相进行评估打分。

(2) 由小组代表就讨论成果进行班级演讲,小组成绩由教师根据各组完成情况进行评估打分。

(资料来源：赖文燕,周红兵. 企业文化[M]. 3 版. 南京：南京大学出版社,2023.)

3. 培训游戏：紫气东来

1) 游戏规则

(1) 培训师将学员们分成 5 人一组。给每个组一些纸和笔,建议每个组的学员围成一圈坐到一起。

(2) 学员们有 10 分钟的时间来讨论,分别列举出 10 种最不受人欢迎和最受人欢迎的氛围,如放任、愤世嫉俗、独裁、轻松、平等。

(3) 每个组派一名代表将本组的答案公布于众,然后让他们解释他们选择这些答案的原因。

(4) 大家讨论一下,什么样的公司氛围才最适合公司的发展?

2) 游戏编排目的

公司氛围决定人们之间的沟通和合作状况。舒适、健康的氛围有助于公司成员的正常发挥,而压抑、独裁的工作环境则不利于人们发挥创造性和能动性。

(1) 创造性地解决问题。

(2) 团队合作精神的培养。

(3) 对于团队合作环境的思索。

3) 相关讨论

(1) 理想的公司氛围反映了你什么样的价值?

(2) 你与你的团队的意见是否相同?如果有相左的地方,你们是如何解决的?彼此应该怎样进行交流?

4) 游戏主要障碍和解决

(1) 每个人理想的公司氛围一定反映了他的价值观和人生观。很难想象一个富有激情和活力的人会希望在一个机构冗杂、等级森严的公司工作,同样大家对于一个公司的共同设想就反映了这个公司的理念与价值。

(2) 在小组讨论的过程中,不同的人要扮演不同的角色,有些人更多地看中公司的文化气息,有些人更多地看中公司的竞争精神,最后将大家的意见综合起来,就有可能形成一个有关公司氛围的全面建议。

(3) 作为一个组员来说,要尊重别人的意见,积极提供自己的建议,讲究沟通与合作,获得整个小组利益的最大化。

参与人数:5人一组。

时间:30分钟。

场地:教室或会议室。

道具:纸、笔。

(资料来源:经理人培训项目组.培训游戏全案·拓展:钻石版[M].2版.北京:机械工业出版社,2014.)

5.2.3 拓展阅读:企业文化创新发展的三大趋势

请扫描二维码,学习相关内容。

思考与讨论

(1) 企业文化变革的原因和内容是什么?
(2) 企业文化变革在什么时机导入较为合适?
(3) 企业文化变革有哪些方式?
(4) 假如企业的财务业绩尚可,是否还要进行企业文化上的变革?为什么?
(5) 你认为企业文化变革和企业组织变革有何异同?
(6) 结合你所在企业的情况,谈谈企业文化变革最大的阻力是什么。
(7) 结合实际,谈谈如何营造企业文化变革氛围。
(8) 当一个企业的文化严重不适应形势的发展时,如何通过文化变革重建一个健康的企业文化?
(9) 新企业文化实施中应该注意哪些问题?如何对新企业文化加以强化?
(10) 访问自己的长辈,通过长辈叙述所在单位的文化氛围和文化变迁过程,感性了解文化在组织的变迁过程及可能存在的问题。

第6章 跨文化管理

　　跨国企业的经营管理基本上就是一个把政治上、文化上的多样性结合起来而进行统一管理的问题。

——[美]彼得·德鲁克

　　入境而问禁,入国而问俗,入门而问讳。

——《礼记·曲礼上》

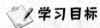 **学习目标**

- 了解跨文化管理的含义和特点。
- 领会跨文化管理的模式。
- 明确跨文化管理的原则。
- 掌握跨文化管理的策略。

 故事导入

日本人管好了美国工厂

　　美国得克萨斯州一家电视机厂因为经营管理不善而濒临倒闭,老板决定请一名日本人来接管。七年后,在这位日本人的管理之下,产品的数量和质量都达到了历史最高水平,令美国人赞叹不已。

　　那么日本人靠的是什么呢?就是靠尊重人的优秀企业文化。这集中表现在他们所采取的三项措施之中。

　　第一,接管之初,新任经理把职工们召集在一起,不是指责嘲笑他们的失败,而是请他们喝咖啡聚会,向每个职工赠送一台半导体收音机,同时也诚恳地向他们提出一些合理的要求。

　　第二,日本经理不像美国资方那样与工会闹对立,而是主动地拜会工会负责人,希望"多多关照",力图使美国工人解除心理戒备,在感情上与日本人靠拢。

　　第三,工厂生产有了起色以后,需要增加劳动力,日本经理不是去招收年轻力壮的新人,而是把以前被该厂解雇的老职工全部找回来重新任用,以培育工人们的"报恩之心"。这家企业正是靠优秀的企业文化起死回生的。

　　文化差异和文化冲突迫切需要加强跨文化管理,文化差异在跨国企业中是客观存在的,它会影响管理,但不一定是负面影响。而文化冲突是指不同形态的文化或文化因素之间相互对立的过程。只有当文化差异未得到合理控制或管理,继而演化成文化冲突时,才能对企业的管理效率产生破坏式的影响。国外管理学家的经验表明,有35%～45%的跨国企业是以失败而告终的,其中约有30%是由于技术、资金和政策方面的原因引起的,有70%是由于文化冲突引起的。正是由于跨国企业在其经营过程中不断遭遇文化差异和文化冲突,因此跨文化管理日益被人们所关注,成为研究的重中之重。

6.1 知识储备

6.1.1 跨文化管理的含义和特点

跨文化管理是20世纪70年代后期在美国逐步形成和发展起来的一门新兴的边缘学科,跨文化管理又称交叉文化管理,就是在跨国经营中,对不同种族、不同文化类型、不同文化发展阶段的子公司所在国的文化采取包容的管理方法,其研究的是在跨文化条件下如何克服异质文化的冲突,并据此创造出公司的独特文化,从而形成卓越有效的管理过程。其目的在于如何在不同形态的文化氛围中,设计出切实可行的组织结构和管理机制,在管理过程中寻找超越文化冲突的公司目标,以维系不同文化背景的员工共同的行为准则,从而最大限度地控制和利用企业的潜力与价值。由此可见,跨文化管理的主体是企业;跨文化管理的手段是文化;跨文化管理是一种管理活动,是在交叉文化条件下,通过文化手段的应用,实行企业管理的各项职能;跨文化管理的对象,乃是具有不同文化背景的群体,这些群体有可能是国家、政府、民族、企业、消费者、管理者、员工等;跨文化管理的目的,就是不同文化群体在相互影响过程中出现矛盾和冲突时,从中找到并形成交叉文化条件下企业管理的有效模式。

跨文化管理过程困难多多,这是由跨文化管理的本身特征所决定的。跨文化管理的特征如表6-1所示。

表6-1 跨文化管理的特征

序号	特征	原因	佐例	注意点
1	多元化	跨文化管理,涉及不同文化背景的人(母国员工、外派员工、本地员工和第三国员工)、物、事的管理,人员结构较为复杂	比如,同样是沉默,来自一种民族文化的成员可能以此来表示支持和理解,而来自另一种民族文化的人则以此表示漠不关心,还有的民族文化很可能意味着反对	同样的要求和规定,不同文化的成员很可能按照不同的行为方式执行,从而产生不同的结果
2	复杂化	在跨文化的环境中,处于不同文化背景的各方经理人员由于不同的价值观念、思维方式、习惯作风等的差异	比如,经营目标、市场选择、原材料的选择、管理方式、处事作风、作业安排及对作业重要性的认识、变革要求等不同,可能给企业的经营埋下隐患	这些隐患处理不当就会导致混乱和冲突,使决策变得更加困难

序号	特征	原因	佐例	注意点
3	过程性	跨国经营企业或者合资企业处于一个"文化边际域"中，即处在不同文化交汇与撞击的区域内。在这个区域中，不同的文化环境，还有不同的经济、社会和政治等因素，必会形成较大的文化差异	比如，差异只有逐渐被人们理解和认知，进而产生关心、认同心理，才能取得共识，建立全新的共同的企业文化。跨文化企业要形成自己的企业文化不是一朝一夕的事，需要一个很长的过程	在这一过程中，所有成员都要了解对方的文化模式，进行文化沟通以消除障碍，接受企业全新的特有文化
4	风险性	劳动关系问题是跨国企业经营的重要问题，因为各国的法律、管理体系、劳动关系的背景都不同，因此，当管理人员采取的管理方式不为员工所接受时，就有可能产生管理失败的风险	比如，跨国企业还有可能面临组织风险（企业在开展国际化业务经营时，由于各子市场和分支机构的分散性与独特性，使企业的管理、决策和协调变得复杂而带来的风险）和沟通风险（管理人员因面对不同文化、语言等沟通障碍而引起沟通误会，致使沟通失败所带来的风险）	风险存在的同时，使沟通的成本大大增加

小案例

青蛙变王子

多年前，美国通用汽车公司设在加利福尼亚州弗里蒙特的汽车装配厂，由于连年亏损而关闭，但当它与日本丰田汽车公司合营组成新联合汽车制造有限公司以后，仅仅18个月企业面貌就发生了难以想象的巨大变化。原来这个拥有5 000名员工的企业，雇员中存在5 000件左右不满事件，如今只剩下2件；原来高达20%的旷工率也大大下降了。劳动生产效率大约提高1倍。用美国人的话来评论这个厂的变化就是，"仿佛像一只青蛙一下子变成了王子。"这样巨大的变化是怎么发生的？日本丰田汽车公司派来的日方管理人员施行了什么魔法，关键是对管理模式进行了转换。美国通用汽车公司弗里蒙特厂原料的负责人，采用的是标准的泰勒式科学管理模式，行政命令、严格监督、惩罚和解雇的手法及管理者高高在上的领导作风，弄得劳资双方矛盾十分尖锐（劳方与资方就像两个有着世仇的家族，长期进行斗争）。而日本管理人员反其道而行之，他们尊重工会、尊重工人，让工人们分组管理，各负其责，并且处处建立管理者与工人平等的气氛——经理人员与工人合用停车场、餐厅，穿同样的工作服，取消经理专用办公室，大家互相称作"同事"。这种尊重员工、平等共事、分权管理的价值观，激发出美国工人的敬业精神、对管理者的信赖和对企业的忠诚。日本管理人员在培养美国工人的忠诚时并不需要花多少钱，然而日本管理人员的方法看来远比美国人之前所采取的对抗性更为有效。正像新联合汽车制造有限公司人事总经理威廉·蔡尔所说："日本人的哲学是把人作为一个重要因素，而典型的美国哲学则相反，它把工人仅仅看成机械的延伸。"这段话一针见血地指出了以人为中心的管理模式与忽视人的因素的科学管理模式之间的本质区别。

【思考】 案例中企业管理模式发生了怎样的变化？加强企业文化建设为什么能提高企业生产效率？

6.1.2 跨文化管理的问题

1. 交际管理中的跨文化问题

其主要有语言障碍或翻译不够准确,交际效率低下,容易造成误解。外籍员工不了解内部语言习惯,合作中员工各行其是、不协调、会谈无结果等。如美国人在上下点头的时候代表"是"的意思。然而,这个动作对于很多英国人而言则仅仅意味着他们在听别人讲话,并不一定赞成别人的观点。在不同的国家里,人们用不同的动作来表示"不"的意思,在美国这个动作是左右摇头,在中东地区这个动作是猛烈地向后仰头,在东方国家是左右摇手,而在埃塞俄比亚是用一个手指左右摇晃。

2. 监督管理中的跨文化问题

其主要有缺乏对对方社会文化环境的了解,以自己的做事标准去衡量他人工作的得失。如中国人习惯受到严格监督,因此对监督的需要程度较强,对中国人凭感情采取的惩罚手段无用;而美国人的公司有严格的管理文件,美国人习惯用法律和规章制度来约束自己,因此对监督的需要程度较弱。

3. 目标和计划管理中的跨文化问题

其主要指不同国家员工对工作效率、时间观念和利润观念的认识不同,从而导致目标相抵触。各国员工对于自身行动余地的大小也认识不一,从而对工作计划的执行也不统一。例如,经国家外经贸部批准,上海飞机制造厂于 1985 年 3 月与坐落于美国加利福尼亚长滩的麦道公司签订了协议书。协议规定,双方合作,在上海装配生产具有 20 世纪 80 年代水平的 MD-82 飞机。同时,美方向中方提供先进的管理技术,帮助中方把工厂全面改进成现代化的航空企业。但是,这种合作并不是一蹴而就的。双方在质量保证和目标管理方面曾有许多不一致的地方。麦道公司对文件的归档、工艺流程的处理、计划的安排都十分精确,比如说,麦道公司将 6 200 小时作为一架飞机的标准工时,主管人员是通过完成多少标准工时来了解工程进展状况的。而上海飞机厂以前则没有这种习惯,只是有个大概估计,如一架运十飞机就是用现场指挥的方式制造,整整耗去了一年的时间。麦道公司在生产管理中,对车间的温度、湿度都有精确的要求,而我们则习惯"大约""差不多"就可以了。

4. 组织管理中的跨文化问题

其主要包括对"职位基础"的错误定位,如由于"裙带关系"引起的矛盾冲突;团队凝聚力不足,团队生产力下降;团队创新意识受到牵制等。例如,从思维方式来说,中国人一般重视直觉、内省,重经验理性与伦理精神。这种理性与实践相脱离的思维方式,导致了中国人重整体、轻个体,喜欢作定性分析,不善于做定量分析。而西方人则比较注重实证经验、逻辑推理,善于作定量化的分析。这两种思维方式的差异,在跨文化的组织管理上有所体现。美国人对任何事情都有条分缕析的习惯,这在企业管理中则表现为很强的分工意识。美国道格拉斯飞机制造公司制造部的机构设置,就体现了分工明确、精简高效的特点。制造部下属 4 个部门,制造工程部负责工艺技术准备工作,设施部负责生产设施保障,制造支援部负责零件、工装、工具、材料、资料的配套供应,生产部负责组织现场生产任务的完成。这样,制造部副总裁只要从工程部拿到图纸资料,从器材部拿到器材,就可以依靠下属4个部门组织任务的完成。如果与工程部、质保部、器材部有了矛盾,到执行副总裁那里就可以解决。上海飞机厂原有组织机构内权力(指挥环节)不明。照美国的管理方式,谁负责哪项工作,都有十分明确的概念。在多数情况下,负责的主管人员均能获得必要的授权。而上海飞机厂管理部门的相互关系十分复杂,要区分责任和权力是很困难的。

除了上述跨文化管理的一些问题外,还有跨文化中领导风格的问题,决策标准和决策过程不相一致等问题。而这些问题的存在有可能导致一些不良的后果,如当文化冲突影响了外方经理和当地员工的和谐关系时,经理有可能会选择按照规章制度控制企业的运行,对员工更加疏远,而当这种疏远达到一定程度时,上下级之间的沟通就会中断,最终双方会越走越远。

 小案例

明基收购西门子为何失败

6.1.3 跨文化管理的模式

根据加拿大管理学者 Adler 研究的观点,跨国公司的跨文化管理模式主要有三种。

1. 相互依存式

相互依存式即国外子公司保留母公司的企业文化和当地文化,两种文化相互依存,相互协调,相互补充。

2. 灌输占领式

灌输占领式即跨国公司在进行国外直接投资时,直接将母公司的企业文化强行注入国外公司,这种方式一般适用于强弱文化对比悬殊,并且国外子公司能对母公司的文化完全接受的情况下采用。

3. 融合创新式

融合创新式即母公司的企业文化与国外子公司当地的文化进行有效整合,通过各种渠道促进不同的文化相互了解、适应和融合,从而构建一种新型的国外子公司企业文化。例如,肯德基根据中国的饮食文化将北京烤鸭引入其食谱从而开拓新的市场领域。

三种跨文化管理模式各有其适合的背景,跨国企业在进行跨文化管理时,应充分了解本企业文化和国外文化的文化特质,认真选择适合的跨文化管理模式。

小案例

海尔的文化融合

小贴士

中国跨文化管理的模式

文化差异和文化冲突迫切需要加强跨文化管理。跨文化管理就是在合资企业经营过程中，对来自不同文化的管理冲突与摩擦所进行的沟通、调解、包容与融合。跨文化管理的中心任务是化解文化冲突，共建共享新的企业文化。改革开放后，中国引入的外资急剧增加，中外合资企业的跨文化管理问题日益突出，这就需要不断加强理论研究和实践探索，逐步总结出适合中国特色的跨文化管理模式。

1. 外资文化主导型

这种模式充分尊重和采纳国外投资方的管理模式与经验，把外方母公司文化移植到合资公司，作为合资公司文化的主脉。这种模式以整个公司崇尚效率为最高原则，强行灌输外方文化理念。推行这种模式经常出现的问题是，由于外方管理者不大理会本土文化及其影响，尊重本地员工的行为方式和感情不够，容易遭到中方管理者和员工的排斥与抵触。

2. 中资文化主导型

这种模式以中国投资方的管理模式与经验为基础，以中国企业文化作为合资企业的主导文化。这种模式注重人际关系，关注员工的社会福利，按员工的资历决定其升迁。推行这种模式，企业文化的适应性强，但往往不能较好地学习与吸收外方的先进文化与管理经验。

3. 中外文化合作型

这种模式对文化差异较大的投资双方均给予充分的尊重，以合作为原则，通过沟通，取长补短，寻找价值共同点。这种模式的管理，其主要手段就是沟通，运行过程中有时效率不高。

4. 中外文化融合创新型

中外文化融合创新型即在充分挖掘中外双方企业文化优点的基础上，以契合文化为导向，结合合资企业的发展特点，创造其独特的企业文化。西安杨森的鹰雁精神就是一个很好的范例。强调个人能力的"鹰文化"与注重团队合作的"雁文化"是美国文化和中国文化的形象写照，两者融合凝练为"鹰雁精神"，既体现鹰的勇敢斗志品格，又体现雁的协力合作特性，使得西安杨森成为员工心目中神奇可爱的大家庭，凝聚了一大批优秀的人才，培养出了一支特别能吃苦、能战斗的精英团队。

6.1.4 跨文化管理的原则

1. 文化宽容原则

在文化中保持宽容精神是进行跨文化管理的前提。唯有如此,不同文化的员工之间才能相互尊重,才能相互理解、对话,达成共识,从而实现可能的融合。因此,要摒弃文化优越感,尊重别国的文化,尤其是那些与本国文化差异较大的异国文化。对任何文化都要持有宽容的态度,同时,又能对其他文化采取一种较为超然的态度,不应盲目地落到另一个文化俗套中。要养成尊重、宽容、平等、开放的跨文化心态和客观、无偏见的跨文化观念与世界意识,促进对文化多样性的尊重、理解。

 小案例

海尔整合通用家电

2. 有的放矢原则

进行跨文化管理,要做到有的放矢。首先,了解自己的企业是属于何种跨国经营方式,是属于跨国并购企业,还是属于国内母公司在国外设立的子公司。其次,要明白对什么进行整合,因为文化是一个较为宽泛的概念,具体到企业文化,必然涉及企业管理的方方面面,它包括经营宗旨的整合、价值观念的整合、行为规范的整合和组织机构的整合。

3. 借鉴与创新相结合原则

企业文化不仅要体现企业自身的特色,还要吸纳世界文明,东西方企业管理文化可以相互借鉴,尤其是国内外知名企业的文化精华,甚至是竞争对手的先进的经营思想,都可以为我所用。同时,在借鉴的基础上要加以吸收创新。所谓创新就是在发扬传统文化的积极成分,剔除和摒弃那些过时的理念、内容和方法的同时,根据实际情况和形势变化,形成与时俱进的企业经营理念,整合梳理出既具有本企业特色,又与目标国文化相容的核心价值观的企业文化。

4. 全球化与本土化相结合原则

在跨文化管理中,应该本着"思维全球化和行动本地化"的原则来进行。全球化的管理人员要很敏感地以一种跨国性战略来满足人类共同的需要和全球市场,通过全球的系统决策方法把全球各地统合起来,实现资源全球共享。本土化策略主要包括人才本土化、生产本土化、营销本土化、渠道本土化和语言文字本土化。一切的管理都是人进行的管理,因此,人才本土化是管理本土化最重要的一环,这主要因为本地人员熟悉当地的风俗习惯、市场动态以及政府方面的各项法规,而且和当地的消费者容易达成共识,使企业能在当地拓展市场,站稳脚跟。实行生产本土化,把子公司的生产体系纳入全球的体系,才能从根本上解决产品质量的高标准,才能为消费者提供更好的产品,也才能真正回归到竞争的根本。只有实行营销本土化,才能够从心理上、文化上获得消费者的接纳和认可。实行语言文字本地化,一是显示母公司对子公司员工的充分尊重,二是有利于公司文化的真正融合。

 小案例

日本索尼进军美国

6.1.5 跨文化管理的策略

1. 正确认识及分析文化差异

首先,要理解自己的文化,对自己的文化模式,包括其优点的演变的理解,能够促使所谓文化关联态度的形成,这种文化的自我意识使我们在跨文化交往中能够识别自己和有关其他文化之间的雷同和差异。其次,要对东道国的文化如价值观、民族宗教信仰、社会制度、行为方式、经营理念等进行深入、全面、细致的调查和了解。此外,还应调查本企业有哪些不同文化背景的员工,在尊重文化差异、求同存异的基础上,进行文化诊断,找出哪些差异可以为企业带来竞争优势,哪些差异可以导致冲突,要尽量规避,或者采取化解的方式,对各种文化差异做到心中有数。

2. 坚持以人为本

跨国企业的发展主要是依靠人才资源。文化的整合实际就是人们价值观念的整合,是人们思想的整合,最终体现在人们的行为上。跨文化管理的目的就是要使不同的文化进行融合,形成一种新型文化,而这种新型文化只有根植于企业所有成员中,通过企业成员的思想、价值观、行为才能体现出来,才能真正实现跨文化,否则跨文化管理则流于管理的目的形式。

同时,实施跨文化管理的主体也是人,即企业的经营管理人员。在跨国公司中,母公司的企业文化可通过企业的产品、经营模式等转移到国外分公司,但更多的是通过熟悉企业文化的经营管理人员转移到国外分公司,在跨国公司的资源转移中,除资本外就是经营管理人员的流动性最强。

由于跨文化管理的主体和客体都涉及人,因此,在跨国公司的跨文化管理中要强调对人的管理,既要让管理人员深刻理解母公司的企业文化,又要选择具有文化整合能力的经营管理人员到国外分公司担任跨文化管理的重要职责,同时要加强对公司所有成员的文化管理,让新型文化真正在管理中发挥其重要作用,促进跨国公司在与国外企业的竞争中处于优势地位。

3. 开展跨文化教育和培训

跨文化教育和培训是跨文化管理的重要内容。跨文化培训的主要内容有对文化的认识、敏感性训练、语言学习、地区环境模拟等。文化敏感性训练是为了加强人们对不同文化环境的反应能力和适应能力,促进不同文化背景的人或在不同文化地区工作的人组织在一起进行,通过简短演讲、角色扮演、情景对话、实例分析等形式,可以有效地打破每个人心中的文化障碍和角色束缚,更好地找出不同文化间的相同之处,加强每个人对不同文化环境的适应性,加强不同文化间的协调相融、相互适应。

通过文化差异的识别和敏感性训练,提高公司职员对文化的鉴别能力和适应能力。在文化共性认识的基础上,根据环境的要求与公司战略的需要建立起公司的共同经营观和强有力的公司文化。它有利于减少文化冲突,使每位职员能够把自己的思想与行动同公司的经营业绩和宗旨联合起来,同时又能在国际市场上建立良好的声誉,增强跨文化企业应对环境变迁的能力。在确定跨文化企业公司文化时必须突出公司经营目标的明确性、连续性、一致性。

4. 建立良好的跨文化沟通渠道

信息跨文化沟通渠道,已成为跨国经营管理中的重要资源。因此跨国企业的管理模式不能简单地模仿和沿袭某一种文化的管理模式,而应建立一种有利于不同管理文化双向沟通的跨文化管理模式。日本公司在国外的高度适应性也经常归因于这种跨越边界、开放式的信息流通,从而创造出一个"学习型组织"。在此模式下,不同文化背景员工均有参与企业管理的权利与义务,同时不同文化背景的员工可以平等友好地畅所欲言,相互沟通学习,从而淡化民族意识,培育全球经营理念,实现不同文化的真正融合。

5. 促进文化融合

文化融合是指不同文化间在承认、重视彼此间差异的基础上,相互尊重,相互补充,相互协调,从而形成一种你我合一、全新的组织文化。文化融合有三个步骤:同化、规范与融合。同化是指通过沟通使外籍员工认同公司的愿景,增强其主人翁意识和归属感以及对公司品牌的自豪感,增进其对公司基本架构和营运情况的了解,帮助他们最大限度地融入公司的日常运作。规范是要求企业制定清晰、完整、稳定的公司政策和各种规范,并要求所有中外员工共同遵守,进行规范化管理。融合是指剔除那些消极的、不利于新企业文化形成或阻碍企业发展的文化成分,并继承和吸收双方文化中的优秀成分,在相互渗透与充分融合的基础上,找到双方文化的结合点,建立共同的价值观,发挥两种文化的优势。

小案例

平高集团求同实现文化融合

平高集团是国家电网公司直属的开关研发制造企业,其前身是1970年的平顶山高压开关厂。平高集团已经走过了40多年的历程,悠久的历史积淀了深厚的文化,从创业期形成的"一不等、二不靠、自力更生建平高"的创业文化,到发展期"求实、创新、奉献、争创一流"的企业精神,再到企业逐步发展壮大,虽然没有形成较为系统的文化体系,但也有了相当的文化积累,员工的行为习惯、思想感情有了一定的稳定性。员工中不乏几代人都为同一个企业效劳的情况。在进行文化融合的初期,员工不理解的情绪普遍存在,比如,员工在使用企业口号时往往会区分"国网的"还是"平高的",虽然企业已经融在了一起,但员工的心却没有在一起。为了加快统一的企业文化融合,平高集团研究双方文化,分析确认各自企业文化的核心要素,并辨别两者相互重叠的领域,以重叠部分为切入点,巧用"求同"打开了文化融合之门。

首先,平高集团进行了价值观分析。企业文化的本质是价值观,国家电网公司的核心价值观是"诚信、责任、创新、奉献"。诚信是企业立业、员工立身的道德基石;责任是勇挑重担、尽职尽责的工作态度;创新是企业发展、事业进步的根本动力;奉献是爱国爱企、爱岗敬业的自觉行动。而在平高集团40多年的发展历程中,诚信是被平高人所提倡的职业操守,曾经涌现出为了将产品及时送到灾区,11位运输司机风雪千里路送产品到海南的感人故事。平高集团在市场、技术、管理等各个领域如雨后春笋一般涌现出负责任的人、负责任的事、负责任的态度的案例。在创业的初期,平高人肩背人拉、自己动手砸石子时便定下了奉献的基调,集团涌现出了众多员工爱国爱企、爱岗敬业的感人事迹。集团发展的过程就是创新的过程,由于对技术创新持续不断地追求,平高的创新文化已经深入人心。

其次,平高集团在集团内开展"讲述身边的故事"活动。号召员工讲述身边人践行统一的核心价值观的故事,并以统一的核心价值观因素进行分类,如诚信篇、责任篇、创新篇、奉献篇,然后编辑成册发放到员工手中。当员工看到自己讲述的故事诠释的正是统一的核心价值观,一直践行的理念与统一的核心价值观并不相悖时,就不再对新的企业文化抱有排斥心理。

平高集团以"求同"的方式,使统一的企业文化融合有了新的进展。

【思考】 企业文化融合为什么要用渗透式?

6. 弘扬新的企业文化并建立反馈机制

建立了全新的企业文化以后,要建立和谐的人际关系和畅通的文化网络,利用一切宣传媒体和舆论工具,创造浓厚的文化氛围,宣传企业价值观、企业理念等企业文化精神,并创造一种相对宽松的环境,使员工在心理上有一个适应的过程,从而逐渐接受新的企业文化,并使员工将自己的个人价值观和思想行为逐步同企业的价值观、企业的经营目标、经营宗旨统一起来,增强员工的归属感,增强跨国企业的凝聚力和向心力,充分发挥新企业文化的功能,实现对员工的软管理。

此外,还应该建立反馈系统检验新企业文化是否有利于减少企业跨文化冲突和矛盾,是否能提高企业管理的效率,是否能提高企业的竞争力,并提出修改意见。宏观的反馈系统可以通过对新的企业文化的认同感的测量和评价来进行。微观的反馈系统可以通过员工对跨文化沟通满意感的测量和评价来进行,通过反馈系统不断地修正文化整合过程中的具体实施环节,促进文化融合。

7. 优化跨文化人力资源的配置与开发

跨文化人力资源管理是跨国企业为了保持竞争优势在人员招聘、任用、工作分析、绩效考核、薪酬管理等方面,根据文化差异的特点进行合理控制和管理,从而优化人力资源配置,提高劳动生产率、工作生活质量和取得经济效益的管理活动。据 Selection Research International 咨询公司称,对跨国公司而言,一项失败的外派任职的直接经济损失在 2 550 万美元左右,更可能会造成业务机会的丧失、关系网的破坏等无法估量的间接损失。所以,海外管理人员的选聘尤其重要,可以通过母国外派、东道国选聘、第三国选聘三种渠道来选聘具有跨文化背景和丰富的跨文化管理技能的高级人才。跨文化的管理关键是对人的管理,因此必须通过熟悉企业文化的高级管理人员将不同的文化进行融合,形成一种新型的文化,并根植于企业所有成员中,通过企业成员的思想、价值观、行为体现出来,才能真正实现跨文化管理的目的,提高跨国企业在跨国经营中的竞争力。

随着经济全球化趋势的日益加剧,跨国公司不仅在各国的国民经济和对外贸易发展中发挥着重要作用,同时也充分体现了不同文化在同一时空的碰撞与融合。跨文化管理是跨国企业管理中不可忽视、不可缺少的一部分。跨文化管理对跨国企业生存和发展有着重要影响,对企业的生产力发挥着重要的作用。跨文化管理是一项艺术,它不是静止的,而是在跨文化的各项管理活动中不断发展变化的。进行跨文化管理,是利用跨文化优势,消弭跨文化冲突,使企业进行成功跨国经营的战略选择。

掌握跨文化管理的艺术与技巧,实施一套行之有效的跨文化管理策略是企业能够从容驰骋于国际舞台、实现成功经营、拥有持续竞争力的有力保障。

● 小案例

新联想文化整合措施

6.2 能力开发

6.2.1 案例分析

1. 长安福特的跨文化冲突

长安福特汽车公司成立于 2001 年 4 月 25 日,公司采用合资经营方式,注册资本为 9 800 万美元,由中国主要的汽车公司之一的长安集团和美国福特汽车公司共同出资成立,中外双方各持股情况为:长安集团 24%、长安汽车 26%、福特汽车 50%。长安和福特双方各持 50% 的股权。长安福特公司实行董事会领导下的总裁负责制。

长安福特的核心价值观是:"我们的业务动力源于我们对消费者的关注以及我们的改造力、智慧和创业精神。我们尊重差异、重视每个人的贡献、坚持诚信、积极为社会做出贡献,持续改进我们所做的每一件事。"这种企业文化能使加入公司的员工放弃以前不适宜新文化的行为习惯和利益取向,最终可能使长安福特形成一个积极向上、强调创新、具有很强亲和力的企业文化。既体现出强烈的市场意识,又体现出文化包容性。这样的文化观吸纳了福特文化中的价值、创新等理念,又反映出长安公司积极为社会贡献的爱国精神。

长安福特公司跨文化冲突表现在以下方面。

1)个人主义和集体主义

美国的社会文化以个体为基本单位,因为美国是一个移民国家,从西部拓荒时代至今,美国聚集了那些远离亲人靠自己力量想赤手空拳打天下的人,他们极其崇尚个人主义与独立。与美国文化不同,集体主义是影响中国文化的重要因素。这是由于在中国文化中,团体是社会的基本组成单位,一个人的身份是由他所属的团体来定义的。中国人具有妥协甚至中庸的民族性格;讲求以"和为贵"的统一与和谐,善于运用平衡、协调解决冲突和对立;重视伦理与道德,讲究等级秩序;推崇集体主义和艰苦奋斗精神,鄙视个人主义和享乐思想。在中国,人情经常是重于道理的,中国人十分重视人际关系和情感。

价值观的不同表现在工作上,长安福特中的外籍主管总是将工作的内容及具体任务、责任分配都表述得相当清楚,划清自己的工作与他人工作的界限。但这并不表示他们就不互相帮助,外籍主管虽然本身很乐于助人,但除非你主动要求,否则他不会主动来帮你。这样的观念差异往往让中方员工觉得外籍主管自我和人情淡漠,而外籍主管认为中方职员工作缺乏主动性和责任感。

每当长安福特开会时,一般提反对意见的是美国人,因为在他们看来公开发表不同意见是一种健康的行为,而对于大多数中国人而言,"和为贵"的文化,即维系和谐与关系则显得更为重要。由此可见,正是由于这种文化渊源的价值观的差异导致双方在管理上的冲突和矛盾。

2)自我与无我

在长安福特中对于员工处罚是否公示的问题,中美双方的观念完全不同。中方管理者认为无论是表扬或处罚,最好广而告之。而美方则更重视正激励,比如,员工过生日,人力资源部应亲自电贺,对于晋升、嘉奖等表扬也都要公告。但不主张公开批评,他们认为这样的做法是侵犯个人隐私,会对犯错人的自尊造成伤害。

中方管理者认为小错误可以不公开,但大问题、很严重的错误必须公开,只要提前告知该员工并帮助他改进,这样既可以警示本人及其他人,又有利于本人的进步的,这样的做法在中国企业是很正常的。在这一点上双方争执很大。

类似处罚是否公示的这类冲突正是中美双方对于"自我"观念理解的差异。中国受儒家思想影响将"无我"视为高尚的精神境界,主张顺从、克己。美国文化强调"自我"在价值体系中的中心地位,倡导自主、责任、自尊。因此,美方管理者认为处罚公示是一件有损员工"自我"的做法,而中方管理者则不那么认为。

3)上下级关系

在美国,大多数企业的下级对上级有一定的建议权、质疑权,下级在自己的职责范围内有较大的自主权。地方政府部门对管辖区内的企业无直接控制权。在对不同意见的表达方式上,中国员工比较含蓄,遇事一般不会明确表达自己的看法,有不同意见也不会当面直接陈述,避免发生冲突,使双方面子上挂不住,很尴尬,尤其是在开会时,一般只有领导发表其决定,员工很少发表意见。而外国员工则比较喜欢直来直去,有意见当面提,想什么说什么,"对事不对人",发生再激烈的冲突,朋友还是照样可以做下去。

这在长安福特中表现很明显。中方的员工很少当面质疑上司,但美方员工则往往直接对上司表达自己的反对意见,同时敢于发表对公司政策的质疑。长安福特的中方人员对某事如有不同看法,通常不是当面直陈己见,但美方则是直截了当说明真相。

4) 情、理、法

中国讲究"关系"哲学,无论对政府部门还是对宣传媒体,往往非常注重组织间、人员间的相互关系,管理关系与个人关系也经常相互渗透和相互影响,并流行请客送礼。但长安福特的美方管理者工作内外关系界定较清楚,完全不理解也不能接受这种"混合"方式。中方管理者虽然尊重外方的观念,但认为还是要适应中国国情。结果美方某些"不近人情"的做法,一度使公司公关和宣传很不到位,致使很长时间长安福特同政府和媒体的关系不佳,其结果是不仅媒体报道率低,而且负面宣传多,甚至有些不实报道,政府方面的支持和帮助也没有充分获得。在经过内部多次讨论之后,最终双方达成共识。其一,加强公益形象的宣传,比如增加对重庆大学、湖南大学赠车等善举;其二,经常邀请媒体到公司参观访问,协调好与媒体的关系,进而影响公众。

长安福特的美方管理者笃信企业制度的权威性,而中方成员往往制度观念弹性大。长安福特公司的成品车事件就是这方面文化差异的一个典型例子。长安福特公司有明确的制度规定,任何员工不得擅自动用成品车。美方老总认为有制度保障,即使钥匙放在成品车上,也应该不存在安全隐患。中方管理人员则心存疑虑,他们担心基层员工可能会出于好奇或其他原因去试车,更担心引发其他危险,所以最好将成品车钥匙交由专人保管。但总裁(美)坚决不同意,他认为这样的做法很不尊重人权。在总裁及其他美方管理者的坚持之下,经营会议决定,先按美方的意见试行一段时间。结果不到一个月,就有部分员工下班后去动车,并最终酿成两起成品车被损坏的事件。尽管人力资源部最终按制度对肇事人予以开除,但事情处理完后,总裁依然感到不可思议。

其实上述冲突所存在的文化差异是源自"法治"与"人治"观念的差异,这种差异往往会直接反映在合资公司的经营管理中。美国人的法律意识是根深蒂固的,在美国,治国依靠的是基本国策、法律;同样,治厂也就是要靠规章制度,美国企业管理遵循"法、理、情"的次序,主要依赖严格的法规进行管理;而中国的管理受儒家思想的影响遵循"情、理、法"的次序,将企业管理建立在和谐、彼此信任的人际关系的基础上,无论是机关、学校还是工厂、商店,都在一定程度上实行了以"情"为中心的人治。

作为福特这样的美国企业,一般是在法律环境比较严格和完善的条件下开展经营与管理,自然会用法律条文作为自己言行举止的依据,而受儒家文化影响的中方合作者,不可避免地习惯于以往的思维模式,表现为政府、媒体也强调以"情"为基础的人际关系,中方员工则"法"制观念弹性大。然而美方固执地认为在企业法制管理建设中,应该少讲人情和关系。这显然是受到美式法制建设模式的影响而没有充分考虑儒家文化区企业的社会文化特点,因此容易招致周围环境的抵触甚至排斥。

5) 决策方式

由于中国文化的集体主义和高风险规避倾向,使得长安福特的中方主管在做重大决策时都一定要咨询别人的意见,而且会考虑维持和谐、降低冲突的各种因素;而美国文化则具有个人主义和低风险规避倾向。在决策方式上,国内企业的决策常由集体做出,其责任、功绩也都属于集体;美国人习惯于个人做出决策,个人对决策承担最终责任,与此相适应,美国的企业倾向于决策的分散化,国内的企业倾向于决策的集中化。

体现在长安福特中,中方管理者习惯于集中决策,决策时常拟订十分详细的方案,征求多方的意见后进行修改和选择,然后据以制定实施程序、细节安排和建立计划考核的方法;而美方管理者习惯于责权明确的分散决策,实行独立决断和个人负责。中方的决策程度一般是由工作人员调查情况,领导分析决断,再由工作人员贯彻执行,决策细致而缓慢;美方管理人员则要求有职有权,在了解问题过程中就解决问题,决策速度和工作节奏很快。正是这样的思维习惯使得美方经理常常抱怨公司决策过程太慢,每件事都要开两三次会议,考虑上下级的关系和方方面面的问题,再选择向左还是向右,而且有时决策是否有效还要看雇员、客户、本公司员工和各级领导四方面能否都满意。

6) 尊老与能力至上

在对员工年龄的看法上,不同文化背景的管理者持有的文化价值观是不同的。中国文化十分重视尊老,在管理上尊重年长的,视年长者为知识、经验、能力和权威等各方面素质的代表,故而长安福特中方代表在用人政策上仍受"论资排辈"模式的制约;美国文化则视其为不重要,反而极其重视尊重青年的理论,奉行"能力主义"。

思考·讨论·训练

(1) 长安福特的企业文化冲突根源是什么?

(2) 请对长安福特的核心价值观进行分析。

(3) 请提出解决长安福特企业文化冲突的具体方案。

2. 迪士尼为何兵败巴黎

请扫描二维码,然后回答案例后"思考·讨论·训练"题。

思考·讨论·训练

(1) 分析迪士尼兵败巴黎的原因。

(2) 美国文化与法国文化的冲突表现在哪些方面?

(3) 美国迪士尼公司怎样解决面对的问题呢?请谈谈你的看法。

3. 海底捞在美国

请扫描二维码,然后回答案例后"思考·讨论·训练"题。

思考·讨论·训练

(1) 海底捞是如何适应美国文化的?

(2) 海底捞的跨国经营给我们哪些启示?

4. 吉利成功融合沃尔沃的秘诀

2015年6月10日,吉利控股集团董事长李书福在重庆"全球汽车论坛"上发表题为"融入国际化与全球型企业文化建设"的演讲,提到了吉利在并购沃尔沃过程中的心得体会。李书福坦言,文化因素是并购过程中的关键点。

曾有人问李书福,吉利成功融合沃尔沃,靠的是什么?李书福的体会是,靠沟通互信;靠合规合法;靠和而不同的中华文化底蕴;靠与工会组织建立良好沟通,坦诚相见,同舟共济;靠尊重欧洲成熟的商业文明,严格目标管理,有效放权,让管理层充分发挥"主人翁作用";鼓励思想碰撞,强调人文关怀,用"和而不同"包容各种建设性意见,确保企业沿着设定的战略轨道可持续发展。

国际并购中存在一种"七七规律",即70%的并购未达到预期商业目的,其中70%的原因是文化因素。李书福认为,就文化因素而言,最难逾越的鸿沟,一是与工会组织的关系,二是管理方式的差异。而这两条鸿沟并未对吉利融合沃尔沃形成障碍,在他眼里,东西方文化并非不可调和,关键在于包容互信,彼此尊重,和而不同。整个并购过程历时两年多,吉利和沃尔沃之间从不了解到羞羞答答,直到充分了解,建立互信,这是一个非常艰难的过程。

在西方人眼里,整个企业有些异样。西方人喜欢中国市场,但不一定理解中国企业的治理方法与价值伦理。因此,如何让沃尔沃员工更多地了解吉利,更好地了解中国非常重要。沃尔沃有四个总工会,他们分别来中国,到工厂、车间全面了解吉利与员工的关系,他们去全国总工会、浙江省总工会了解相关情况。吉利在并购陈述中也明确了并购后的管理安排。

"沃尔沃是沃尔沃,吉利是吉利,两者是兄弟关系,而非父子关系。同时吉利还明确表示,巩固与加强沃尔沃在欧美传统市场地位,开拓包括中国在内的新兴国家市场,迅速实现沃尔沃放虎归山。吉利要让沃尔沃重新出山,自由发展,充分释放活力和闯劲。"这个战略安排吉利做到了。随着时间的推移,信任关系也就水到渠成了。沃尔沃的竞争品牌是奔驰、宝马、奥迪,过去沃尔沃是领头雁。李书福相信,经过吉利的战略调整,沃尔沃将来一定会回到原来的位置,这也是吉利的目标。近5年的实践表明,吉利的战略取向是成功的。

在文化融合方面,吉利也做了大量研究,并且专门成立了全球性企业文化研究中心,与全球各有关机构携手合作,共同探讨全球整合型企业的发展课题。

纵观世界现状,全球经济一体化、世界贸易自由化已经成为不可阻挡的潮流。大量外国企业进入中国市场的同时,中国的一些企业也在走出去,逐渐融入全球经济和社会。因此吉利认为,研究和推动全球性企业的形成与发展对于中国及全球经济的可持续发展,以及世界和平及全人类幸福事业的建设具有重要而深远的意义。

无论是跨国公司还是全球性公司,都已经认识到文化引导与建设的重要性。为了适应和支持全球各个细分市场的需求,调配和整合全球资源,有些公司已经开始淡化国家背景,突出本土化与全球化的细分与合作,强化本土化发展与全球化协调的重要性,淡化或打破了原有的国家、民族、宗教信仰、语言和局部文化特征,逐渐形成一种全新的企业文化和价值理念,其核心特点是尊重、适应、包容与融合,最终目标是达到合作共赢和实现企业在全球市场的成功。

李书福认为,全球性企业文化是指跨越国界、跨越民族、跨越宗教信仰,放之四海都受欢迎的企业形态。这种文化有利于推动世界和平发展,有利于人类文明进步、幸福快乐,有利于企业创新、创造,具体体现在用户满意度高、员工自豪感强、管理层成就感大,企业整体全面可持续发展。这种文化极度开放兼容,极度远见卓识,积极承担企业社会责任,勇于挑战科技高峰,勇于探索商业文明,充分体现依法、公平、透明相互尊重的企业治理理念。

吉利并购沃尔沃的初衷不是为了跨文化研究,而是为了继承和发展沃尔沃在安全与环保领域的全球领先地位,是为了实现沃尔沃零伤亡、零排放的愿景。随着时间的推移,以及对沃尔沃汽车公司的深入了解,李书福进一步坚定了对沃尔沃未来的信念,产生了成立全球性企业文化研究中心的念头。"一个企业的诞生、生存与发展,其目的不仅仅是产生较好的经济效益,还要承担相应的社会责任,要有自己的核心价值追求,企业的经济效益是企业生存的血液,没有效益的企业就会破产,而企业愿景、宗旨、使命及核心价值追求是企业发展的文化原动力,两者都很重要,缺一不可。只有这样,才能保证企业在全球市场不断取得成功。"

思考·讨论·训练

(1) 吉利成功融合沃尔沃的秘诀究竟是什么?

(2) 本案例对你有何启示?

6.2.2 实践训练

1. 实训项目:各国企业文化案例收集与分析

1) 内容与要求

(1) 由学生自愿组成小组,每组 5 人。

(2) 每组利用各种方法收集企业文化方面的案例。

2) 成果评定

(1) 各组分别整理好所收集的案例并进行分析。

(2) 课堂展示每组收集的案例以及分析的结果。

(资料来源:赖文燕,周红兵.企业文化[M].3版.南京:南京大学出版社,2023.)

2. 培训游戏:旗帜鲜明

1) 游戏规则

(1) 培训师将学员们按照 10 人一组进行分组,发给每组 1 面彩旗、1 根旗杆和 1 盒彩笔。

(2) 每组用 30 分钟建立小组的口号、队名、队歌和标志。

2) 游戏编排目的

人类具有社会性,都渴望归属感。如果一个人不属于社会上的任何团体,那么这个人就很难立足于这个社会。这个游戏就是让学员们体会团队文化对他们自身的重要性,通过建立团队,增强学员的归属感和凝聚力。

(1) 理解什么是企业文化和团队文化。

(2) 加强对团队文化的认同,增强团队凝聚力。

(3) 引入激励机制。

3) 相关讨论

(1) 你们组为什么以这种形式作为建立团队的第一步?如果不是这一步,还可以是什么?

(2) 你们的创作是从哪里得到的启发和借鉴?主题是什么?

(3) 在创作过程中,你们每个人的贡献是怎样的?谁的贡献最大?

(4) 是否出现过意见不一致的情况?是怎么解决的?

(5) 这个游戏对你们的启发是什么?

4) 游戏主要障碍和解决

(1) 企业文化是企业所有员工精神力量的集合,但是对于这种无形的精神力量,尽管人们不停地研究,还是不能很明确地定义出来。这就需要借助一些手段来帮助员工切身体会企业文化的奥秘。这个游戏就是一个很好的契机。通过学员亲自开动脑筋创造出来的团队,蕴含其中的正是一种企业文化。它让学员们明白,所谓的企业文化,就是时时刻刻从企业员工的外表形象和行为举止中流露出来的精神力量。

(2) 这个游戏体现了团队的力量,激发了团队的智慧,更能折射出"团队文化"。在游戏刚开始时,可能大部分组员都不知道从何处下手,那是因为那时大家还没有理解团队的真谛。随着游戏的深入,学员们的感觉会越来越好,团队的概念会渐渐深入人心,那样任务的完成就会容易得多。

参与人数:10 人一组。

时间:30 分钟。

场地:教室或空地。

道具:每组 1 面彩旗、1 根旗杆、1 盒彩笔。

(资料来源:经理人培训项目组. 培训游戏全案·拓展:钻石版[M]. 2 版. 北京:机械工业出版社,2014.)

6.2.3 拓展阅读:对跨文化管理的认识

请扫描二维码,学习相关内容。

思考与讨论

(1) 何谓跨文化管理？中国跨文化管理主要存在哪些问题？

(2) 阐述跨文化管理的三种模式及其适用条件。

(3) 跨文化管理的策略有哪些？

(4) 你所了解的中外合资或外商独资企业有过哪些跨文化问题？它们是如何解决这些跨文化管理中的问题的？

(5) 联系中外合资企业实际，谈谈跨文化管理的难点。

第7章 企业文化比较

有地方色彩的,倒容易成为世界的。

——鲁迅

海尔文化就是日本文化(团队意识+吃苦精神)+美国文化(个人舒展+创新精神)+中国传统文化的精髓。

——张瑞敏

学习目标

- 了解日本民族文化的特征,掌握日本企业文化的特征。
- 了解美国民族文化的特征,掌握美国企业文化的特征。
- 了解欧洲国家民族文化的特征,掌握欧洲国家企业文化的特征。
- 领会中国传统文化的思想精髓,掌握中国传统文化的特征。

 故事导入

文 化 差 异

日本的一家公司要招聘10名员工,发布公告这天,一个叫水原的青年看见公告上没有自己的名字,悲痛欲绝,回到家中便要切腹自杀,幸好亲人及时抢救,水原没有死成。正当水原悲伤之时,从公司却传来好消息,水原的成绩原是名列前茅的,只是由于计算机的错误导致了水原的落选。正当水原一家人欣喜若狂之时,从公司又传来消息,水原被公司除了名,原因很简单,公司老板说:"如此小的挫折都受不了,这样的人在公司是做不成什么大事的。"

美国的一家公司要招聘10名员工,经过一段严格的面试,公司从300多名应征者中选出了10名佼佼者。发布公告这天,一个叫汤姆的青年看见公告上没有自己的名字,悲痛欲绝,回到家中要举枪自尽,幸好亲人及时抢救,汤姆没有死成。正当汤姆悲伤之时,从公司却传来好消息,汤姆的成绩原是名列前茅的,只是由于计算机的错误导致了汤姆的落选。正当汤姆一家人欣喜若狂之时,美国各大州的知名律师都来到汤姆的家中,他们千方百计地鼓动汤姆到法院告这家公司,声称需支付巨额的精神赔偿,并自告奋勇地充当汤姆的律师。

德国的一家公司要招聘10名员工,发布公告这天,一个叫萧恩的青年看见公告上没有自己的名字,悲痛欲绝,回到家中便要跳河自杀,幸好亲人及时抢救,萧恩没有死成。正当萧恩悲伤之时,从公司却传来好消息,萧恩的成绩原是名列前茅的,只是由于计算机的错误导致了萧恩的落选。正当萧恩欣喜若狂之时,萧恩的父母却坚决反对自己的儿子进入这家公司。他们的理由不容置疑,这家公司作业效率如此差劲,进入这家公司对儿子的发展毫无益处。

中国的一家公司要招聘10名员工,发布公告这天,一个叫志强的青年看见公告上没有自己的名字,悲痛欲死,回到家中便要悬梁自尽,幸好亲人及时抢救,志强没有死成。正当志强悲伤之时,从公司却传来好消息,志强的成绩原是名列前茅的,只是由于计算机的错误导致了志强的落选。正当志强欣喜若狂之时,志强的父母来到公司,一看到公司老板便感激万分,他们含着泪说:"多亏你救了我儿子,我们家世世代代感谢你的大恩大德!"

面对同样一件事情,不同文化的人们做出了完全不同的反应。

7.1 知识储备

民族文化是企业文化的摇篮,不同的民族文化,对人们的思维方式、行为方式产生不同的深刻的影响,进而影响到企业的管理方式、方法及企业文化。这里试图通过对日、美、德各国和中国不同企业文化特点进行介绍与分析,比较企业文化的异同,以便借鉴其经验,汲取其精华,建设有中国特色的企业文化。

7.1.1 日本的企业文化

1. 日本民族文化的特征

日本是一个资源相当缺乏的国家。第二次世界大战日本军国主义给中国和东南亚人民造成深重灾难,也使日本经济陷入深渊,战争结束时一片废墟,满目疮痍,工业和商业极度萧条。然而在战后短短的几十年时间里,它却奇迹般地发展成为世界上一流的发达工业国家,它的许多产品都强有力地打入了国际市场,成为美国最强劲的竞争对手;它的许多制造技术都达到了世界一流水平,在世界上的影响日益扩大。日本成功的原因,除了世界经济一体化的发展为其创造了有利的经济、技术发展环境外,应该说,他们在传统文化思潮的影响下所创造的企业文化在其中也起了重要的作用。

日本属于典型的东方文化传统的国家,历史上长期盛行单一的种植经济,这种劳作方式需要整个家庭及邻人的相互协作,因而倾向于发挥集体的智慧。加之日本是单一民族、单一文化的岛国,因而这种重视集体力量及发挥集体智慧的思想就更浓厚。公元1世纪,中国儒家文化传入日本,日本人接受了儒家文化中的等级观念、忠孝思想、宗法观念等,并把儒家文化的核心概念"仁"改造成"忠"和"诚",逐渐形成了"稳定性强"的具有大和民族色彩的文化传统,它对日本人的生活方式,包括企业经营方式、管理方式等产生了深远的影响。日本文化的特征,概括起来有以下几个方面。

(1) 民族昌盛的愿望。从历史上来看,日本的周边一直存在着一些强大的国家,加之是个岛国,国土面积狭小,这种地缘和地理特点使日本人认识到,只有发愤图强,才能振兴经济,赢得民族独立,并受到周边国家的尊重,这形成了日本人特有的民族自尊意识。在这种民族自尊意识驱使下,日本人产生一种强烈的愿望和感情,要赶上和超过发达国家。从弱小的过去到成为巨人的今天,日本人的这种愿望和感情一直经久不衰。弱小的国家如何在尽可能短时间内赶上发达国家?除了有符合科学规律的发展战略、战术外,最重要的就是全体国民团结一致,发挥集体的智慧和力量。在日本,这种国民团结一致的精神到了近代尤为突出。在经济发展战略上,政府和企业密切协作,发挥各自的优势和力量;在企业管理上,也是倡导家族精神和团队精神。应该说,始终保持国民团结一致的民族精神是日本经济成功的关键。在这方面,日本人表现得比世界上很多民族要优秀得多,他们对内有集体一致的感情,比如天皇制,从古至今一千年连续不断,就在于他们把天皇作为日本国家的象征、国民一致性的象征;对外则同心协力,表现出强烈的民族观念,如他们在与外国人谈判时,以团队应对,往往取得意想不到的胜利。

(2) 永不满足的学习精神。狭小的岛国,历史上长期孤立以及现代工业对国外市场的依赖性,使日本人有着强烈的危机感。为了摆脱危机,日本人形成了惊人的广采博取的学习精神。日本地处科学技术落后的亚洲,远离工业发达的西方,但当今的日本却成功地跻身于工业发达国家的行列。这与日本国民,尤其是政府和企业领导人如饥似渴地学习、吸收、借鉴、运用外国先进技术、知识和经验有关。日本文化在某种意义上也可以说是外来文化,他们秉承"综合即创造"的信条,在唐朝时学习中国,明清时学习荷兰,近代以后学习英、法,到了第二次世界大战以后又学习美国。日本人学习外来的东西,特别注重结合本国需要和本国特点进行加工改造。如在企业管理上他们对中国儒学进行了大规模的吸收和成功嫁接,显示出日本人巧妙移植的改造技巧。最让世人惊羡的是日本人接受外来的文化时不失民族特性,甚至在接受西方生活方式时,也保持了西服与和服、西餐和日餐等双重生活方式。

(3) 忠诚精神。日本文化的价值取向是"忠",日本人的基本假设前提是每个男女都负有恩情债,即原债,有债就需报恩,报恩的主要形式是"忠"。因而,"忠"在日本被放到伦理道德准则的金字塔尖,是涵盖一切伦理标准的最高美德。从封建时代对领主的效忠,演变为近现代对国家、对企业的忠诚。员工忠诚于企业,企业忠诚于社会、国家,在日本社会被认为是天经地义的事情。进入日本公司的员工,有一种对公司感恩报恩、从一而终的感情。忠诚的标志就是献身工作,致力于对公司的贡献,而利润正是这种贡献的结果。

(4) "家族"意识。日本民族渗透着一种特殊的家族精神,这是一种家庭式温情和能力主义原则相结合的共同发展精神。"家"是日本文化的基质,社会只不过是"家"的放大体,也是一个纵式组织形式。人们爱家乡,爱母校,爱企业,爱民族。在企业内部首先是维系家族式的等级和温情。等级的核心并不是家长式的独断,而是各级人员安于本分,各司其职。员工尊重经理,上司关怀下属。其次是员工在家庭式温情的基础上,所承受的责任往往超过公司的规定,他们的工作积极性被充分调动起来,愿意为他们心目中的"家庭"——公司的发展而竭尽全力。员工不仅上班时间拼命干,而且往往自动放弃节假日休息加班加点,他们勤奋工作的目的就是为家庭尽力,同时也为了避免不好好工作而受到忘恩负义的社会道德指责。

(5) 亲和一致的精神。日本人明白,要充分发挥集体的力量,就必须以和为贵,这就形成了日本人珍视和谐一致,提倡自我约束、宽厚待人的精神风貌。而且在长期的合作中,日本人也形成了一套达到亲和一致的高超技巧。交往中不深究对立的观点,往往不用语言而靠心照不宣,通过几乎是直觉的相互理解来达到和谐。

2. 日本企业文化的特征

日本重视企业文化建设,重视对员工灌输企业的经营理念,重视科学管理,特别是注重文化与管理的嫁接,因而使得日本企业获得空前的成功。日本企业文化主要有以下特征。

(1) 强调企业理念的重要性。日本企业一向重视经营理念,强调通过优良的产品、周到的服务来回报和服务社会,从而赢得社会的好评,延续企业的生命。他们往往用厂歌、厂训、厂徽等方式来表现企业文化和经营理念,并时时刻刻向员工灌输,使之成为座右铭。如丰田公司的"优良的产品、世界的丰田""车到山前必有路,有路必有丰田车",显示出向全世界进军的企业文化精神和气概;松下公司的企业信念是"工业报国,光明正大,团结一致,奋斗向上,礼貌待人,适应形势,感恩报德"。响亮的企业文化和经营理念,不仅显示出企业文化的强劲,同时树立了企业的正面形象,也时刻激励着员工的士气和创造精神。与西方企业仅仅追求利润最大化的奋斗目标不同,日本企业文化蕴含着强调追求经济效益和报效国家的双重价值目标。日本企业文化倾向于企业作为独立自主的经济实体,它与国家、与政府的关系不仅仅是一种纳税与收税的关系,而且存在着政治思想和社会文化等方面的直接联系。这使得日本企业文化的价值目标具有双重趋向:一是追求经济效益;二是追求社会效益。这种价值趋向在日本企业文化中得到了明显的体现。如日本松下公司这样表述自己的企业文化和价值目标:既"讲究经济效益,重视生存意志",又"遵守产业人的本分,鼓励进步和社会生活的改善,以致力于世界文明的进步"。

(2) 以人为本,重视团队精神的发挥。日本民族在历史上长期是一个农耕民族,种族单一,受中国儒家文化影响较深,具有长期的家族主义传统,具有较强的合作精神和集体意识。日本家族主义传统和与此相联系的团队精神渗透到企业文化和管理的各种制度、方法、习惯之中,使企业全体员工结成"命运共同体"。员工与企业之间保持着较深厚的"血缘关系",对企业坚守忠诚、信奉规矩,有着很强的归属感。日本企业把"以人为本"的思想贯彻到企业文化中,把培养团队精神视为企业文化的灵魂。正是这各方面的合力,特别是企业文化精神的渗透力、感染力和激励力,使得日本企业成为一个个真正充满活力的有机整体,从而迸发出勃勃生机和很强的创造力,完全不同于美国企业的机械性组织。日本企业的团队精神用以下三项制度进行保障。

① 终身雇用制。日本企业一般不轻易解雇员工,使员工产生成果共享、风险共担的心理。这种制度不是法律硬性规定的,而是日本家族主义文化传统的体现。

② 年功序列工资制。晋升工资主要凭年资,相应的职务晋升也主要凭年资,资历深、工龄长的员工晋升的机会较多,并保证大部分员工在退休前都可升到中层位置。这种制度是以论资排辈为基础的,员工工作时间的长短和对企业的忠诚程度比工作能力更重要。其好处是可以限制员工的"跳槽"现象,鼓励员工"从一而终",在一家企业干到底。这也是日本文化特别是日本企业文化在用工体制上的体现。

③ 按企业组织工会,把劳资关系改造为家族内部关系,劳资之间的冲突和交涉只限于企业内部,强调"家丑不可外扬"。这是日本企业文化的典型表现。这三项制度像三条无形的绳索,把企业员工紧紧地"捆"在一起,使他们团结一心,众志成城,为企业竭尽全力。日本企业员工对公司的归属感很强,不管是管理者还是一般员工,多数人对企业都有很深的感情和忠诚心。他们明白"厂兴我兴,厂衰我耻"的道理,懂得只有靠企业,为企业好好干,

才能实现个人计划。所以,日本员工缺勤率为世界最低,只有 0.95%,而其他国家则高得多,如美国为 3.5%,德国为 7.7%,法国为 8.3%,意大利为 10.6%,瑞士为 13.8%。

在日本多数企业里,员工西服上都有一个公司标记,这意味着他们从早到晚都属于公司的人。员工忠于职守,勤奋工作,下班后还开展 QC 小组(质量管理)活动和学习,还要以喝酒、下棋等方式交流思想,以至于很多人尤其是管理者,因工作紧张和疲劳过度而患有"归宅恐惧症"。所以外国评论家称日本人是"只会工作的蜜蜂"。他们一天工作一般不止 8 小时,而是 10 小时,12 小时。据有关分析资料,如果劳动效率国际标准为 100 ,美国为 70,日本人则是 130。这些都典型地体现了日本企业文化的特质和作用,这也正是日本能在第二次世界大战后短短的几十年时间里实现经济飞跃的根本原因所在。

日本企业文化在很大程度上是由日本民族文化所决定的,日本民族文化中的学习和创新精神,以及日本国民强烈的民族昌盛愿望等,对日本企业文化影响很大。在双重文化影响下,使得日本企业创造了经济起飞的奇迹。

团队主义精神的实质是讲合作,讲协作,注重集体的智慧和力量。在具体的经营管理活动中,团队主义精神主要表现在以下三个方面。

① 实行集体主义管理。在决策中,上下级之间除进行正式沟通外,还像"兄弟"一样进行各种非正式沟通,自上而下集中多数人的意见,经过反复酝酿,直到取得了较为一致的看法后才拍板定案。这种做法虽然令欧美企业疑惑不解,有时也影响到办事效率,但在客观上却能起到群策群力、增强下属参与感、强化团队意识和协调感情的作用。与此相联系,在执行中强调合作互助,有意模糊个人的权限和责任,不突出个人,但个人却把集体看得高于一切,体现着较强的集体责任感、荣誉感和工作献身精神。例如,在生产方面,日本企业不是只鼓励某个员工提高效率,而是注重整个集体提高效率。如一条生产线出了一件废品,不光直接责任人脸上无光,而且整条生产线上的人都垂头丧气。这种集体主义成了日本企业中个人与团体、个人与个人之间行为的基本规范。它要求员工把个人利益置于团体利益之下,做到团体利益第一,团体利益高于个人利益。同时要求把个人利益置于他人利益之后,做到先人后己。当然,日本企业的集体主义并不完全排斥个人利益和个人价值,只不过要求个人从属于集体而已。

② 倡导着眼于人的管理方式。通过建立全能的生活设施,建立多种社团组织,开展体育比赛及庆祝结婚纪念日等活动,让员工感受到企业的温暖,培养员工的团队意识。尤其值得一提的是,日本企业开展的 QC 小组活动和合理化建议活动。这两项活动更加充分体现了对人的重视和员工对企业的高度责任感。据统计,近年来,日本的 QC 小组已超过 100 万个,每年发布成果 100 多万项,创造价值几十亿美元。与此相联系的合理化建议活动更是盛行不衰。一些企业为推动这类活动还专门设有创造发明委员会和合理化建议委员会。日本企业员工热衷于这项活动,主要并不是在于能从中得到多少物质奖励,每次合理化建议被采纳,奖金不过几百、几千日元,高的也只不过几万、十几万日元。员工实际想通过这类活动为团队贡献自己的力量,得到集体的承认和集体给予的荣誉。

③ 坚持主要着眼于团体,而不是个人的激励制度。日本人认为太突出个人,不利于集体的合作。在管理中,"和"最为宝贵,只有把集团激励与终身雇佣制结合,才能使整体效率最高。相应的,人事管理也以整体效率为出发点,多采取论资排辈的做法,避免因完全量化

方法的使用,在一般雇员中产生不安全感,降低集团士气。

(3)"综合即创造"的经营哲学。"综合即创造"是日本的一句格言,也是日本企业的经营哲学。在汉语中,"综合"有两层含义。一是指把分析获得的对象和现象的各部分、各属性连接成一个统一整体;二是指把不同种类、不同性质的事物组合在一起。日本人一方面把"综合"的内涵延伸了,把"综合"与嫁接、模仿、借鉴、拿来等概念联系在一起;另一方面把"综合"也视为一种创造性思维和创造性行为。战后,日本企业得益于这句格言,成功地在世界范围内对各种优势资源进行"综合",以最少的投入(360亿美元),获得了世界上39 000多项最新技术,用嫁接、模仿的方法创造了大量具有竞争力的新产品。值得注意的是,日本企业不光重引进,更重视的是消化吸收。日本引进费和消化吸收费投入比例为1∶7~1∶10。在"综合"中创新,在"综合"中提高。这种技术综合使他们受益匪浅。同时,如饥似渴地学习、"综合"中国的文化、西方的管理,以极小的代价,实现了企业文化和管理方法的变革,因而为战后的"经济腾飞"插上了翅膀,使它在国土面积只相当于中国的云南省或美国的蒙大拿州、陆地资源占世界资源总量的0.07%、历史上也没有什么重大发明的"弹丸"之地上,养活了占世界2%以上的人口,赢得了第二贸易强国的地位。日本人酷爱学习是有传统的,如他们从唐宋开始师承中国文化,直到现在还在一手拿着中国的《论语》,一手拿着中国的算盘做生意。战后他们通过综合,又把后发优势发挥得淋漓尽致。

 小贴士

日本企业文化的五条潜规则

潜规则一:评价员工的首要标准是对企业的忠诚度,个人能力和合作意识并非不重要,但是在评价体系中的权重低于前者。

潜规则二:要想在一家企业里有长期的发展,稳居中游是最优策略,如果一个人过分热衷于自我体现,不但会招致员工的反感与抵制,而且上司也可能感觉到威胁,从而对其进行打压。

潜规则三:用人不疑,疑人不用。从每件事情成功与否,来决定下一件事情是否分配给特定员工来做的做法,看似不给犯错误的员工第二次机会,显得不合情理,实则是要求员工集中精力完成每一项任务,从而有助于提高公司效率。

潜规则四:不率先创新,但要把细节做到极致。按照经济学俗语来讲,日本企业多为风险规避者,它们不愿意付出高风险成本,但是日本企业令人惊讶之处就在于实现了模仿时滞最小化。

潜规则五:女性依然难以受到重用。在日本企业界与政界的高层中,女性身影依然寥寥。

7.1.2 美国的企业文化

1. 美国民族文化的特征

美国是一个年轻的国家,从1492年哥伦布发现新大陆到现在有五百多年历史,建国只有200多年历史,文化根基很浅,没有僵化的传统。但它是一个移民国家,各国移民所带来的各国文化以个体的方式加入美国社会,经过优胜劣汰的选择和不同民族文化的相互融合,形成了具有鲜明特征的美利坚民族文化和民族性格。各国移民单枪匹马迁徙到北美大陆后,有着强烈的在北美大陆站稳脚跟、寻求发展的欲望,为此他们不得不同大自然做斗争,不得不同阻碍他们发展的各种社会行为做斗争,他们为寻找更好的工作、更大的发展机会而到处流动,因此,美国人的民族性格中充满着强烈的冒险和进取精神,他们崇拜的是生活中的强者,鄙视的是懦弱无能的胆小鬼。由于各国移民之间没有血缘关系的联系纽带,在同大自然做斗争的过程中和人类社会的环境中缺乏可以依赖的群体,因而崇尚个人奋斗,尊重个人价值与尊严,逐渐形成了个人主义的价值观和道德观。作为一个不受悠久历史文化束缚的年轻国家,美国较早而彻底地进行了资产阶级民主革命,创造了尊重法制、承认平等的权利结构和鼓励竞争的政治体制。具体来说,美国的民族文化有以下特征。

(1) 个人主义的价值观。作为一个从原野里创造出来的国家,美国在资源丰富待开发的早期,必须奖励个人独立创造的性格,凡是束缚个性发展的各种因素都被视作当时拓殖精神的阻碍,加以贬责。同时,在艰苦开拓的过程中,每个民族都力图发挥本民族的长处,尊重并吸取其他民族的优秀品质,坚信自我、尊重他人的文化取舍态度成为他们共同的准则。正是在这一点上,也只能是在这一点上,各国移民找到了共同之处,这就是个人主义的价值体系,它深入民心,以各种形式得到充分发展,由此形成了美利坚民族的特殊性格,即对自己深信不疑,对自己的命运深信不疑,把依靠自己作为哲学信条。个人主义最终变成了美国主义和美国文化的同义语。

(2) 冒险、开拓、创新精神。美国人的格言是:不冒险就不会有大的成功,胆小鬼永远不会有所作为;不创新即死亡。从首批英国移民踏上北美大陆,到美利坚合众国成立这一个半世纪里,北美险恶的自然条件培育了美国人顽强拼搏、艰苦奋斗的性格。北美丰富的资源等待着开发利用,培育了美国人开拓进取、敢于冒险的精神。从文化的角度考察,北美在一定程度上曾经是一片文化真空,闯入这真空的,不是有组织的文化单位,而是一批对于传统制度已失去好感的亡命者。他们的头脑被叛逆精神所主宰,身上传统思想的保守性很少,即便有,也没有发挥的土壤,因为险峻的环境迫使他们只能采取与传统不同的生活方式,这种冒险精神成了美国人的传统。他们把冒险探求新大陆看作寻求生活的机遇。这种冒险精神一直渗透到美国人生活的各个方面。在硝烟弥漫的商战中,美国人勇敢、开拓、创新,敢冒风险;在生活中追求新奇刺激,高山滑雪、汽车大赛、星球探险等,这些冒险者的队伍中总少不了美国人。

美国人虽然相信天命,但不是宿命论者或因此放弃应有的努力,他们不仅不接受无所作为的宿命论,相反,而是更加勤奋地工作。他们认为个人的努力程度与未来利害攸关,努力总会带来好处,开拓总会有前所未有的收获。停滞不前和偷懒是一种罪恶,比不道德还要坏。美国人的这种信念在一代又一代的开拓者心中扎根,既改变着美国经济的面貌,又改变着美国文化的面貌。

基于此,美国人特别强调创新精神,他们认为机会到处都有。主要在于主动发现和利用。除法律外,美国人认为一切传统和先例都是创新的障碍,他们乐于向传统和先例挑战。由于美国不像中国、印度、英国等国有悠久而灿烂的文明,所以美国人在接受新思想、新技术时很少先去考察这些东西是否符合某位专家、权威的理论,然后再引经据典加以注释和考证,以决定是否采用。美国人认为,他们的国家虽没有灿烂的过去,但由于具有创新精神,因此他们拥有光明的未来。所以美国人勇于同传统和权威挑战,勇于向已有的一切挑战,"我与专家、权威、传统平等",这是美国人的观念。在这种观念支配下的美国人,爱去干别人不曾干过的事情。正因如此,美国人在华盛顿专利局登记的发明比全世界其他所有国家的发明加起来还要多,出现了像爱迪生这样的大发明家。

(3) 自由、平等精神。美国是一个崇尚自由的国家。北美殖民地历史的一个重要的特征就是封建秩序从来没有在那里存在过。在美利坚民族的形成过程中,许多从欧洲大陆来的移民把资产阶级自由思想带到美洲,美洲新大陆的自由空气以及大自然的艰苦环境陶冶了美利坚民族的性格,即热爱自由、珍惜自由、崇尚自由。在美国,对人的自由,除法律可以明文规定加以限制并由执法机关及其人员执行限制外,任何机关或个人不得非法剥夺或限制他人的自由。民主自由的环境为才能和幸运开辟道路,因此出身对美国人不起任何作用。美国人相信这样的格言:"一个人富裕到什么程度,就表示他的才能发挥到了什么程度。"因为在机会均等的条件下,人的才能决定富裕的程度,所以美国人一般不羡慕他人的财富,而喜欢赞美富翁的才能。

(4) 实用主义哲学。实用主义在美国不仅仅是职业哲学家的哲学,而且是美国人的生活哲学。美国文化的创造是在北美大陆的开发过程中开始的,要开发这片富庶的处女地,就必须打破一切条条框框,服从于实际问题的解决。在这种历史背景下,美利坚民族形成了实用主义的哲学观。他们坚信:"有用、有效、有利就是真理。"美国著名思想家威廉·詹姆士曾做出这样的概括:"一个实用主义者坚决地、永远地背弃职业哲学家所珍视的许多根深蒂固的习惯,他避开抽象的和不充分的理由,避开那些假冒绝对和起源之说,求助于具体和充分的东西,求助于事实、行动和力量。"在实用主义哲学观念影响下的美国人,不喜欢正规的、抽象的、概念游戏的思辨哲学,不喜欢形而上学的哲学思考。在美国人眼里,有用就是真理,成功就是真理。他们立足于现实生活和经验,把确定信念当作出发点,把采取行动当作主要手段,把获得效率当作最高目的,一切为了效益和成功。

(5) 物质主义的追求。美国文化是物质性的。他们认为生活舒适是理所当然的人生追求,并且怀着优越感看待那些生活水准不如他们的人。当美国人谈论一个人的价值时,主要指物质价值,而且除了这个通常标准外,他不管什么其他标准。由于基督新教价值观的影响,美利坚民族至今仍以赚钱多少作为评价一个人社会地位高低的重要依据,仍以财富为荣。在美国社会里,人们向上进取的精神是炽热的,许多人都在拼命地工作,不惜付出自己的一切辛苦与智慧来谋求事业上的发展,通过个人奋斗取得成功,从低贱者变成大富翁几乎成了美国式的信条,在这种价值观念支配下的美国社会,企业家普遍受到尊敬,大学里的管理专业成为热门,人人都想办企业发财致富。

2. 美国企业文化的特征

美国是现代管理理论的发源地。作为现代管理的先驱,美国企业的管理经验对世界有着广泛而深刻的影响,成为各国效仿的典范。然而,美国式管理和与其相适应的企业文化从美国社会文化这个特殊的母体中孕育而生,有着自己的突出个性。美国企业文化的实质和核心有两条:一是强调个人作用,或叫倡导个人能力主义;二是重视管理硬件,追求理性化管理。

(1) 倡导个人能力主义的管理哲学。很显然,美国企业个人能力主义的文化与日本企业团队主义的文化是截然不同的。它不着眼于集体，而是着眼于个人，鼓励个人奋斗、个人冒尖，把突出个人能力作为他们的基本管理哲学。这种个人能力主义的文化在企业经营管理中具体表现为以下三点。

① 尊重个人尊严和价值，承认个人的努力和成就。企业对雇员给予充分"信任"。相信他们的能力和忠诚，在具体工作中更多地采用目标管理法和弹性工作制度，给雇员留有更大限度的工作自由，以利于他们有机会创造性地完成工作。企业鼓励有突出成就的人，人们羡慕有突出成就的人；同时，在企业内部充满自由平等精神，人们不轻易否定他人的意见，但却愿意发表自己的意见，并且革新和实验的行为总是受到鼓励。因此，企业竞争气氛浓烈，人们乐于求新求变，乐于冒风险，人们以取得突出成就、得到企业的鼓励和别人的羡慕而自豪。

② 强调个人决策和个人负责。美国企业以个人为主，具有严格的岗位职务规范和明确的责任、权限。决策以个人为主，较少采取集体决策方式。即使决策前允许下级参加讨论，但最终决策权还在于个人。在决策执行过程中，每件事情都有人负责，每个人都能恪尽职守，相互推诿的现象较为少见。

③ 奖励针对个人而不是集体。与上述两点相联系，由于信奉个人能力主义，个人职责明确，任务完成情况很好计量，所以企业的奖励也是针对个人的。谁作出贡献就奖励谁，个人以此为荣。有些公司经理到下边巡视，发现某个人成绩突出，他可以马上掏出支票给一笔奖金。这种奖励方式在美国是有传统的，自从泰罗提倡"计件工资"开始，一直在奉行，人们也习以为常，并未因为奖励个人使集体其他成员产生不平衡心理，相反却能产生示范效应，促使企业充满竞争力和活力。由于美国物质主义的传统，其奖励的主要内容也是物质的，通过物质的奖励起到精神激励的作用。

这种突出个人能力的传统，确实对调动单个人的积极性起到了积极作用，刺激了人们的竞争、创新和冒险精神，减少了人际摩擦和能量内耗。但也带来了两个问题：一是雇员的合作意识较差，影响整体力量的发挥；二是人们对企业缺少感情，更多地把企业作为赚钱和实现个人抱负的场所。企业雇员的流动性较强，缺乏"从一而终"、献身企业的归属意识和集体荣誉感。

(2) 强调理性主义的行为方式。理性主义的企业文化根植于美国实用主义和理性主义的民族传统，发端于泰罗的科学管理。这种文化追求明确、直接和效率，生产经营活动以是否符合实际、是否合理、是否符合逻辑为标准。其具体表现在以下方面。

① 求实精神比较强，形式主义和文牍主义较少。企业上下级及同级人员之间的关系多讲求实在性和独立性，较少虚假，相互沟通意见直接、明确，不像日本人那样经常借助于暗示、比喻等迂回、委婉的方式表达意见。人们从事各项工作讲实际和有意义。如美国企业的质量管理小组就信奉"爱怎么干就怎么干，只要干得有意义、有效果就好"。企业中开会也唯实，主题明确，有什么说什么，说完就散。奖励也唯实，一切看工作实绩，不太重视学历、资历、地位和职务。由于企业求实精神较强，加上美国人乐于创新和冒险，所以企业宽容人们因创新和冒险犯"合理错误"。有的企业甚至提出"雇员不犯错误将被解雇"。他们的逻辑是，只有犯过"合理"错误，才说明你是创新能力强、有发展前途的人。美国企业的求实精神也体现在有较强的行动意识上，他们既重言，更重实，多数企业主张"干起来、做出

来、试试看",坚信"乱糟糟的行动总比有秩序的停滞好"。当某个雇员提出一条工作意见,主管的回答往往不是"研究研究",而是"试试看"。从思维方式上,遵循"预备—放—瞄准"的非常规逻辑,而不是"预备—瞄准—放"的常规逻辑。从一定意义上来讲,美国企业的繁荣很大程度上受益于这种乐于行动的作风。

② 提倡科学和合理,重视组织机构和规章制度的作用。近百年前,泰罗创立科学管理就是从时间、动作研究及着眼于组织技术合理化开始的。以后,美国企业继承了这种传统,比较重视确定严密的组织系统、合理的管理程序、明确的职责分工、严格的工作标准、科学的规章制度、先进的管理手段和管理方法,也可以说美国企业比较重视硬性管理。组织结构形式,如事业部制、矩阵制、多维制等不断翻新,计算机的广泛使用,系统论、信息论、控制论以及各种定量方法的采用,都说明美国企业具有很强的理性主义文化。受这种文化的影响,企业中的雇员即使追求同一个目标,在不违背制度的前提下,也愿意寻找一种更合理的途径。在经营管理中,没有固定不变的模式,很少惯例,只要合理,什么都可以打破。美国企业理性主义的文化区别于日本感性主义(或灵性主义)的文化,重视"法制",轻情感和面子,管理中较少受人情关系的纠葛。正因如此,美国企业中的各种规章、标准、制度如同美国法律一样多如牛毛,人们依章办事,拉关系走后门的行为受到鄙视。

小案例

惠普制度大于人情

惠普公司的员工可以直截了当地表达自己的观点,甚至越级反映问题,而惠普公司的高层会及时处理这些问题。在约翰·杨任惠普总裁后期,有的员工直接向公司的创始人帕卡德反映公司领导的官僚作风,帕卡德及时解决了这个问题,约翰·杨也主动提出退位。美国丹纳公司总裁麦克佛森上任后就废除了公司厚达22.5英寸的公司政策和法规汇编,用只有几百字的经营申明来替代。

成立于20世纪60年代的英特尔公司依靠铁的纪律和规范化的制度渡过了许多企业发展的难关,发展成为今天半导体行业的龙头。2002年3月底,英特尔公司市场价值达到了2 050亿美元。

美国通用电气公司每年对所有的员工打分,选出20%的最好员工,10%的最差员工,排在末位的10%的员工通常会被立即解雇。

③ 强调企业与员工之间的契约关系。美国企业"合同雇用制"也是理性主义及个人能力主义文化的产物。在企业界,虽然注意到了雇员,尤其是技术工的稳定性问题,但仍然采取与日本"终身雇用制"不同的雇用制度,在经济繁荣时期大量招进工人,经济困难时期解雇多余工人,一切从实际需要出发,完全靠合同契约维系与员工之间的关系,较少考虑企业与员工之间的情面关系。

这种理性主义的文化一方面为提高效率铺平了道路;但另一方面又为整体效应的形成设置了障碍。劳资关系比较紧张,双方都缺乏集团式"一体化"的追求,不能形成同舟共济的"家族"氛围。由于只重理性,不重感情,企业内部等级森严,企业管理刚性过分,柔性不足,压抑人的情感需要和创造力。据杨科洛维奇等人的研究发现,美国约3/4的人工作积极性没能得到全面发挥;多数人自称他们贡献给工作的比他们认为可能贡献的以及原则上愿意贡献的要少得多。不过近年来,美国企业已开始改变对员工行为的控制方法,强调员工独立自主的选择行为,进行自我检查和相互检查,并通过"感情投资""协商沟通""大众参与""职务扩大化""工作内容丰富化""弹性工作日""走动式管理"等来实现硬管理和软管理的结合,发挥员工各自的优势。

(3) 坚持质量第一、顾客至上的经营理念。美国是个典型的市场经济国家,具有极强的质量意识和顾客意识。美国政府鼓励企业提高产品质量,保护消费者利益,依法严惩制假、贩假者,营造了良好的社会文化氛围。美国坚持质量第一、顾客至上的经营理念,具体表现如下。

① 在科学的理论指导下,建立严格的质量保证体系。20世纪60年代,美国通用电气公司工程师费根堡姆提出了"全面质量管理"的概念,这是质量管理理论的一场革命。按照全面质量管理的观点,质量管理是全过程的管理,即包括市场调查、产品设计、产品制造、销售服务等全过程的质量控制,涉及企业每个部门、每个环节、每个岗位,企业中任何部门、环节、岗位出了问题,都会直接或间接地影响质量。因此,要想保证产品的质量,必须重视高层领导的质量决策,重视关乎质量的每一个因素,以系统和事前预防的思想为指导,把质量问题消除在萌芽中。美国质量管理专家朱兰博士在《质量控制手册》一书中,又明确提出了"适用性"的概念,即产品质量就是产品的适用性。产品质量高,表明用户在使用中满足程度高;产品质量低,表明用户在使用中满足程度低。由此可见,是否符合市场需要,对用户是否适用,是衡量质量的最终标志。这些理论和概念在实践中得到了比较好的应用,企业把质量视为生命。这种质量意识慢慢突破狭隘的民族范畴而成为世界性的质量观,这也正是美国在很多领域能够主宰全球市场,在世界名牌的大家族中占据半壁江山的主要原因。麦当劳只不过是一种快餐,但在美国人的手里,却把它推向极致——风靡世界的麦当劳帝国。他们严格质量管理,实行标准化,服务快捷、友善、可靠,环境舒适、幽雅,"提供更有价值的高品质的物质给顾客",员工接受标准化的培训,确保麦当劳不管开到哪里,都能做到"不走样"。正是由于他们严格质量管理,因此,它只用了几十年时间就把麦当劳快餐推向世界,造就了拥有两万多家分店的世界快餐大众品牌。

② 坚持"顾客总是对的",千方百计维护消费者利益。在美国,比较早地提出"顾客是上帝""顾客总是对的"等经营口号。在他们看来,顾客是第一位的,利润是副产品,只有更好地服务顾客,利润才能源源不断;在为顾客服务的过程中,顾客总是对的,顾客的需要就是圣旨,因此永远不要与顾客争辩。IBM公司就是践行这种理念的楷模,他们以良好的顾客服务著称世界,流传着很多动人的故事。这个公司在亚特兰大的一位客户说:"我们的计算机出了毛病,电告IBM,数小时后救兵纷纷从天而降,公司共派来8位专家,至少有4位从欧洲飞来,一位来自加拿大,另一位来自拉丁美洲。"有一次召开经理会议,总裁老沃森先生在座,前排摆着8~10叠文件,分别标有"生产问题""设计问题"等。讨论了一阵子后,老沃森慢慢地走到桌子面前,用手一扫,把文件弄得满地都是,然后说:"这里没有什么这类那类问题,问题只有一个,我们有些人没有充分地关心我们的顾客。"然后走出了房间,其他人都面面相觑。像这类的事件在IBM公司比比皆是。正是有了这种不变的理念,加上他们不懈地创新,所以使公司在异常激烈的市场竞争中始终保持着优势地位。

（4）崇尚英雄的企业家精神。个性自由并非一定导致英雄主义，但其与功利主义相结合则催生了美国人的崇尚英雄主义精神。英雄人物是人生成功的标志和象征，也是社会评价一个人价值的尺度。美国出版了大量的人物传记，尤其是企业家的传记更是连篇累牍，目的在于向世人彰显英雄形象，激发人们学习英雄，并通过艰苦拼搏使自己成为英雄。美国开国元勋华盛顿，至今仍在激励着追求梦想的美国人。亨利·福特和福特公司以及黑色T形车，托马斯·爱迪生，杰克·韦尔奇和GE公司，老沃顿和遍及世界各国的沃尔玛连锁店，比尔·盖茨与微软帝国等，激发了一代又一代的美国人，去追求成功，圆英雄梦。这一点充分表现出美国文化中崇尚英雄、推崇强人的特点，所以美国的企业家文化中英雄文化非常突出。美国人通过牛仔精神，以跨国公司为载体，将其企业家精神播撒到全世界。

正是这种崇尚英雄主义的文化在美国社会培育了企业家的创业精神。在对大学生的问卷调查中，美国大学生回答毕业后准备自己创办企业的比率非常高。由此不难想象，美国拥有雄厚的企业家后备军。崇尚英雄主义文化，也就是汉迪所说的宙斯型企业文化。一个要成为百年老店、基业长青的企业，也必须有适应本企业目标的英雄人物，作为引领企业员工的楷模，去追求企业目标的实现。因此，企业的英雄人物，无论是天生的还是造就的，都有其价值；英雄人物对于企业的发展具有极大的导向、激励、凝聚、约束、辐射和创新作用。

（5）支持冒险，激励创新的理念。美国企业中顽强的创新精神和激烈的竞争机制随处可见。美国文化是移民文化，移民冒着风险从熟悉的环境来到陌生的地方，经常遇到新的事物，解决新的问题，他们需要打破常规，适应新的环境；他们要不断尝试，不断创新，从挫败中学习，从失败中总结，从成功中得到鼓励，从而形成了美国人的冒险精神和不断创新的精神。美国企业家总是在寻找新机会，探索新的管理方法。可以说，美国企业文化是"创新文化""竞争型文化"。

在求新、求变的精神鼓舞下，许多成功的企业引进市场法则，建立了激励机制、竞争机制和风险机制，并以此为动力推动企业不断发展。像通用汽车公司、IBM公司、P&G公司、3M公司等成功的企业都有意在企业中创造竞争的环境和机会，让职工们进行竞争，施展自己的才能。许多公司建立了强有力的支持竞争的系统，鼓励人们冒尖，培养和支持"革新迷"。在这方面，风险资本起到十分重要的作用。美国早在1910年就建立了第一家风险投资公司，20世纪六七十年代之后，风险投资公司大量涌现，目前已有四五千家。1978年以前，风险资本只有35亿美元，但在20世纪90年代初就已有200亿美元以上。在美国，许多高科技领域之所以能占据领先地位，风险资本起了重要作用。许多经营高精尖产品的高科技企业，如加州的硅谷、波士顿128号公路和北卡罗来纳三角科学园区的许多企业，几乎都是靠风险资本建立和发展起来的。仅硅谷就集中了60亿美元的风险资本。从一定意义上来讲，风险资本是高科技产业的催生婆。

不断创新使美国人抢占了许多科学技术的制高点。美国一直对科学技术的发展比较重视，它每年投入大量的人力和物力来开发新的技术，并应用于企业的生产中，使其转化为生产力，并依靠其技术优势制定行业技术标准，从而获取高额利润。美国从20世纪50年代以来，在计算机领域的投入比较大，其投资额是美国在原子弹上投入的10倍，美国大量的投入和不断创新使其在计算机领域处于世界的前沿，造就了一批计算机领域的巨型公司，如 IBM、戴尔、微软等。微软公司非常注重对科研的投入，仅在 2000 年，微软公司投入的科研经费就高达 50 亿美元。

 小案例

独一无二的企业文化

《华尔街日报》网络版发表分析文章称，对于很多公司来说，对年轻一代员工的管理是个令人头疼的问题，因为这些年轻人天马行空，不受约束。然而，Facebook（现改为 Meta）却采取"放纵"的策略，关注这一代的优势，忽略他们的劣势，弱化了上下级的区分。以下是文章摘要。

对于许多美国公司来说，千禧一代是"刺儿头"般的人群。但是到了 Facebook，他们就成了"香饽饽"。出生在 1980 年以后的一代常常无拘无束，并抱有一种幻想——工作应该是一件有趣的事情。Facebook 的 8 000 名员工中，"80 后"占据了大多数。

1. 强调发挥员工优势

Facebook 非但没有墨守成规，还接受了这群年轻人的特点，并为他们精心制定了管理方法。Facebook 告知经理，在对千禧一代进行业绩评估时有 80% 应该专注于他们的优势。员工们不是要听命于谁，而是拥有"强烈的主人翁精神"。他们在选择、调整任务方面被赋予了不同寻常的自由，甚至超出了他们的专业领域。与平行的职业发展轨迹相比，任职管理层甚至都不算"晋升"。

2. 鼓励"以下犯上"

Facebook 甚至鼓励低级别员工质疑和批评经理。丹·福尔（Don Faul）在 2008 年从谷歌跳槽至 Facebook 在线运营团队担任负责人后不久，计划与员工在上午 8 点开会。结果，员工们对此抵制，这让福尔这位前海军陆战队特种部队指挥官十分恼火。福尔说："上任开始，我就如履薄冰。"员工最后还是服从了福尔的决定，原因是他表示，为了让员工适应即将在爱尔兰投入运营的办事处，提前开会是有必要的。福尔表示，谷歌的管理结构更为森严，成为一名"经理"意味着拥有更大的权力。而在 Facebook，"职称毫无用处。"他说，"大家只看你的工作质量、信念的力量以及影响其他人的能力。"

Facebook 人力资源副总裁罗莉·格勒尔（Lori Goler）表示："公司的关注点在于确保所有员工能够在一个包容和具有挑战性的环境里工作，使得他们可以在人生任何一个阶段出色工作。对于能够创造一个适合所有人的企业文化，我们感到自豪。"

3. 变换工作岗位

在 Facebook 供职意味着你可以经常变换工作岗位。今年 28 岁的帕蒂·安德伍德（Paddy Underwood）在 2011 年以律师的身份加盟 Facebook 隐私团队。两年后，安德伍德决定去开发产品，不再做律师。安德伍德将他的主管约到了会议室，并提出了变换工作的想法。两周后，安德伍德被任命为隐私和信任分部的产品经理。安德伍德非常喜欢他的新职务，他说："需要我干再多的工作我也十分高兴。"

Facebook 的很多管理方法已经在其他地方尝试过，其高管也承认借鉴了顾问和管理专家的建议来创造他们自己的企业文化。但是，不管是 Facebook 的现员工还是前员工，他们都认为，即便是在硅谷，Facebook 的企业文化也是独一无二的。"这是《财富》1 500 强中首家由千禧一代创建的公司。"Facebook 前人力资源和产品经理莫里·格雷厄姆（Molly Graham）表示。

7.1.3 欧洲国家的企业文化

1. 欧洲国家民族文化的特征

虽然欧洲大陆有几十个国家，有十几种语言，每个国家都有自己的一些文化传统，但是，其文化的来源主要是古希腊文化和基督教文化。古希腊给欧洲留下了科学与民主这一精神遗产，基督教给欧洲提供了理想人格的道德楷模。在古希腊和基督教文明的基础上，欧洲形成了追求精神自由，倡导人文主义，强调理性与科学以及追求民主精神的民族文化传统。

（1）追求精神自由。在基督教义中，信仰是其他一切的前提；上帝是仁慈的，他把仁爱的命令颁布到人间，让世人互爱。1517年，马丁·路德开始宗教改革创立了新教。他提出了人的双重本性，即一个心灵的本性和一个肉体的本性。肉体的本性是受束缚的，心灵的本性是自由的。这种自由不是来自政治上和肉体上的自由，不是为所欲为的自由，而是精神上的自由。它依靠基督的福音，凭借对上帝的信仰，是真正的自由。这种向往自由的精神深深地扎根于欧洲人的内心深处，深深地影响了欧洲企业的管理风格。

（2）倡导人文主义。人文主义突出人的地位，主张自由、平等、博爱，提倡个性解放，反对迷信神学信条和权威主义对人的精神的愚弄。

崇尚个人价值观在欧洲文化中有着悠久的历史，早在古希腊时期就已出现。适宜的气候、平和的自然环境，使生活在这一地区的人们不大需要依赖集体的协作就能维持生存，这种生产方式的特点使古希腊人很早就形成了崇尚个人、反对强权的价值观。14 世纪到 17 世纪的欧洲文艺复兴，揭开了人文主义思想的新篇章。这时的人文主义强调个人的至上性，反对国家至上主义；强调个人的物质和生物性需要，反对利他主义和自我牺牲。17 世纪以后，个人主义被进一步理论化和系统化，"崇尚自我"的观念渗透在欧洲文化的每个角落。

（3）强调理性与科学。强调逻辑推理与分析的理性主义在欧洲有着悠久的历史和坚实的基础。早在古希腊，由于生活环境的优裕，生活在这一地区的人们有兴趣，也有余力来探究影响人们生存的自然奥秘，这使他们形成了注重研究自然的传统。他们提高理性，崇尚智慧，强调观察，推崇演绎。知识乃是美德，是古希腊人的价值观念。到了文艺复兴时期乃至近代，理性主义态度和科学实验精神得到进一步发扬。新兴的资产阶级思想家把一切都拿到科学和理性面前来重新估价，宗教神学和经院哲学在这里受到严厉的批判，理性科学获得了彻底的解放和长足的发展。理性科学的思维方式对欧洲人的思维方式产生了深远的影响。

（4）追求民主精神。作为现代科技文明的发源地，欧洲的生产力水平在18—19 世纪已经超过其他地方，商品经济的发展和生产力的迅速提升，唤起了人们内心深处独立意识和民主意识的觉醒。18 世纪相继在欧洲爆发的资产阶级民主革命正是人们民主观念觉醒的表现。

2. 欧洲国家企业文化的特征

在欧洲,虽然每个国家的企业文化显现出多样性,但是由于欧洲各国的大文化背景相近,各国经济发展过程和体制相近,经济交往频繁,尤其是欧盟国家逐渐走向一体化,因此,欧洲各国的企业文化具有很多的共同性。具体地说,追求精神自由、倡导人文主义、追求民主精神的文化传统造成了欧洲企业文化重视员工的参与管理。强调理性与科学的文化传统造成了欧洲企业文化重视理性管理、重视研究开发和创新、具有着眼于世界市场的战略眼光、重视员工的参与管理。

(1) 重视理性管理。理性的管理文化表现在组织结构和制度的建立、人员的配备以及经营管理等很多方面。

虽然,在欧洲,企业注重的是建立讲求实效、灵活多样的组织结构和制度,企业组织机构的设置是随着市场情况和生产技术的变化而变化的,不千篇一律,不相互模仿,不因人设事,即使是同类型的企业,机构设置也不一样,但是,企业也有其共同点,即组织严密、管理集中、讲求实效、富于理性。在人员配备上,欧洲企业要求严格,注重精干。企业的总经理、副总经理和各部门的负责人,一般都是从有一定学历和实际经验的人员中经过考核,择优配备的。各部门职责分工明确,一级对一级负责,讲究工作效率。对一些重要部门的管理者要求更高,如研究与发展部、销售部等,均由能力很强的人掌管,甚至由总经理、副总经理直接兼任。作为一个总经理或副总经理,不仅要在生产技术上有专长,而且在管理上也必须是行家。在经营及对外交往关系的处理上,欧洲企业也显得理性十足。经营中严守法律,坚守信用;对外谈判往往一丝不苟,严肃认真,讲理性,重效率。

(2) 重视研究开发和创新。欧洲各国政府和企业都把研究开发当作一项生死攸关的战略任务来抓。研究开发的主要内容是产品更新和技术更新。产品更新和技术更新是互动的。技术更新是产品更新的前提,产品更新又推动技术进步,从而占领和开辟新的市场。在欧洲国家中,不少国家制定相应的政策支持企业的研究与开发。例如,法国的技术政策与经济发展政策有着密切的联系,国家在人力、物力和财力等方面都能给予企业大量的帮助。

(3) 具有着眼于世界市场的战略眼光。欧洲国家自然资源不丰富,出口贸易在经济中占有十分重要的地位。这使得欧洲国家的企业特别注重在世界市场上的竞争,注重制定着眼于世界市场的经营战略。欧洲企业对产品质量倍加重视,认为这是赢得世界市场竞争的前提条件。为了保证企业全球战略计划的实现,很多欧洲企业非常重视产品在全球的推广与销售,进而建立了销售人员培训制度。受训人员不仅要上销售专业课,还要参加基础课学习和生产实习,经过考试合格后才能担任销售工作。

(4) 重视员工的参与管理。重视参与管理与欧洲文化中的人文精神,追求民主、自由的精神是密切相关的。在欧洲许多国家中,政府用法律形式规定了员工在企业中应该发挥的作用。如德国法律规定,凡2 000人以上的企业,必须成立监督委员会(相当于美国企业的董事会),凡5人以上的企业必须成立工人委员会,前者要由工人选举产生,后者要有一半工人代表参加。荷兰规定,雇用工人超过100人的企业必须有工人会议。法国和瑞典都规定雇用工人超过50人必须有工人会议,以此保证工人参与管理。有些企业设有由管理人员和雇员代表组成的各级工作委员会,使雇员能够参与管理企业,解决工作上的问题,同时,企业尊重为本公司工作的所有员工,从而使雇员对企业也有一定的归属意识。有些企业通过建立"经理参与系统""半自治团工作改善委员会"等,使经理站在客观的立场上协助员工解决问题,而不是直接替他们做具体决策,以此强化员工的责任意识。有些企业及时实施了轮换工作制和弹性工作制,提出应该使工作适应人,而不是使人适应工作。在这种环境下,工人参与管理、提出工作建议的愿望比较强烈,很多工人从中获得了心理上的满足感,因而劳动积极性也比较高。在德国,很多企业还通过出售给工人股票的办法使工人对企业产生向心力。德国企业向工人发售股票(一般比证券交易所便宜)已有多年历史,目前工人所持有股票在企业股份中已有相当大的比重。

 小贴士

欧洲主要国家企业文化的特征

欧洲各国既定主流文化之上的企业文化存在着不小的差异性。认识和深入理解这种企业文化的多样性将有助于跨国经营企业或合资企业战略的构建和调整,提高企业管理人员的跨文化管理能力,见表7-1。

表7-1 欧洲主要国家企业文化的特征

序号	国 家	企业文化的特征
1	英国	• 富有人情味 • 实用主义 • 保守主义 • 强烈的等级意识 • 鄙视竞争,避免竞争
2	法国	• 公众意识强 • 人性化和民主化 • 科学与创新 • 敢于奋斗,勇于挑战
3	德国	• 缩短工时 • 高附加值经营 • 注重教育培训制度 • 注重创新研究开发
4	意大利	• 相对欠缺的时间观念 • 当面谈妥生意,不喜欢借助媒介,如电话、电子邮件等 • 十分健谈,思维敏捷 • 习惯于身体接触 • 生意场上比较讲究穿着,十分优雅
5	荷兰	• 重视对雇员的培养和分配 • 企业中管理层次清晰,管理人员的素质也高,尤其重视新知识、新技术 • 比较正式、保守,在商务谈判时要穿正式西装,谈判也不喜欢拐弯抹角 • 时间观念强,讲究准时 • 做生意喜欢相互招待宴请

续表

序号	国家	企业文化的特征
6	挪威	• 生意场上不注重关系导向,中间人的作用微小 • 具有语言天赋 • 心直口快,讲话通常很坦率、直接 • 做生意相对无须太正式 • 倾向于轻言细语和沉默寡言 • "先高后低"的谈判策略
7	瑞典	• 注重平等、效率 • 生意为先,通常无须第三方的介绍或推荐,会采取主动自荐 • 讲究高效率的瑞典人磋商时喜欢立刻进入正题 • 谈判开始的提价符合实际,而不是以一个夸大的数字开始 • 感情保守的交流方式以及出名的谦让和克制力
8	丹麦	• 具有适应发展、抓住机遇的能力 • 中小企业居主导地位,中小企业信息流通快,新的想法很容易付诸行动 • 实行职业轮换的制度,保证整个劳动力的更新 • 工作时间内十分严肃,态度保守、认真 • 凡事按部就班、计划性强,做生意采取较温和的姿态 • 拥有很强的法治观念,很注意道德,有自己传统的道德标准

7.1.4 中国的企业文化

儒商的企业文化

1. 中国传统文化的特征

中华民族创造了光辉灿烂的文化,源远流长,博大精深,形成了悠久的民族文化传统,它以无形的巨大力量,深深地积淀在我们民族心理与民族性格之中。儒家思想是中国传统文化的主干,其作为封建社会的正统思想长达 2 000 多年,对中华民族的文化心理、风俗习惯、道德伦理、价值观、人生观影响极其深远。其思想精髓概括如下。

(1) 具有"以天下为己任",为国图强的爱国精神。孔子一生中热心救世,到处奔走,自云:"天下有道,丘不与易也。""如有用我者,吾其为东周乎!"但由于他所处的时代周王室衰微,政令不行,"礼崩乐坏",中原各国不是政权落于卿大夫,就是"陪臣执国命",要实现他的政治理想根本是不可能的,时人评其"知其不可而为之"。但孔子终其一生没有停止奋斗,史称"席不暇暖",这种坚韧不拔的精神深为后世所敬仰。孟子也曾经说过:"夫天如欲平治天下,当今之世,舍我其谁。"和道家相比,孔、孟所代表的儒家是主张积极入世的,对国家、社会具有强烈的责任感,这就是人们常说的"以天下为己任"的精神,是中华民族宝贵的精神财富。历史上后来的许多名臣良相,如"先天下之忧而忧,后天下之乐而乐"的范仲淹,"人生自古谁无死,留取丹心照汗青"的文天祥,"天下兴亡,匹夫有责"的顾炎武,可以说都深受儒家思想的影响。"以天下为己任,关心社会、奋发有为"是儒家思想的精华,是中华民族的优良传统,几千年来已经深植于人民心中。

(2) 注重人本思想。儒家思想最早把人们的视野从"天"转向了"人",主张"仁"道,提出了"仁者爱人""己欲立而立人,己欲达而达人""己所不欲,勿施于人""敬事而信,节用而爱人,使民以时"等,孔子所分析的,是己与人、人与人的关系,是一种将心比心、推己及人的精神。《论语·乡党篇》载:"厩焚。子退朝,曰:'伤人乎?'不问马。"不问马怎么样,首先问伤人没有。而"仁"并不是孔子所认为的最高境界,最高境界是"圣","圣"的目标是"博施于民而能济众""修己以安百姓"。孟子更进一步发展了孔子"爱人"的思想,明确指出:"民为贵,社稷次之,君为轻。""君之视臣如手足,则臣视君如腹心;君之视臣如犬马,则臣视君如国人;君之视臣如土芥,则臣视君如寇仇。"他还特别强调了"人"和"人心"在国家治理中的作用,提出"得道多助,失道寡助。寡助之至,亲戚畔之;多助之至,天下顺之""天时不如地利,地利不如人和"。这些都深刻体现了儒家思想中原始的人本主义思想,已经具有人文关怀的精神。儒家的"仁"道思想历史价值和文化价值十分巨大,他对于中华民族乃至整个东方国家都产生了深远的影响。

(3) 强调以德服人、以礼待人的行为准则。在《论语》一书中多处论及为政之道,如"为政以德,譬如北辰居其所而众星共之"。孔子认为,"德"是领导者必备的修养,是治国平天下必须遵循的原则。孔子非常重视领导者的表率作用,提出:"政者,正也。子帅以正,孰敢不正。""其身正,不令则行;其身不正,虽令不从。"明确指出,在上位的人一定要以身作则。如果身居领导位置的人不能行德政,百姓就会不服气,"举直错诸枉,则民服;举枉错诸直,则民不服"。选用当政者,儒家认为"贤"是第一位的,如孟子所云:"左右皆曰贤,未可也;诸大夫皆曰贤,未可也;国人皆曰贤,然后察之,见贤焉,然后用之。"受历史阶段和文化背景限制,儒家所论及的领导者当然都是指向君主和官吏,是当时社会的统治者,这些"为政之道"也是为统治者服务的。但是,如果抛开"阶级分析"的保守立场,就儒家所倡导的"为政以德"思想本身和其诞生的年代来看,都极其难能可贵。

"礼"是儒家思想学说的一个重要范畴。礼作为一种社会行为规范,由来已久。孔子曾经说:"殷因于夏礼,所损益可知也;周因于殷礼,所损益可知也。其或继周者,虽百世可知也。"在孔子看来,"礼"是从天子到庶人,人人必须遵守的行为规范。孔子所谓的:"礼"包含内在精神和外在形式两方面。其内在精神是维护当时的宗法等级制度及相应的各种伦理关系,其外在形式包括祭祖、军旅、成婚、丧葬、朝聘、会盟等方面的礼节仪式。孔子认为,注重"礼"的内在精神固然重要,而内在精神终究还要靠外在形式来体现。所以对这些礼节仪式,孔子不但认真学习,亲履亲行,而且要求弟子们严格遵守。"礼"所讲的行为准则,也具有教化性质,它要求人们通过加强修养,自觉地约束自己,达到人际关系的协调。作为东方文明古国,中国自古有"礼仪之邦"之美誉,这与儒家"礼"的思想在中国的广泛传播、深入人心有着直接的关系。

(4) 具有整体意识。在中国的传统文化中,家族整体主义是建立在等级制度基础之上的,在一个家族整体内,以家族利益为最高目标,追求家族利益的最大化,强调整体重于个人,个人无条件服从整体,强调家族内部以伦理关系为基础的和谐与稳定。这种文化虽然有压抑个性、不利于创新和竞争的消极作用,但它对今天的现代化建设还是具有积极意义的。因为企业作为一个相对封闭的系统,可以视为"一个小家庭",如果对"整体意识"加以改造和利用,保留人与人之间的和谐关系,则可以增强企业员工的"家族"观念,有利于企业形成团体凝聚力和竞争力,有利于重构人们以整体利益为重的团体精神。

(5)等级有"序",静思而慎行。中国的管理决策方式受传统的君臣关系的影响。传统的君臣关系的总原则是"惠忠",它要求做君主的实行仁政,要有恩惠加于辅臣,同时做辅臣的一定要忠诚,要以诚心侍奉君主。在这一传统思想的影响下,儒家提出了"按等级固定消费"的观念,孔子就执着地贯彻"俭不违礼"的原则。一次,他的学生子贡想免去祭祖中所用的羊,孔子就说:"赐也,尔爱其羊,我爱其礼。"孔子所说的礼,就是封建等级制度。后来,荀子详细论证了这种思想,他把封建等级制度和满足人们"欲求"的"给养"联系起来,认为制定礼仪就是要在"养人之欲,给人之求"时"便有贫富贵贱之等",不允许越级消费。"衣服有制,宫室有虞,人徒有数,丧祭械用,皆有等宜。"这种传统的等级制度在中国文化中的影响可谓根深蒂固。

由于传统的等级制度的影响形成了中国企业当中上下级之间较大的权力距离,这种大的权力距离表现为企业当中的管理者等级秩序严格,权力较大者拥有相应的特权,下属对上级有强烈的依附心理。香港科技大学校长吴家玮说:儒家如果用一个字来概括,就是"序"。我们的家教就强调长幼尊卑,年轻人先是"不敢"出格出位,最后是"懒得"出格出位,创新和创业从何谈起?千百年的文化传统积淀成为某种价值定式,使多数中国人担负了太多的历史包袱,结果在实际的创业和创新活动中瞻前顾后,甘守中庸,不敢冒险独行,失去了许多创造财富的资源和机会。

2. 中国企业文化的特征

与西方国家相比,中国企业文化的形成和发展的历史是比较短暂的。日本战后的迅速崛起让世人瞩目,其中日本的企业文化功不可没。事实上,在日本的企业文化形成过程中,中国传统文化特别是中国儒家文化发挥了巨大的作用。而儒家思想作为中国传统文化的主干,其作为封建社会的正统思想长达2 000多年,对中华民族的文化心理、风俗习惯、道德伦理、价值观、人生观影响极其深远。这种深刻的影响发展至今必然渗透到中国现代企业的管理当中,并在企业文化中反映出来。在中国传统文化特别是儒家文化的熏陶下,中国企业文化表现出以下特点。

(1)具有产业报国、服务社会的理念。"以天下为己任,关心社会,奋发有为"是儒家思想的精华,是中华民族的优良传统,几千年来已经深植于人民心中。无论是任何一种所有制的企业,都在努力营造"以天下为己任""关心社会,奋发有为"的企业精神,让企业员工和社会认同这种精神,鼓励员工以为社会创造价值为荣,从而形成了中华民族企业家们实业报国、服务社会的理念。事实证明,这种理念既符合了民族文化传统,又遵循了企业成长的规律,必将为企业的经营和发展带来极大的推动。四川长虹集团以"产业报国"的文化理念凝聚员工的智慧与力量,赢得了公众的支持和信赖,成为当今企业界成功企业文化的典范,就是有力的例证。而"巨人集团"从4 000元的资本起家到勇立民企潮头,从70层大厦的理想破灭,到"脑白金"的东山再起。还有联想集团提出的讲贡献、讲效益的价值观,同舟共济、协同作战的整体意识,求实进取、拼搏创业的公司精神;海尔集团形成的"以人为本、以德为本、以诚为本、君子之争、和气为本"等。这些无不蕴含着这一企业文化的精神。

小案例

大汉集团的红色文化

（2）讲究人和,注重以人为本的管理方式。中国企业文化的特点之一就是以人为本,将"物"的管理和"人"的管理有机结合起来,以"人"的管理为主。中国企业文化重视人的价值和人格,即"民为贵";正确把握人性的本质,推己及人,"己欲立而立人",关心人、理解人、重视人、依靠人、尊重人、凝聚人、培育人,最大限度地开发企业的人力资源。中国人有"家"和"情"的理念。"家"不仅指家庭之小家,还指企业之大家,所以,中国人自幼便接受"爱家"教育,企业老板自然以"家"之理念,引导员工树立集体主义价值观,在企业内外追求和谐统一,建立顺畅的人际关系。"情"则包含着尊重员工人格,促进心灵沟通,互相激励的含义。在中国,企业的领导风格基本上是协商型,领导不突出个人的地位和作用,注意同下属和员工之间建立相互信任的关系。企业实行的是集体决策,在决策方法上强调集体讨论,重视广泛听取和探讨下属人员的各种意见。全国模范企业青岛港的领导干部有一句座右铭:"职工的事再小也是大事,再难也要办好。"这种以人为本的思想赢得了全体职工的拥护,职工们向领导保证:"港里的事再小也是大事。"港口效益连续多年保持了增长的势头。

小案例

361°凸显员工重要性

每天17:30过后,位于员工生活区中心位置的361°"职工之家"便成了欢乐的海洋。放下劳累了一天的工作,361°企业职工或到网吧冲浪,或到五星级电影院看大片,喜欢运动的则会走进健身房、瑜伽室、溜冰场等场所流汗……这个投资上亿元的"职工之家"以最完善的配套设施将人性关怀做到了极致。361°"职工之家"有购物中心、员工食堂和文体休闲中心三大功能区。"职工之家"设有3个食堂,每个食堂可容纳3 000人用餐,3个食堂同时可容纳近万人用餐。值得一提的是,食堂分门别类,设置了各地风味窗口,让来自各地的员工都能吃到家乡菜。在拥有305台计算机的职工网吧里,职工只要象征性地交0.3元/小时的费用就可以尽情上网冲浪。此外,包括电影院、溜冰场、健身房、运动大厅、烧烤吧、咖啡厅、心理咨询室等在内的配套设施全部免费对职工开放。而且这样的福利待遇员工的家属也能享受得到。361°企业专门为职工家属办理了家属证,凭家属证就可以"职工之家"休闲、娱乐。此外,前来探亲的家属还可以向公司申请房间。

（3）注重伦理观念。我国的企业文化建设受儒家传统文化的影响较深，以儒家传统文化作为维护人与人之间的伦理规范，形成"重义轻利""重人伦"和重价值理性的价值观念。人们在对企业经营绩效、企业决策及其行为的选择和评价方面，往往重伦理道德标准，轻经济效果；在调整人际关系方面，人与人之间能够保持"长幼有序、尊卑有别"的人际关系格局。中国企业员工情感性强，伦理性强，有用亲疏关系代替制度规范的倾向。

小案例

孝道文化与奋斗文化：支撑招金膜天稳步发展

此外，中国企业文化还有讲究用人之道和锐意进取、开拓创新等优秀的一面。与此同时，中国企业文化也存在一些缺陷：中国员工凡事讲面子，缺乏理性；喜欢求稳定，缺乏变革精神；政治性强，容易把政治准则与经济准则相混同。这些缺陷都有待于在未来企业文化的塑造中加以改善。

小贴士

中华老字号历史与文化理念，如表7-2所示。

表7-2 中华老字号历史与文化理念

中华老字号	行业	地域	创立时间	传统古训或文化精髓	核心理念
青岛啤酒	酒业	山东	1903年	1. 好人做好酒 2. 以诚实守信为荣，以见利忘义为耻 3. 诚信、和谐、开放、创新	企业愿景：成为拥有全球影响力品牌的国际化大公司。 企业使命：用我们的激情酿造出消费者喜好的啤酒，为生活创造快乐。 企业精神：尽职尽责、追求卓越。 企业作风：严谨、务实、高效。 企业宗旨：以人为本、团队合作、造福社会
老凤祥	珠宝首饰	上海	1848年	至诚、至信、至精、至善	企业愿景：共创经典，共享品质。 企业使命：继承创新民族经典、国际时尚的首饰产品与文化。 核心价值观：至诚、至信、至精、至善。 至诚——忠诚事业，忠诚企业，忠诚顾客。 至信——信念、信心、信誉。 至精——精业、精艺、精品。 至善——善事、善学、善人。 经营理念：共进、共赢、共享——为股东创造价值共同发展；与客户共拓市场实现双赢；与员工共享成果回报社会

续表

中华老字号	行业	地域	创立时间	传统古训或文化精髓	核 心 理 念
全聚德	餐饮	北京	1864年	以德为先、诚信为本	企业愿景：中国第一餐饮,世界一流美食,国际知名品牌。 企业使命：弘扬中华饮食文化,奉献人类健康美食。 企业目标：构建和谐企业,创建学习型组织,打造餐饮联合舰队。 企业精神：想事干事干成事,创业创新创一流。 核心价值观：全而无缺,聚而不散,仁德至上。 企业作风：脚踏实地,求真务实,知难而进,雷厉风行,团结协作,追求卓越
锦江	酒店	上海	1951年	人和锦江,礼传天下	企业愿景：成为客人向往、员工自豪、股东满意、社会赞誉的世界知名品牌酒店集团。 企业使命：为客人优化服务,与员工共同成长。向股东贡献价值,对社会承担责任。 核心价值观：人和锦江,礼传天下。 服务理念：热心用心,细心精心。 管理方针：有序有效,有理有情。 经营思想：市场为先,品牌为魂
张裕	酒业	山东	1892年	中西融合、海纳百川、实业兴邦	企业精神：爱国、敬业、优质、争雄
茅台	酒业	贵州	1951年	天贵人和,厚德致远	企业使命：弘扬国酒文化,追求创新卓越。 企业愿景：享誉全球。 核心价值观：天贵人和,厚德致远。 企业精神：爱我茅台,为国争光。 经营理念：理性扩张,统筹发展。 决策理念：谋则科学民主,定则果断执行。 人才理念：以才兴企,人企共进。 领导理念：务本兴业,正德树人
中央商场	零售	江苏	1936年	以人为本,顾客至上	创立宗旨：抵制日货,弘扬国货,振兴民族商业。 核心价值观：以人为本,顾客至上。 企业（创新）精神：与时俱进、奋发进取。 经营定位：时尚生活,温馨欢乐。 服务宗旨：顾客满意是我们的永恒追求
瑞蚨祥	纺织服装	北京	1893年	1.至诚至上、货真价实、言不二价、童叟无欺 2.财自道生,利缘义取	至诚至上,货真价实,言不二价,童叟无欺
张一元	茶叶	北京	1900年	1.诚信为本、厚德兴茶 2.宁可人不买,不可人买缺	企业目标：打造中国茶叶第一品牌、弘扬国饮。 企业精神：诚信为本。 经营理念：金般品质、百年承诺。 特色：汤清、味浓、入口芳香、回味无穷

资料来源：叶坪鑫,何建湘,冷元红.企业文化建设实务[M].北京：中国人民大学出版社,2014.

7.2 能力开发

7.2.1 案例分析

1. 松下公司的管理哲学

松下公司是全世界有名的电器公司,它成立于 1918 年,由松下幸之助夫妇和妹夫井直岁男三人创建。从 20 世纪开始,家用电器渗入日本社会的各个角落,松下公司产业也开始了它充满传奇色彩的漫长跋涉。到 50 年代,松下公司把发展目标定位于国内市场,把产品商标定为 NATIONAL,表明其开发国内家用电器行业的决心。经过若干年的奋斗,松下公司电器产业已如日中天。据统计,世界各地的电视台都做过松下公司电器产品广告,几乎每分钟都有一条松下公司产品广告出现在地球某一地区的电视节目中。Panasonic、National、Technical、Quasar 是松下公司的四大王牌商标,家喻户晓。除了如雷贯耳的四大商标外,松下公司还拥有另一个全世界所熟悉的骄傲资本——松下幸之助,他是该公司的创办人和领导人,在日本,他被尊为家电行业的领袖,被整个工商业奉为"经营之神"。在美国《财富》杂志 1999 年全球最大 500 强企业排行榜上,松下名列第 266 位,年营业收入 597.71 亿美元,利润 10.599 亿美元,资产额 670.22 亿美元。松下公司是日本第一家用文字明确表达企业精神或精神价值观的企业。松下公司的精神、文化是其获得成功的重要因素。

1) 松下公司精神的形成

松下公司精神并不是公司创办之日一下子产生的。它的形成有一个过程。松下公司有两个纪念日:一个是 1918 年 3 月 7 日,这天松下幸之助和他的夫人及内弟一起,开始制造电器双插座;另一个是 1932 年 5 月,松下幸之助开始理解到自己的创业使命,所以把这一年称为"创业使命第一年",并定为正式的"创业纪念日"。两个纪念日表明松下公司的经营观、思想方法是在创办企业后的一段时间才形成的。直到 1932 年 5 月,在第一次创业纪念仪式上,松下公司确认了自己的使命与目标,并以此激发职工奋斗的热情与干劲。松下幸之助认为,人在思想意志方面有容易动摇的弱点。为了使松下公司职工为公司的使命和目标而奋斗的热情与干劲能持续下去,应制定一些戒条,以时时提醒和警诫自己。于是,松下公司首先于 1933 年 7 月制定并颁布了"五条精神",其后在 1937 年又议定附加了两条。形成了松下公司 7 条精神:产业报国的精神、光明正大的精神、团结一致的精神、奋斗向上的精神、礼仪谦让的精神、适应形势的精神、感恩报德的精神。

松下公司非常重视对员工进行精神价值观的教育训练,教育训练的方式可以概括为以下几点。

(1) 反复诵读和领会。松下幸之助相信:把公司的目标、使命、精神和文化让职工反复诵读和领会,是把它铭记在心的有效方法,所以每天上午 8:00,松下公司遍布日本的 87 000 名职工同时诵读松下公司 7 条精神,一起唱公司歌,其用意在于让全体职工时刻牢记公司的目标和使命,时时鞭策自己,使松下公司精神持久地发扬下去。

(2) 所有工作团体成员,每个人每隔一个月至少要在他所属的团体中进行 10 分钟的演讲,说明公司的精神和公司与社会的关系。松下幸之助认为:说服别人的话是说服自己最有效的办法。在解释松下公司精神时,松下幸之助有一句名言:如果你犯了一个诚实的错至少误,公司非常宽大,把错误当作训练费用并从错误中吸取教训,但是你如果违反公司的基本原则,就会受到严重的处罚——解雇。

(3) 隆重举行新产品的出厂仪式。松下幸之助认为:当某个集团完成一项重大任务的时候,每个集团成员都会感到兴奋不已,因为从中他们可以看到自身存在的价值,而这时便是对他们进行团结一致教育的良好时机。所以每年正月,松下公司都要隆重举行新产品的出厂庆祝仪式。这一天,职工身着印有公司名称字样的衣服,大清早来到集合地点,作为公司领导人的松下幸之助常常即兴挥毫书写清晰而明快的文告,如"新年伊始举行隆重而意义深远的庆祝活动,是本年度我们事业蒸蒸日上兴旺发达的象征"。在松下幸之助向全体职工发表热情的演讲后,职工分乘公司分派的卡车,满载着新出厂的产品,分赴各地有交易关系的商店。商店热情地欢迎和接收公司新产品,公司职工拱手祝愿该店兴旺繁荣。最后,职工返回公司,举杯庆祝新产品出厂活动结束。松下幸之助相信:这样的活动有利于发扬松下精神,统一职工的意志和步伐。

(4) "入社"教育。进入松下公司的人都要经过严格的筛选,然后由人事部门负责进行公司的"入社"教育。首先要郑重其事地诵读、背诵松下公司宗旨和精神,学习公司创办人松下幸之助的"语录",学唱松下公司之歌,参加公司创业史"展览"。为了增强员工的适应性,也为了使他们在实际工作中体验松下公司精神,新员工往往被轮换分派到许多不同性质的岗位上工作,所有专业人员都要从基层做起,每个人用3~6个月时间在装配线或零售店工作。

(5) 管理人员的教育指导。松下幸之助常说:领导者应当给自己的部下以指导和教诲,这是每个领导者不可推卸的职责和义务,也是在培养人才方面的重要工作之一。与众不同的是,松下幸之助有自己的哲学,并且十分重视这种哲学的作用。松下幸之助哲学既为松下公司精神奠定思想基础,又不断丰富松下公司精神的内容。按照松下幸之助的哲学,企业经营的问题归根到底是人的问题,人是最为宝贵的,人如同宝石的原矿石一样,经过磨制,一定会成为发光的宝石,每个人都具有优秀的素质,要从平凡人身上发掘不平凡的品质。松下公司实行终身雇佣制度,认为这样可以为公司提供一批经过二三十年锻炼的管理人员,这是发扬公司传统的可靠力量。为了用松下公司精神培养这支骨干力量,公司每月举行一次干部学习会,互相交流,互相激励,勤勉律己。松下公司以总裁与部门经理通话或面谈而闻名,总裁随时会接触到部门的重大难题,但并不会代替部门作决定,也不会压抑部门管理的积极性。

(6) 自我教育。松下公司强调:为了充分调动职工的积极性,经营者要具备对他人的信赖之心。公司应该做的事情很多,然而首要一条,则是经营者要给职工以信赖,人在被充分信任的情况下才能勤奋工作。从这样的认识出发,公司把在职工中培育松下公司精神的基点放在自我教育上,认为教育只有通过受教育者的主动努力才能取得成效。上司要求下属要根据松下公司精神自我剖析并确定目标。每个松下人必须提出并回答这样的问题:"我有什么缺点""我在学习什么""我真正想做什么"等,从而设置自己的目标,拟订自我发展计划。有了自我教育的强烈愿望和具体计划,职工就能在工作中自我激励,思考如何创新,在空余时间自我反省并自觉学习。为了便于互相启发、互相学习,公司成立了研究俱乐部、学习俱乐部、读书会、领导会等业余学习组织。在这些组织中,人们可以无拘无束地交流学习体会和工作经验,互相启发、互相激励奋发向上的精神。

1984年日本《经济白皮书》中写道:"在当前政府为建立日本产业所做的努力中,应该把哪些条件列为首要的呢?可能既不是资本,也不是法律和规章,因为这两者本身都是死的东西,是完全无效的。使资本和法规运转起来的是精神……因此,如果就有效性来确定这三个因素的分量,则精神应占 5/10,法规占 4/10,而资本只占 1/10。"

松下公司精神作为使设备、技术、结构和制度运转起来的科学研究的因素,在松下公司的成长中形成并不断得到强化。它是一种内在的力量,是松下公司的精神支柱,它具有强大的凝聚力、导向力、感染力和影响力,它是松下公司成功的重要因素。这种内在的精神力量可以激发与强化公司成员为社会服务的意识、企业整体精神和热爱企业的情感,可以强化和再生公司成员各种有利于企业发展的行为。如积极提合理化建议,主动组织和参加各种形式的改善企业经营管理的小组活动;工作中互相帮助、互谅互让;礼貌待人,对顾客热情服务;管理人员早上班或晚下班,为下属做好工作前的准备工作或处理好善后事项等。

2)企业管理是实践性哲学

松下公司的创始人松下幸之助认为:企业管理是实践性哲学,管理的智慧来源于实践。松下公司长期形成的企业文化也突出地表现在它的实践性上。

(1)强化企业命运共同体建设。松下公司是日本第一家有公司歌曲和价值准则的企业。每天8点钟,公司所有的员工开始朗诵本公司的"纲领、信条、七大精神",并在一起唱公司歌曲。一名高级管理人员说:松下公司好像将我们全体员工融为了一体。

(2)在进行总体企业文化培育的前提下,把培养人才作为重点,强调将普通人培训为有才能的人。松下幸之助有一段名言:"松下电器公司是制造人才的地方,兼而制造电器产品。"他认为:事业是人为的,而人才的培育更是当务之急。也就是说,如果不培育人才,就不能有成功的事业。出于这种远见卓识,他于1964年在大阪建起了占地14.2万平方米的大型培训中心,一年开支达40亿日元(占销售总额的0.1%)。全公司有1/3的人在这里接受培训,大规模的人员培训保证了松下电器的新产品源源不断地涌向世界各地。

(3)注重经营性的、丰富的企业文化建设,使员工有新鲜感,这样更易于使职工自觉接受公司文化。每年年终时,公司自上而下动员职工提出下一年的行动口号,然后汇集起来,由公司宣传部口号委员会挑选、审查,最后报总经理批准、公布。公司有总口号,各事业部、分厂有各自独特的口号。一旦口号提出,全公司都在这一口号下行动,口号本身体现了公司的价值观。

3)企业经营的目的

松下幸之助认为:企业经营归根到底是为了共同幸福进行活动,因此,必须深刻认识人的本质,并且根据这种认识去从事工作。这是松下公司经营哲学的基点。

松下幸之助提出:企业经营理念要回答的问题是企业是为了什么而存在的,企业的真正使命是什么。企业要健康地发展,就应该树立正确的经营理念。这是因为:①对于企业来说,技术力量、销售力量、资金力量以及人才等虽然都是重要因素,但最根本的还是正确的经营理念。只有在正确的经营理念的基础上,才能真正有效地使人才、技术和资金发挥作用。②在千变万化的社会形势中,企业若要对各种问题采取无误的、恰当的对策,其基本依据仍然是企业的经营理念。③对于一个企业所拥有的众多职工,要使之同心协力并发挥巨大作用,其基础仍然是经营理念。

什么是正确的经营理念?"正确"是相对于"错误"而言的,只顾自己利益的经营、脱离正义的经营、没有觉悟到身负神圣事业信念的经营就是错误经营,就是错误经营理念的表现。正确的经营理念则认为:企业的使命或企业人的使命就是克服贫困,就是使整个社会脱贫致富,就是要把全体人民的生活推向富裕和繁荣。形象地说,企业或生产者的使命是把贵重的生活物资像自来水一样无穷无尽地提供给社会。无论什么贵重东西,生产的量多了,就可以达到几乎低到无代价的价格提供给人们,这样才能逐渐消除贫困。

松下幸之助认为:正确的经营理念扎根于正确的人生观、社会观和世界观上。从这里才能产生真正正确的经营理念。正确的人生观、社会观和世界观则必须符合社会发展规律和自然规律,如果违背了它,就不能说是正确的人生观、社会观和世界观,而由此产生的经营理念也不可能是正确的。企业的具体经营活动是经常变化的,但是,立足于按照人的本质或自然规律而得出的正确的经营理念,无论是过去、现在和将来,无论是国内国外都是适用的,企业应当坚持一贯地奉行这种正确的经营理念,这种经营理念也包括用生成发展的观点看待一切事物。所谓生成和发展,简单来说就是日新月异。这就是宇宙万物运动的自然规律。从这个观点来看企业的经营,可以认为各个产品或各个行业都存在着一定的寿命,原则上必须不断地进行新的开发、新的投资,而企业形象、企业战略也必须与时代的发展相适应,要日新月异。

经营是靠人来进行的,身负重任的经营者本身是人,职工也是人,顾客以及各方面的关系户也都是人,可以说,经营就是处理与各方面的人的关系,就是人们相互依存地为人类的共同幸福而进行的活动,正确的经营理念必须立足于对人的正确看法之上。如何看待人?松下幸之助认为:人是万物之王,是伟大而崇高的存在。这里所说的"王",一方面是指人可以根据生成和发展的自然规律支配和活用万物,给予自己生机,另一方面是指人能够以仁慈和公正的心担负起使一切事物发挥其作用的责任。现实中的人是各种各样的,是既可以走向神,也可以走向动物的"内在活动",但是从总体来看,"人仍然是具有万物之王的伟大本质"。一般人把人的欲望看成是肮脏的东西,其实人的欲望的本来面貌是生命力的表现,是一种力量,它本身不存在善恶问题,只是由于人们对待它的态度不同,才可能使其成为善或恶。因此,人有欲望不妨碍人为万物之王。根据对人的正确看法来看待企业,就要自觉地认识到,经营者是经营组织内的"王者",他拥有对经营组织内的一切人、财、物等任意使用的权限,但同时,他也担负着用爱的公正、最大的关心来对待人、财、物,并采取措施,使之充分发挥相应的作用。因此,经营者要信任人,不要随意解雇人。要实践"新的人道",即要在承认其本来面貌的基础上看清万物的天赋使命的本质,按照自然规律进行恰当的处理和对待,充分发挥万物的作用。

企业的使命是把物美价廉的产品充分地供应给社会。正是在这个意义上,松下幸之助一再强调:企业经营不是私事,而是公事。企业是社会的公有物,即使那些受到法律保护的私营企业,就其工作和事业的内容来说,都是带有社会性的,是属于公共范畴的。因此,即使是个人企业,其经营方针,不能只从私人的立场和方便来考虑,应该时时考虑到自己的企业对人们的共同生活影响如何？是起好作用还是坏作用？必须从这个观点来考虑和判断问题。建一个工厂，不能只从经济性考虑，不能只在交通方便、原料供应容易的地方选择厂址，而且要在那些人口外流严重的地方建厂，以解决人员分布过疏、过密的问题。

企业经营的秘诀，不过是顺应"天地自然的规律"去工作而已，这是松下幸之助的经验之谈。他认为：经营顺应自然规律的表现就是生产优质产品，收取合理的利润把它卖出，并严格按时收款。有些人不按这些原则办事。例如，为了宣传而压低价格卖出，或以合理的价格卖出但却不积极按期收回货款，如此的经营总是要失败的。

松下幸之助认为：企业的运作要树立一定能成功的坚定信念。自古以来，有胜败乃兵家常事的格言。于是有人自我安慰，经营也是这样，或顺利或不顺利，或盈利或亏损，乃是平常的事情。松下幸之助则认为，不能用这种观点对待经营，应该树立企业经营一定能成功的坚定信念，相信经营在任何情况下都要成功，即所谓"百战百胜"。如何树立一定能成功的信念呢？松下幸之助认为，应该坚持"成功靠运气，失败在自己"的思想。这是因为如果顺利时认为是靠自己的能力取得的，就会产生骄傲和疏忽大意，从而招致失败；反过来，如果认为运气好才成功了，这样就会对一些小的失败也一一进行检查和总结。同样，如果不顺利就认为是运气不好，就不会去找失败的教训；如果贯彻"失败的原因在于我"的观点，就会防患于未然，把失败消灭在发生之前。即使在整个产业界不景气的时候，也还是有成绩继续稳步提高企业，这就说明经营方法是无穷无尽的，方法得当，不景气之下仍可取得好成绩。

企业经营活动就是以各种形式或间接地与社会大众打交道。如何对待社会大众的想法和做法，对于企业经营来说是非常重要的。社会舆论虽然会有个别的或一时的错误，但从整体和长远观点来看，社会大众的判断一般是正确的。松下幸之助认为：依赖社会，不迷惘，该做的事情坚决去做，这样就会充满信心，如同走在平坦的大道上。当然，社会大众并不一定永远不会对企业产生误解，社会舆论有时也会偏向错误。因此，经常向社会介绍企业的想法、成绩、产品等，从而使社会对企业有个正确的了解是很重要的。所谓宣传活动、广告等，就是为了解决这个问题而进行的。毫无疑问，那种夸大宣传、超过实际情况的宣传是该严格禁止的。夸大宣传也许能暂时蒙蔽社会，但是，到头来被群众识破，结果反而会失去信誉。

就企业与社会的关系而言，不能只追求一个企业的繁荣，而是应通过企业的经营活动来带动整个社会走向繁荣，与社会共同发展。企业与供应商、批发商、顾客、协作商、银行、股东、社区等众多伙伴的关系必须妥善处理，绝不能以牺牲对方的利益为代价来谋求自己的发展。如对原材料供应商提出降低供应价格时，一定要与之共同探讨工艺的改进，寻求降低供应价格后还能确保其合理利润的途径。在处理与同行业企业之间的关系上，绝不能搞过火的、不正当的竞争，坚决避免出现所谓资本的横行霸道，避免有经营能力的企业也发生倒闭。要共存共荣，要充分考虑对方的情况，对方的利益，在考虑自己利益的同时，也要考虑对方的利益。

4）教育和培养人才

企业能否为社会作出贡献，并使自己兴旺发达，关键在于人。因此，在松下幸之助看来，在企业经营中首要的是发现人才和培养人才。松下幸之助对自己作了这样的介绍：

"我这个人与其说是实干家,倒不如说是理想者。但一个理想者往往要在现实中失败。经常追求理想的我,能够在现实的工作中走向成功的原因,主要在于拥有人才和培育人才的缘故。"

怎样教育和培养人才?松下幸之助认为,经营者本人要树立正确的经营理念和使命观,并以此作为公司中判断是非曲直的标准,这样培育人才也就容易了。要利用一切机会反复向员工进行企业使命观和经营理念的教育,把客观存在变成每个人的血和肉,并按照完成企业使命的需要严格要求下属职工,该说的就说,该批评的就批评,该纠正的就纠正,这样才能培养出人才来。在遵循基本方针或正确经营理念的前提下,放手让下级在自己责任和权限的范围内独立自主地开展工作,只有这样才能使下级开动脑筋,在工人中充分发挥其主观能动性,从而成长起来,否则,就只能培养出机械地按命令行事、唯唯诺诺、不推不动的人。培育人才不仅是把人培育成为会工作和技术高超的职业人,同时还要把人培育成为道德情操高尚的社会人,虽然工作好,但是作为一个社会人来说,如果有缺陷,不全面发展,这样仍不符合现代产业人的要求。

要教育企业的经营者和全体员工在努力做好自己工作的同时,还要关心政治,寄予希望和要求,否则就不能很好地完成自己的责任。松下幸之助认为,不应该只是为自己的企业和同行业谋取特别的好处,而应该从经济人的观点出发,考虑如何做对国家、对人民有利的事情。要消除社会上那种越是辛勤劳动就越是受损,老实人吃亏,不犯法就无法生存下去的现象。松下幸之助于1946年创立了 KIP(Peace Happiness-Prosperite)研究所,旨在研究先哲的学说和当代杰出人物的思想,并把研究成果应用于政治、经济、教育、宗教等各个领域,通过经济繁荣来求得广大人民群众的和平与幸福。他说,世界的繁荣,到21世纪有可能转向亚洲,以经济为中心在急速地恢复下发展。但政治、教育以及国民精神面貌还存在着问题,因此必须探索政治和经营的理念与措施,培育能够推进与实现21世纪繁荣的人才。

教育和培养企业人才,用松下幸之助的话来说,就是要培育企业人的坦诚心理,即不受自己的利害、感情、知识以及先人意识的影响,要能按照事物的本来面貌去看问题。人们只有心地坦诚,才能知道事物的真实面貌和事物的本质,并顺应自然的规律。要倾听人民大众的呼声,集中公司内群众的智慧,才会产生该做的就做,不该做的就不做的真正勇气,也才会产生宽容的心和仁慈的心。"一言蔽之,坦诚的心能把一个人变成正确、坚强、聪明的人。正确、坚强、聪明达到顶峰,可以说就是神吧!人虽不是神,但是越心地坦诚就越接近于神,从而做什么都能成功。经营也是如此。"培育坦诚绝非易事,因为人往往为自己的感情或利害所俘虏,科学的发明和各种各样的主义、思想都影响着人们。物欲刺激着人们,要排除来自各方面的干扰,首先要排除自己心中的杂念,强烈地期望成为心地坦诚的人,每日抱着这种心情过日子,久而久之就可以拥有坦诚之心。

松下幸之助认为,一个人的能力是有限的,如果只靠一个人的智慧指挥一切,即使一时取得惊人的进展,也肯定会有行不通的一天。因此,松下公司不是仅仅依靠总经理经营,不是仅仅依靠管理者的经营,也不是仅仅依靠管理监督者经营,而是依靠全体职工的智慧经营。松下幸之助把"集中智慧人全员经营"作为公司的经营方针。

为此,公司努力培养人才,加强职工的教育训练。公司根据长期人才培养计划,开设各种综合性的系统的研修、教育讲座。公司有地区职工研修所、东京职工研修所、宇都宫职工研修所和海外研修所等多个研修所。由此可以看出,松下幸之助之所以取得如此巨大的成就,除特定的历史条件和社会环境外,他的经营思想的精华——人才思想奠定了他事业成功的基础。他说过:"事业的成败取决于人""没有人就没有企业"。松下公司既是"制造电器用品"的公司,又是"造就人才的公司"。

他认为,人才可遇不可求,人才的鉴别不能单凭外表,人才效应不能急功近利,管理者不能操之过急。如何去获得人才,或许有些人认为要靠运气或天分。但事实证明,人才是要去寻求的。天下万物都是必须常常有求才若渴的心,人才才会源源而至。松下幸之助认为吸引人们求职的手段不是靠高薪,而是靠企业所树立的经营形象。

松下幸之助认为:争取人才最好不要去挖墙脚,因为被挖来的人不一定全都是优秀的。如果碰到有想从事新工作的人,只要这个新人人品好,就可以让他去学习,不必非要用有经验的人。

公司应招募适用的人才,程度过高,不见得就合用。"适用"这两个字很关键,公司如果认真求才,虽然不能达到全部满意,但达到70%的满意度应该不成问题。只要人品好,肯苦干,技术和经验是可以学到的,即所谓:劳动=能力×热忱(干劲)。

提拔年轻人时,不可只提升他的职位,还应该给予支持,帮他建立威信。

松下幸之助认为:提拔人才最重要的一点是,绝不可有私心,必须完全以这个人是否适合那份工作为依据。树立了这种提拔风气,会带动整个公司各个方面的进步。松下幸之助始终认为:事业是人为的,而人才则可遇而不可求,培养人才就是当务之急。如果不培养人才,事业成功也就没有希望。日本顾客这样评价:"别家公司输给松下公司,是输在人才方面。"对于人才的定义标准,松下幸之助是这样认为的:不忘初衷而虚心好学的人,不墨守成规而经常出新的人,爱护公司并与公司成为一体的人,不自私而能为团体着想的人,能做出正确价值判断的人,有自主经营能力的人,随时随地都抱有热忱的人,能全力支持上司的人,能忠于职守的人,有气概担当公司重任的人。

现在松下公司科长、主任以上的管理人员大多数是公司自己培养起来的。为了加强经常性的教育培训,总公司设有"教育培训中心",下设多个研修所和一所高等职业学校。这些研修所是:中央社员研修所,主要培训主任、科长、部长等管理人员;制造技术研修所,主要培训技术人员和技术工人;营业研修所,主要培训销售人员和营业管理人员;海外研修所,负责培训松下在国外的工作人员和国内的外贸人员;东京、奈良、宇都宫和北大阪四个地区社员研修所,分别负责培训公司在该地区的工作人员;松下电器高等职业训练学校,负责培训刚招收进来的高中毕业生和青年职工。

松下的职工教育是从职工加入公司开始算起的。凡招收的职工都要进行8个月的实习,才能分配到公司岗位上。为了适应事业的发展,松下公司人事部门还规定了下列辅助办法:①自己申请制度。干部工作一段时间后,可以自己主动向人事部门"申请",要求调动和升迁,经考核合格,也可以提拔使用。②社内招聘制度。在职位有空缺时,人事部门也可以向公司内部招聘适当人才,不一定要在原来单位中论资排辈依次提拔干部。③社内留学制度。技术人员可以自己申请、公司批准,到公司内办的学术或教育训练中心去学习专业知识,公司则根据事业发展需要优先批准急需专业的人才去学习。④海外留学制度。定期选派技术人员、管理人员到国外学习,除向欧美各国派遣留学生外,也向中国派遣,北京大学、复旦大学都有松下公司派来的留学生。

思考·讨论·训练

(1) 松下公司企业文化、管理文化的精髓是什么?

(2) 松下幸之助强调"松下公司是制造人才的地方,兼而制造电气器具"的用意是什么?

(3) 松下公司精神的教育和训练有哪些方式?对我们有什么启示?

(4) 松下公司的企业文化、管理哲学在什么方面体现了日本传统文化和日本企业文化的特点?

2. 微软公司的企业文化

请扫描二维码,然后回答案例后"思考·讨论·训练"题。

思考·讨论·训练

(1) 微软公司的企业文化有何特色?

(2) 比尔·盖茨对微软文化有何积极影响?

3. 德国宝马的企业文化

请扫描二维码,然后回答案例后"思考·讨论·训练"题。

思考·讨论·训练

(1) 宝马公司的成功经营给了我们什么启示?

(2) 宝马公司的企业文化体现了欧洲企业文化的哪些特点?

4. 同仁堂与儒商文化

同仁堂是一个拥有343年历史的中医药老字号品牌,至今仍充满生机与活力,这种生机与活力的原动力是以"仁爱"等儒商文化为核心所形成的独特企业文化。

1) 同仁堂的创立——儒家思想与铃医生涯的完美结合

仁爱是儒家思想的核心,即仁者爱人,做人要有一颗仁爱之心,把人的疾苦、人的需求放在第一位。明朝永乐初年,随着皇帝朱棣的迁都,北京城开始大兴土木,全国各地的工匠涌入京城。北京城人多了,对"郎中"的需求也大了,这时,居住在浙江宁波慈城镇的铃医乐良才看到了商机,也看到了可以让他施展才华、治病救人的更大舞台。于是,他一路摇着串铃,来到了向往已久的北京城。他在这里行医制药,娶妻生子,在老百姓中留下了很好的口碑。到了他的第四代乐显扬时,乐家家业殷实,子女受到了良好的教育。当时,儒家思想盛行,乐显扬在成年时已成为一个既有深厚儒家文化,又同时精通医理的乐氏后人。后来,乐显扬又凭自己的真才实学进入太医院,成为一名医官吏目。由于看不惯官场的尔虞我诈,他毅然离开太医院,开设了自己的同仁堂药室。他说:"'同仁'二字可以命堂名,吾爱其公而雅,须志之。"他还告诫子孙:"可以养生,可以济世者,唯医药为最。"他把"济世养生"的理念留给了后人。在这间药室,他把自己的家传秘方、民间验方和宫廷秘方进行了系统整理,为日后同仁堂的名药生产打下了坚实的基础。可以说,乐显扬为后世留下了"济世养生"行"仁德"的文化基因、物质基础和实现途径。

2)同仁堂的成长——儒家思想与行医制药理念的高度统一

儒家的仁爱思想到了乐显扬的后代乐凤鸣时期,已经成为一种职业道德。乐凤鸣继承祖上的事业,把同仁堂药室迁到了前门大栅栏,开办了前店后场的作坊式的同仁堂药店。在修建药店时,为了体现"仁爱"思想,他还设了一个独特的"下洼子"门,即店面比街面要低。这样患者进店时是下台阶,比较省力,进店看病购药后,心情好了,出店时是上台阶,图个步步高升、日渐好转的吉利兆头。门店建好后,他请了当时赫赫有名的清朝礼部侍郎孙岳颁为自己的药店题了堂名,风风光光地开业了。为了给患者、顾客提供高质量、高疗效的药品,乐凤鸣还为同仁堂立了"遵肘后,辨地产,炮制虽繁必不敢省人工,品味虽贵必不敢减物力"的古训,并写进可供患者、顾客阅读的《同仁堂药目》一书的序言中,让患者和顾客监督。这时的乐凤鸣已经把儒家的"仁爱"思想转化为了行动,并且形成了独具特色的制药法则。

在供奉御药期间,同仁堂为了确保质量和疗效,在选用药材上十分严格。现在的河北省安国市,过去是中国北方最大的药材集散地——祁州药市。全国各地的药商云集于此,买卖各类中药材。祁州药市当时有个规矩,叫作同仁堂不到不开市。因为同仁堂是供奉御药的,肯出大价钱,买最好的药材。所以,所有的药商都要等同仁堂来,等同仁堂买完了其他商铺才开始交易。其实,同仁堂不光是供奉御药,普通老百姓买药也一样保证质量。因为同仁堂的理念中就有"童叟无欺,一视同仁"之说。现在,在安徽华佗故里亳州,也是目前全国最大的药材交易市场,仍然保持着"同仁堂不到不开市"的传统。历经300多年的洗礼,同仁堂制药由手工操作到半机械化和机械化,但同仁堂"尊古不泥古,创新不失宗"的宗旨没有变。现在,同仁堂仍然保有最关键的工序——药材前处理,即加工炮制工序不变,该人工挑拣的,必人工挑拣;该去毛、去刺的,必去毛、去刺,没有丝毫含糊。老药工们总结的同仁堂的制药特色"配方独特,选料上乘,工艺精湛,疗效显著"。这是对同仁堂制药理念的真实写照,也是儒家"仁爱"思想在同仁堂制药过程中的真实体现。

3)同仁堂的发展——传统文化与时代精神的交汇融合

中华人民共和国成立以后,同仁堂得到了大发展。由过去单一的"前店后厂"逐步扩大为"一店多厂",后来又发展为以北京市药材公司为主体的产供销联合的大型中药企业。

同仁堂的发展有其必然性的一面,那就是它把传统的儒家思想与时代精神相融合,在继承"仁爱"思想、传承"质量和诚信"文化的基础上,创造性地跟上了时代的步伐,特别是在体制机制、科技创新和文化建设方面,不守旧,不保守,遵从"尊古不泥古,创新不失宗"的原则,这是同仁堂得以做长、做强、做大的根本原因。

随着科技含量的提升,同仁堂悠久厚重的文化,也在不断创新。同仁堂既是经济实体,也是文化载体。经过这些年的总结提炼,同仁堂形成了一套具有自身特色的文化体系,在企业中发挥了很好的软实力作用。比如,同仁堂的善待文化,即善待社会、善待职工、善待经营伙伴、善待投资者。这四个善待,首先,传承了儒家的"仁爱"思想,是"仁爱"的具体体现;其次,它所"善待"的对象都是与企业相关的各类人员,体现了以人为本的经营理念;最后,"善待"总是相互的,你善待了别人,别人也会善待你,甚至会加倍回报。同仁堂实施了"四个善待",不仅创造了良好的内外环境,而且得到了社会、员工、经营伙伴和广大投资者的加倍回报。

文化因素是一个企业的个性,不同的企业有不同的个性。同仁堂的个性就是它所独有的儒家"仁爱"的思想与中医药行业的完美结合和与时俱进,创造了一个历史和现代的儒商形象。

思考·讨论·训练

(1) 同仁堂基业长青的秘密是什么?
(2) 同仁堂的企业文化在哪些方面体现了中国企业文化的特点?
(3) 分析并讨论,同仁堂是怎样对传统文化继承和创新的。
(4) 从文化的角度探讨同仁堂国际化道路上的有利因素和不利因素有哪些。

7.2.2 实践训练

1. 实训项目:主要国家企业文化案例收集与分析

1) 内容与要求

(1) 5名学员为一组。
(2) 利用各种方法收集企业文化方面的案例。

2) 成果检验

(1) 整理案例并分析。
(2) 课堂展示。

(资料来源:丁雯.企业文化基础[M].4版.大连:东北财经大学出版社,2021.)

2. 培训游戏:生死抉择

1) 游戏规则

(1) 培训师讲解故事背景:

你是一名飞行员,当你驾驶的飞机在飞越非洲丛林上空时,飞机突然出现故障,这时你必须跳伞。与你一起落在非洲丛林中的有14样物品。这时,你必须为生存做出一些决定。

14样物品是:药箱、手提收音机、打火机、3支高尔夫球球杆、7个绿色大垃圾袋、指南针、蜡烛、手枪、1瓶驱虫剂、大砍刀、蛇咬药箱、1盒轻便食物、1张防水毛毯、1个热水瓶。

(2) 在14样物品中,先以个人形式把14样物品按重要等级顺序排列出来。写下来,记为第一次记录。
(3) 当大家都完成后,培训师把全班学员每5人分为一组,让他们开始进行讨论,以小组形式把 14 样物品重新按重要等级的顺序再排列,把答案写出,作为第二次记录。讨论时间为 20 分钟。

(4) 当小组完成之后,培训师把专家意见(为第三次记录)表发给每个小组。

专家的排序:大砍刀、打火机、蜡烛、1 张防水毛毯、1 瓶驱虫剂、药箱、7 个大绿色垃圾袋、1 盒轻便食物、1 个热水瓶、蛇咬药箱、3 支高尔夫球球杆、手枪、手提收音机、指南针。

(5) 用第三次记录减第一次记录,取绝对值得出第四次记录;用第三次记录减第二次记录,取绝对值得出第五次记录;把第四次记录累计起来得出个人得分;把第五次记录累计起来得出小组得分。

(6) 培训师把每个小组的分数情况记录在白板上,用于分析小组得分、全组个人得分、团队得分、平均分。

(7) 培训师在分析时主要掌握两个关键的地方:
① 找出团队得分高于平均分的小组进行分析,说明团队工作的效果(1+1＞2)。
② 找出个人得分最接近团队得分的小组及个人,说明该个人的意见对小组的影响力。

2) 游戏编排目的

这个游戏的目的在于说明,团队的智慧高于个人智慧的平均组合,只要学会运用团队智慧的工作方法,就可以得到更好的效果。

(1) 沟通与合作。

(2) 工作方法提高。

3) 相关讨论

(1) 你对团队工作方法是否有更进一步的认识?

(2) 你的小组是否有出现意见垄断的现象?为什么?

(3) 你所在的小组是以什么方式达成共识的?

4) 游戏主要障碍和解决

同领域的特有规则,了解之后将有助于帮助我们深入这个领域而不至于闹笑话。因此尊重专业性是很必要的。

参与人数:先以个人形式,之后再以 5 人的小组形式完成。

时间:30 分钟。

场地:教室或会议室。

道具:个人选择表、专家意见表、纸、笔、白板。

(资料来源:经理人培训项目组.培训游戏全案·拓展:钻石版[M].2 版.北京:机械工业出版社,2014.)

7.2.3 拓展阅读:中国企业文化未来发展趋势

请扫描二维码,学习相关内容。

思考与讨论

(1) 为什么说企业文化具有鲜明的个性特色?

(2) 日本、美国以及欧洲各国各有哪些民族文化特征?其企业文化各有何特征?

(3) 试对东、西方企业文化进行比较。

(4) 我国传统文化的基本精神是什么?它对我国的企业文化有何影响?

(5) 我国企业文化建设应怎样继承传统文化?

(6) 对中、日、美、欧洲企业文化进行比较分析,并说明相互借鉴企业文化的必要性。

(7) 联系实际,谈谈建设中国特色的企业文化应从日、美以及欧洲等国家企业文化中吸收和借鉴哪些有益的成分。

(8) 现代企业文化建设应该怎样同传统管理思想和管理智慧相结合,以建立有中国特色的社会主义企业文化?

参考文献

[1] 赖文燕,周红兵.企业文化[M].3版.南京:南京大学出版社,2023.

[2] 陈春花,乐国林,李洁芳,等.企业文化[M].4版.北京:机械工业出版社,2022.

[3] 周斌.企业文化理论与实务[M].北京:中国人民大学出版社,2021.

[4] 丁雯.企业文化基础[M].4版.大连:东北财经大学出版社,2021.

[5] 王成荣.企业文化学教程[M].4版.北京:中国人民大学出版社,2020.

[6] 傅胜龙.工匠精神:创造美好生活[M].长沙:湖南人民出版社,2020.

[7] 谭天.B站为什么火起来:一个文化融合的新媒体案例分析[J].媒体融合新观察,2020(1).

[8] 杨月坤.企业文化[M].北京:人民邮电出版社,2019.

[9] 肖丽娜,徐强强,林睿婷,等.互联网时代优秀企业文化构建——以小米公司为例[J].科技创业月刊,2019(10):68-70.

[10] 张德,潘文君.企业文化[M].3版.北京:清华大学出版社,2019.

[11] 何建湘.企业文化建设实务[M].2版.北京:中国人民大学出版社,2019.

[12] 王成荣.企业文化管理[M].5版.北京:中国人民大学出版社,2019.

[13] 韩瑞萌.融媒体视域下的故宫品牌形象转型[J].融媒体研究,2019(5).

[14] 陈皓.信息时代企业文化建设的几点思考[J].中外企业家,2018(28).

[15] 李冰.中国电力行业跨国并购及跨文化融合研究[J].经营者,2017(9).

[16] 朱成全.企业文化概论[M].4版.大连:东北财经大学出版社,2016.

[17] 陈春花.企业文化塑造[M].北京:机械工业出版社,2016.

[18] 易晓芳,陈洪权.企业文化管理[M].武汉:华中科技大学出版社,2016.

[19] 张焱,石丹."新"诺基亚变革进行时[J].商学院,2015(1).

[20] 丁雯,陶金,吴嘉维.企业文化基础[M].大连:东北财经大学出版社,2015.

[21] 赖文燕,周红兵.企业文化[M].南京:南京大学出版社,2015.

[22] 曲庆.企业文化落地理论与实践[M].北京:清华大学出版社,2015.

[23] 经理人培训项目组.培训游戏全案·拓展:钻石版[M].2版.北京:机械工业出版社,2014.

[24] 叶坪鑫,何建湘,冷元红.企业文化建设实务[M].北京:中国人民大学出版社,2014.

[25] 杲占强.企业文化的力量[M].北京:清华大学出版社,2014.

[26] 涂闽.拜耳150年辉煌历史:通过创新和变革缔造成功[J].上海化工,2013(4).

[27] 黄朴民.北魏孝文帝"全盘汉化"的不归之路[N].中华读书报,2013-04-10.

[28] 刘光明.中外企业文化案例分析[M].北京:经济管理出版社,2000.

[29] 贾建文.361°关注企业文化,凸显员工重要性[N].晋江经济报,2013-11-14.

[30] 李冰.加多宝"中国饮料第一罐"的炼成之道[N].中国经营报,2013-01-28:E03.

[31] 刘子倩.褚时健:橙行天下[J].中国新闻周刊,2013(48).

[32] 李顺军,杨铁锋.海底捞店长日记[M].北京:化学工业出版社,2012.

[33] 张小平.再联想:联想国际化十年[M].北京:机械工业出版社,2012.

[34] 赵雪峰.改变世界是一种信仰:乔布斯和他的苹果神话[M].北京:中国经济出版社,2012.

[35] 陆建国.同仁堂与儒商文化[J].中外企业文化,2012(11).

[36] 张德.组织行为学[M].北京:清华大学出版社,2011.

[37] 曾信智.松下幸之助的经营智慧[M].杭州:浙江大学出版社,2011.

[38] 欧少华,徐亚纯,王超,等.企业文化理论与实务[M].合肥:合肥工业大学出版社,2011.
[39] 刘光明.新编企业文化案例[M].北京:经济管理出版社,2011.
[40] 赵瑜.浅谈企业文化的各种功能[J].品牌(理论月刊),2011(6).
[41] 易钟.海底捞的秘密[M].广州:广东经济出版社,2011.
[42] 曹正兵.企业文化功能探析[J].经营管理者,2010(10).
[43] 张国梁.企业文化管理[M].北京:清华大学出版社,2010.
[44] 孙澂.企业文化概论[M].武汉:武汉理工大学出版社,2010.
[45] 赵海涛.华为的企业文化[M].深圳:海天出版社,2010.
[46] 杨克明.企业文化落地高效手册[M].北京:北京大学出版社,2010.
[47] 黄伟,等.天地之道大国之门——首都机场集团公司企业文化理念体系[J].中国民用航空,2010(6).
[48] 晓冰.苹果的企业文化[J].中国质量技术监督,2009(3).
[49] 董平分.企业价值观管理与企业文化[M].北京:航空工业出版社,2008.
[50] 李建华.现代企业文化通识教程[M].上海:立信会计出版社,2008.
[51] 苏万益.现代企业文化与职业道德[M].北京:高等教育出版社,2008.
[52] 黄河涛,田利民.企业文化案例评析[M].北京:中国劳动社会保障出版社,2008.
[53] 钱艳娜.影响企业文化的环境因素[J].濮阳职业技术学院学报,2008(8).
[54] 杨明刚.营销策划创意与案例解读[M].上海:上海人民出版社,2008.
[55] 庄恩平,唐文文.跨国收购失败教训何在——明基并购西门子案例剖析[J].商业研究,2008(12).
[56] 陈志强.鹰的重生:TCL成长密码[M].深圳:海天出版社,2008.
[57] 刘君,谷环洲,刘东宁.腈纶人画与话[J].思想政治工作研究,2007(8).
[58] 林海棠,薛静,李浩.中外合资企业的跨文化冲突研究[J].现代企业,2007(2).
[59] 汪中求.细节决定成败(Ⅱ)[M].北京:新华出版社,2007.
[60] 蔡毅.文化力领导力创新力:影响企业未来发展的三大关键因素——走访美国GE公司的思考与体会[J].航空制造技术,2007(1).
[61] 王静.GE文化变革三重奏及对中国企业文化建设的启示[J].现代商贸工业,2007(3).
[62] 杨刚,向泽映,戴昊.现代企业文化学[M].北京:对外经济贸易大学出版社,2007.
[63] 李玉海.企业文化建设实务与案例[M].北京:清华大学出版社,2007.
[64] 李正青,周洁.企业文化价值观体系的构建[J].科技信息,2007(2).
[65] 高峰,孙士云.企业价值观:企业文化的灵魂[J].湖南城市学院学报,2007(1).
[66] 黄崇利,彭正龙.基于儒家思想的中国企业文化管理之特征、功能及构建[J].商业研究,2007(5).
[67] 刘光明.现代企业文化[M].北京:经济管理出版社,2006.
[68] 王勇敬,纪光欣.略论中国企业跨文化管理的原则与方法[J].技术经济与管理研究,2006(3).
[69] 兰华.企业文化的内涵与价值[J].铁道工程企业管理,2006(4).
[70] 王吉发,朱相宇.谈企业文化变革的有效途径[J].商业时代,2006(34).
[71] 定雄武.企业文化[M].北京:北京理工大学出版社,2006.
[72] 罗长海.企业文化学[M].北京:中国人民大学出版社,2006.
[73] 王吉鹏.企业文化热点问题[M].北京:中国发展出版社,2006.
[74] 罗长海,等.企业文化建设个案评析[M].北京:清华大学出版社,2006.
[75] 周志友.德胜员工世界[M].合肥:安徽人民出版社,2006.
[76] 王瑞祥.铸造企业之魂——央企企业文化建设实践与探索[M].北京:中国经济出版社,2006.
[77] 陈燕.开放型文化[M].北京:中国经济出版社,2006.
[78] 高建华.笑着离开惠普[M].北京:商务印书馆,2006.

[79] 陈燕. 开放型文化[M]. 北京：中国经济出版社，2006.
[80] 林坚. 企业文化修炼[M]. 北京：蓝天出版社，2005.
[81] 于明. 上善若水思方行圆——海尔企业文化探析[J]. 中外企业文化，2005(2).
[82] 侯松贵. 企业文化怎样落地[M]. 北京：中国纺织出版社，2005.
[83] 金思宇，张鸿钧. 中国特色企业文化建设案例：1卷[M]. 北京：中国经济出版社，2005.
[84] 刘志迎. 企业文化通论[M]. 合肥：合肥工业大学出版社，2005.
[85] 杨艳英，李柏松. 企业文化修炼案例[M]. 北京：蓝天出版社，2005.
[86] 雷宏振，韩娜娜. 中国传统文化特征及其对企业创新影响[J]. 华东经济管理，2005(7).
[87] 常智山. 塑造企业文化的十二大方略[M]. 北京：中国纺织出版社，2005.
[88] 张玉梅. 加强企业文化建设的基本途径[J]. 社会科学论坛(学术研究卷)，2005(12).
[89] 钱琳伊. 试论优秀企业文化体系的构建[J]. 无锡商业职业技术学院学报，2005(6).
[90] 强以华. 企业：文化与价值[M]. 北京：中国社会科学出版社，2004.
[91] 陈波. 中国家族企业的文化特征与竞争优势[J]. 天津社会科学，2004(4).
[92] 曾艳. 中美合资长安福特公司跨文化管理研究[D]. 重庆：重庆大学，2004.
[93] 陈春花. 领先之道[M]. 北京：中信出版社，2004.
[94] 孙凤英. 企业文化对提升企业竞争力的作用——青岛海尔集团企业文化发展的启示[J]. 经济师，2004(6).
[95] 刘建军. 职场人士必读的88则寓言[M]. 北京：中国经济出版社，2004.
[96] 张德，吴剑平. 企业文化CI策划[M]. 2版. 北京：清华大学出版社，2003.
[97] 魏舜波. 不同类型企业文化与组织变革方式关系分析[J]. 新西部，2013(29).
[98] 周伟. 哈药集团制药总厂导入CIS的应用研究[D]. 哈尔滨：黑龙江大学，2002.
[99] 项文彪. 同仁堂企业百年活力探因[J]. 企业文化活力，2002(11).
[100] 吉福林. 21世纪企业文化的八大特征[J]. 商业研究，2001(11).
[101] 代凯军. 管理案例博士点评：中外企业管理案例比较分析[M]. 北京：中国工商联合出版社，2000.
[102] 代凯军. 商海引航：小本经营学[M]. 乌鲁木齐：新疆人民出版社，2000.
[103] 何雨凡. 土光敏夫的故事[EB/OL]. (2023-07-25)[2024-06-01]. https://www.docin.com/p-4498589523.html.
[104] 钛媒体APP. 唐岩为陌陌的企业文化定调：独立思考，不唯上[EB/OL]. (2016-05-10)[2024-05-30]. https://weibo.com/ttarticle/p/show?id=2309351000553973564956071451.
[105] 陈春花. 陈春花：企业文化变革，路虽远行则将至，事虽难做则必成[EB/OL]. (2018-06-28)[2024-05-31]. https://baijiahao.baidu.com/s?id=1604520667655338253&wfr=spider&for=pc.
[106] 鲍跃忠. 三只松鼠：快消品企业模式转换的探索[EB/OL]. (2017-05-05)[2024-06-01]. https://www.sohu.com/a/138367167_115035.
[107] 佚名. 如何制定企业管理制度[EB/OL]. (2009-04-17)[2024-06-01]. http://www.docin.com/p-690866145.html.
[108] 投资界. 2016年中国家电巨头海外并购第一案：55.8亿美元海尔正式整合通用家电[EB/OL]. (2016-06-07)[2024-05-31]. https://pe.pedaily.cn/201606/20160607398127.shtml.
[109] 佚名. Facebook独一无二的企业文化[EB/OL]. (2014-12-28)[2024-06-01]. https://www.woshipm.com/zhichang/127654.html.
[110] 佚名. 日企文化5条潜规则[EB/OL]. (2019-10-26)[2024-06-01]. https://wenku.baidu.com/view/eb0b018c5e0e7cd184254b35eefdc8d376ee14e4.html?_wkts_=1717211151343&bdQuery=%E6%97%A5%E4%BC%81%E6%96%87%E5%8C%965%E6%9D%A1%E6%BD%9C%E8%

A7％84％E5％88％99.

[111] 佚名. 老干妈:国民女神之路,重振荣光的秘诀在哪?[EB/OL].(2024-02-23)[2024-06-01]. https://baijiahao.baidu.com/s?id=1791689209679272847&wfr=spider&for=pc.

[112] 佚名. 企业失败转型案例3篇[EB/OL].(2017-01-16)[2024-06-01]. https://max.book118.com/html/2017/0116/84515100.shtm.

[113] 佚名. 上帝偏爱她,让她洗厕所[EB/OL].(2018-08-28)[2024-06-01]. https://baijiahao.baidu.com/s?id=1609972415931432224&wfr=spider&for=pc.

[114] 中国企业报. 潍柴动力企业文化体系内涵解读[EB/OL].(2012-08-16)[2024-06-01]. docin.com/p-462556731.html.

[115] 佚名. 强生公司信条[EB/OL].(2011-07-28)[2024-06-01]. https://www.douban.com/note/163736968.

[116] 佚名. 惠普的价值观[EB/OL].(2011-06-22)[2024-06-01]. https://doc.mbalib.com/view/409f923266d4b0d598ba51f1806595d6.html.

[117] 佚名. 索尼彩电怎么打入美国市场[EB/OL].(2016-06-10)[2024-06-01]. https://www.docin.com/p-1632465787.html.2009-05-15.

[118] 佚名. 美国企业文化特点[EB/OL].(2022-06-04)[2024-06-01]. https://doc.mbalib.com/view/04b843c2faf856cf2eadfec4fda597bb.html.